# 国家公共文化示范区
# 制度体系建设研究

刘晓东　著

国家图书馆出版社

图书在版编目（CIP）数据

国家公共文化示范区制度体系建设研究 / 刘晓东著 . —北京：国家图书馆出版社 , 2024.10
ISBN 978-7-5013-7393-2

Ⅰ.①国… Ⅱ.①刘… Ⅲ.①公共管理－文化工作－研究－中国 Ⅳ.① G123

中国版本图书馆 CIP 数据核字（2021）第 264631 号

书　　名　**国家公共文化示范区制度体系建设研究**
　　　　　GUOJIA GONGGONG WENHUA SHIFANQU ZHIDU TIXI
　　　　　JIANSHE YANJIU
著　　者　刘晓东　著
责任编辑　张晴池
封面设计　耕者设计工作室

出版发行　国家图书馆出版社（北京市西城区文津街 7 号　100034）
　　　　　（原书目文献出版社　北京图书馆出版社）
　　　　　010-66114536　63802249　nlcpress@nlc.cn（邮购）
网　　址　http://www.nlcpress.com
排　　版　北京旅教文化传播有限公司
印　　装　北京建宏印刷有限公司
版次印次　2024 年 10 月第 1 版　2024 年 10 月第 1 次印刷

开　　本　710mm×1000mm　1/16
印　　张　14.75
字　　数　201 千字
书　　号　ISBN 978-7-5013-7393-2
定　　价　98.00 元

# 目　录

# 1 绪论

党的十九届四中全会提出"坚持和完善中国特色社会主义制度、推进国家治理体系和治理能力现代化"[①]的总体要求，其中，"国家治理体系的基本内容，就是国家的制度体系"[②]。文化治理体系作为国家治理体系的重要组成部分，也面临着制度体系的构建。公共文化制度体系作为文化制度体系的基本组成部分，其表现形式就是完善的政策体系。现阶段我国现代公共文化服务体系"四梁八柱"的制度框架基本建立，并界定了构建公共文化服务制度的价值维度，制定了治理目标。但在公共文化服务体系的实际建设中，却缺乏与制度框架相一致的制度设计和制度成果，这也直接影响了我国文化治理体系现代化建设进程。

2005 年 10 月，党的十六届五中全会审议通过的《中共中央关于制定国民经济和社会发展第十一个五年规划的建议》正式提出公共文化服务体系这一概念，该建议提出"加大政府对文化事业的投入，逐步形成覆盖全社会的

---

① 中共中央关于坚持和完善中国特色社会主义制度 推进国家治理体系和治理能力现代化若干重大问题的决定[EB/OL].[2024-05-01]. http://www.qstheory.cn/yaowen/2019-11/07/c_1125202003.htm.

② 俞可平.政治现代化——第五个现代化[M]//俞可平.偏爱学问.上海：上海交通大学出版社，2016：122.

比较完备的公共文化服务体系"[①]，将公共文化服务体系建设上升到国家战略高度。为进一步推动公共文化服务体系建设，国家出台了一系列政策文件和法律法规，地方政府也在实践中进行了创新与突破。2011年，文化部开展国家公共文化服务体系示范区（以下简称公共文化示范区）建设，要求创建城市（地区）立足实践、针对重要矛盾和问题，开展制度设计研究并促进制度成果转化，以制度手段保障地方公共文化服务体系的建设。从第一批公共文化示范区（2011年）申报创建到第四批公共文化示范区（2020年）建设完成，120个公共文化示范区城市（地区）共开展了199项制度设计研究，配合地方建设实践形成了一千余项政策转化文件，充分发挥了制度在文化资源、行政资源、经济资源、人力资源优化配置中的重要作用，利用政策工具的稳定性、协调性和规范性有效解决了制约本地公共文化服务体系建设中的关键问题。此举不仅推动了各地公共文化服务的跨越式发展，还自下而上地构建出了公共文化示范区制度体系，丰富了现行公共文化服务制度体系的内容。对公共文化示范区制度体系建设经验进行总结提炼和理论分析，能够更好地发挥公共文化示范区的引领和示范作用。

## 1.1　研究意义

国家公共文化示范区制度体系建设研究对于明确公共文化示范区制度体系的内涵与外延、丰富我国公共文化服务理论成果、完善我国公共文化服务制度体系具有特殊意义。

---

① 中共中央关于制定国民经济和社会发展第十一个五年规划的建议[EB/OL].[2022-06-17]. https://www.gov.cn/ztzl/2005-10/19/content_79386.htm.

### 1.1.1　明确公共文化示范区制度体系的内涵与外延

"公共文化服务"这一概念在提出伊始就伴随着中央层面公共文化服务制度体系的设计与布局。特别是"十三五"时期，我国先后出台了《中华人民共和国公共文化服务保障法》（以下简称《公共文化服务保障法》）、《中华人民共和国公共图书馆法》（以下简称《公共图书馆法》）等公共文化服务领域的专门法律。中共中央办公厅、国务院办公厅和相关部委也出台了一系列文件，从顶层设计角度构建了公共文化服务制度体系。文件形式涉及法律法规、部委规章、标准规范、政策文件等不同类型，内容涵盖设施建设、产品和服务供给、人才队伍建设、经费保障等方面的制度。各公共文化示范区在法律法规和宏观政策的指导下，立足本地实际，把握核心问题开展制度设计研究，也形成了系列创新性制度成果。这些制度多由市级党委政府、文化行政主管部门和公共文化机构制定、出台，形式涉及地方法律法规、行政规章、公共文化机构标准规范、政策文件等，内容涉及公共文化服务体系建设的各个方面，且在社会力量参与、文旅融合等重点领域有明显聚集，自下而上地构建了公共文化示范区制度体系。该制度体系兼顾普遍规律和特殊矛盾，实现了理论指导与地方实践的有机统一，与自上而下、宏观设计的公共文化服务制度体系相辅相成。

公共文化示范区制度体系的作用主要表现在两个方面。一是通过地方实践细化宏观政策，并验证宏观政策的合理性与指导性。地方政府在充分掌握基层信息的基础上选择公共文化服务中的重点内容开展制度设计研究，并将研究成果转化为指导实践的制度，以更符合地方特点和地方需求的方式实现宏观政策在地方的落地，避免"一刀切"带来的资源浪费。二是通过对公共文化示范区制度体系的研究明确各领域制度成果的内在关系，从而进一步推动制度之间的配合与协调。如社会力量参与制度就对文化领域体制机制改革进程产生了明显的促进作用，推动公共数字文化建设的相关制度也相应带来了设施网络、公共文化产品和服务供给、人才队伍与经费保障机制的调整。

### 1.1.2 丰富我国公共文化服务理论成果

世界各国的文化建设均受历史因素和制度惯性的影响。相较于西方主要发达国家的文化制度体系，我国的公共文化服务制度体系一方面遵循政府制定、公众受益、层级丰富、全面覆盖的国际范例；另一方面也反映出我国在制度建设中秉持的"先试先行"特色路径，即通过地方试点探索出成熟经验和创新性制度，实现宏观政策在地方的落地与推行，同时在地方实践中验证宏观政策和创新性制度的有效性，进而全面指导我国各地区的建设实践。公共文化示范区制度体系在明确理论框架、厘清相关要素、探索运行机制、提炼发展规律等方面进行了初步探索，丰富了我国公共文化服务的理论成果，拓展了新的理论研究点，推动了公共文化服务学科体系的建设进程。

公共文化示范区制度体系的建设，实现了理论与实践的有机统一，文化治理理论、现代治理理论和政府转型理论均在公共文化示范区制度体系建设中得到了广泛认可和印证。一方面，成熟理论直接指导了我国公共文化示范区制度体系建设过程，制度设计成果本身就是优化的理论成果；另一方面，公共文化示范区创建实践又对理论内容进行了深化，通过实践进一步验证理论的可行性与有效性，探索出符合我国社会和文化发展规律的文化治理理论体系和公共文化服务理论体系。公共文化示范区制度体系研究在公共文化服务的理论框架内，消化和吸收国内外优秀的理论成果，并将其放到我国公共文化服务体系建设实践中进行检验和完善，进而构建了我国公共文化服务理论体系、制度体系和学科体系，使我国公共文化服务建设经验成为世界文化建设的共享财富。

公共文化服务是一个在多学科基础上不断成长的新兴学科，涉及社会学、公共管理、政府管理、政策学、法学、经济学等多学科知识。公共文化示范区制度体系的构建过程实现了多学科的互动和整合，对该体系的建设路径、理论框架、主体要素、作用机制等方面的研究丰富了上述各学科的研究范围、研究内容和研究方法。与此同时，在成熟理论指导下构建的公共文化示范区制度体系也有助于更好地理解、分析和反思我国公共文化服务体系的建设实践和制度设计，发现新情况、解决新问题，其建设经验也将为我国公共文化服务学科体系的构建提供启示和参考。

### 1.1.3 完善我国公共文化服务制度体系

党的十八届三中全会提出了"国家治理体系和治理能力现代化"的总体改革目标，其中构建现代公共文化服务体系是推进文化治理体系和治理能力现代化的重要任务之一[①]。治理体系现代化的重要标志之一就是制度体系的建立，公共文化示范区制度体系通过制度手段明确了公共文化服务体系建设的责任主体和参与力量，厘清了各方权责与评估标准，明确了公共文化服务体系的内容、范围、工作重点、保障体系等关键问题，从内容和形式两方面完善了我国公共文化服务制度体系。公共文化示范区制度体系建设的基本经验就是充分调动地方党委政府参与公共文化服务建设的积极性，充分发挥其在制度设计研究中的领导、计划、执行、监督等职能，以制度手段规范权责范围，提升服务效能，实现从"办文化"向"管文化"的职能转型，为地方政府的治理能力提升探索路径、积累经验。

公共文化示范区制度体系为我国治理体系建设提供了一种新思路和新探索。一方面，公共文化示范区通过创新实践、制度设计研究和制度成果转化等制度建设路径，构建出公共文化示范区制度体系，指明了公共文化服务体

---

① 祁述裕.国家文化治理现代化研究［M］.北京：社会科学文献出版社，2019：11.

系在未来建设中的重点领域和主要趋势。这一制度体系的建设机制也成为我国文化治理体系现代化建设中的制度创新。另一方面，兼具普遍性和规律性的公共文化示范制度体系为各地公共文化服务建设提供了政策样本，指导我国公共文化服务体系有计划、有方向、有节奏地稳步发展。

## 1.2　相关概念术语阐述

### 1.2.1　国家公共文化服务体系示范区

国家公共文化服务体系示范区英文为 National Public Cultural Service System Demonstration Plots，本书简称为公共文化示范区或示范区。2011 年，为贯彻落实党的十七届五中全会、胡锦涛总书记在中央政治局第二十二次集体学习时的重要讲话精神和全国文化体制改革工作会议精神，落实《2010 年文化工作要点》提出的"建立若干公共文化服务体系建设示范区充分发挥典型的示范、影响和带动作用，分类指导东、中、西部和城乡基层文化建设"的要求，努力探索"由管微观向管宏观转变，由办文化向管文化转变"的工作方式，结合国家公共文化服务体系制度设计研究，文化部、财政部共同开展了国家公共文化服务体系示范区（项目）创建工作[①]。其中国家公共文化服务体系示范区以市（区）为建设单位，以保障广大人民群众基本文化权益为出发点，以政府为主导，以公共财政为支撑，以全民为服务对象，以基层特别是农村为重点，以公益性、均等性、基本性、便利性为基本要求，以网络健全、结构合理、发展均衡、运行有效为主要建设目标，根本目的是"研究

---

　　① 文化部　财政部关于开展国家公共文化服务体系示范区（项目）创建工作的通知[EB/OL].
[2020-01-05]. https://www.mct.gov.cn/whzx/bnsj/ggwhs/201903/t20190329_840896.html.

和解决公共文化服务体系建设中的突出矛盾和问题，探索建立公共文化服务体系可持续发展的长效保障机制，为同类地区的公共文化服务体系建设提供借鉴和示范，为国家制定相关政策提供科学依据和实践经验"①。同时启动的还有"国家公共文化服务体系示范项目"（以下简称示范项目），要求创建城市（地区）就公共文化服务体系的某一方面、某一构成要素进行探索，为完善公共文化服务体系的构成要素、组成方面提供实践示范和制度建设经验②。由于示范项目对于制度设计研究和制度转化成果并无要求，故本书研究对象仅包括国家公共文化示范区的制度设计研究及制度转化成果。

党的十七届六中全会和《国家"十二五"时期文化改革发展规划纲要》要求"推进国家公共文化服务体系示范区创建"③④，将该项工作由部门行为上升至国家战略。随后，2012 年，党的十八大提出要"加强重大公共文化工程和文化项目建设"⑤，2015 年的《关于加快构建现代公共文化服务体系的意见》要求"推进国家公共文化服务体系示范区（项目）创建"⑥，进一步肯定了公共文化示范区在完善公共文化服务体系中的重要作用。

公共文化示范区是近十年来我国公共文化服务领域备受瞩目的重大文化惠民项目，是中央层面的宏观设计和整体布局，覆盖全国 31 个省、自治区和直辖市。从 2011 年第一批公共文化示范区申报开始至 2020 年第四批示范区

---

① 蔡武在国家公共文化服务体系示范区城市市长研讨班上的讲话[EB/OL].[2012-02-29]. http://www.gov.cn/gzdt/2012-04/05/content_2107003.htm.

② 文化部 财政部关于开展国家公共文化服务体系示范区（项目）创建工作的通知[EB/OL].[2019-01-05]. https://www.mct.gov.cn/whzx/bnsj/ggwhs/201903/t20190329_840896.htm.

③ 中共中央关于深化文化体制改革 推动社会主义文化大发展大繁荣若干重大问题的决定[EB/OL].[2019-08-20].https://www.gov.cn/jrzg/2011-10/25/content_1978123.htm.

④ 文化部发布"十二五"时期文化改革发展规划纲要[EB/OL].[2019-06-21].https://www.gov.cn/gzdt/2012-02/16/content_2068848.htm.

⑤ 坚定不移沿着中国特色社会主义道路前进 为全面建成小康社会而奋斗[EB/OL].[2024-10-18]. http://www.npc.gov.cn/c2/c30834/202410/t20241017_440084.html.

⑥ 关于加快构建现代公共文化服务体系的意见[EB/OL].[2019-01-14]. http://www.g-ov.cn/xinwen/201501/14/content_2804250.htm.

验收完成，四批共计 120 个城市（地区）完成创建并获得国家公共文化服务体系示范区称号，其中第一批 31 个[①]，第二批 32 个[②]，第三批 30 个[③]，第四批 27 个[④]，东中西部创建城市（地区）数量基本均衡（东部 35 个，中部 42 个，西部 43 个）。公共文化示范区主要经过申报、审核、创建、验收四个步骤，科学设计《国家公共文化服务体系示范区创建标准》（以下简称创建标准）和《国家公共文化服务体系示范区验收标准》（以下简称验收标准），并严格按照验收标准进行评估和授牌。公共文化示范区验收阶段，由文化部组织开展公共文化示范区制度设计研究课题成果评审工作，创建城市（地区）各项工作均达到合格标准才能通过验收。需要说明的是，第一批江西省赣州市等 3 个公共文化示范区课题在评审中仅达到"基本合格"，在后期根据专家组意见进行全面整改，最终均达到"合格"等级并通过了公共文化示范区验收[⑤]。因此，第一批公共文化示范区申报阶段为 28 个城市（地区）[⑥]，验收阶段为 31 个[⑦]。这也证明，公共文化示范区的以评促建机制能够有效提升创建城市（地区）的公共文化服务体系建设水平，公共文化示范区的制度设计研究具有明显的实践性、理论性和指导性。

"先试先行""摸着石头过河"是我国社会主义初级阶段建设的成功经验，

---

①⑦ 国家公共文化服务体系示范区（项目）创建工作领导小组关于公布第一批国家公共文化服务体系示范区（项目）名单的通知 [EB/OL].[2019-03-12]. https://www.mct.gov.cn/whzx/bnsj/ggwhs/201903/t20190329_841151.htm.

② 文化部　财政部关于公布第二批国家公共文化服务体系示范区（项目）名单的通知[EB/OL].[2019-10-31]. https://www.mct.gov.cn/whzx/bnsj/ggwhs/201610/t20161031_764922.htm.

③ 文化和旅游部　财政部关于公布第三批国家公共文化服务体系示范区（项目）名单的通知[EB/OL].[2019-02-18]. http://zwgk.mct.gov.cn/zfxxgkml/ggfw/202012/t20201205_916614.html.

④ 文化和旅游部　财政部关于公布第四批国家公共文化服务体系示范区（项目）创建资格名单的通知 [EB/OL].[2018-04-12]. http://zwgk.mct.gov.cn/zfxxgkml/ggfw/202012/t20201205_916605.html.

⑤ 五环节确保第一批国家公共文化服务体系示范区验收公平公正[EB/OL].[2013-11-11]. https://www.mct.gov.cn/whzx/bnsj/ggwhs/201903/t20190329_841140.html.

⑥ 文化部、财政部关于公布第一批创建国家公共文化服务体系示范区（项目）名单的通知[EB/OL].[2011-06-02]. http://zwgk.mct.gov.cn/zfxxgkml/ggfw/202012/t20201206_918846.html.

公共文化示范区正是这一独特经验在公共文化领域的践行。创建城市（地区）的引领示范，确立了我国公共文化服务体系制度框架的基本要素，丰富了公共文化服务的理论内涵，为解决我国公共文化服务体系建设中的突出矛盾和重要问题探索了路径、提供了借鉴。

### 1.2.2　制度设计研究

制度由国家和非国家行为体（如专业和认证机构）产生和执行[①]。根据柯武刚等人的归纳，制度在构成上可分为内在制度和外在制度。其中，内在制度是在群体内依据经验而演变的规则。外在制度则是由一个权力机构自上而下地设计、强加于社会并付诸实施的规则，主要分为三种类型：（1）外在行为规则（external rules of conduct），目的在于用类似内在规则的方式约束公民的行为；（2）特殊目的指令（purpose-specific directives），它们指示公共代理人或民间代理人达成预定的结果；（3）程序性规则或元规则（procedural or meta rules），指示各类政府代理人如何行使职权和不应做什么[②]。本书所探讨的制度是在实践基础上通过正式文本固化的、具有行政性质和实践性质的外在制度。

制度设计（institutional design）就是政府通过整体规划，以全局化、规范化、科学化的顶层设计指导全域制度建设，针对核心领域进行重点突破，并统筹协调相关制度，打造统一有序、互相促进的现代治理体系的过程。制度设计是制度推行的起点，是在尊重科学和技术的基础上选择政府公共文化治理模式，并通过制度支撑和规范化程序保障治理成果长效发挥作用。国际经验证明，公共文化政策较为体系化或法制化的国家在政策制定中都十分注重文化制度设计和制度环境的营造，从而使政府的文化治理理念与适配性的文

---

① GILAD S. Institution[EB/OL].[2024-09-24]. https://www.britannica.com/topic/institution.
② 柯武刚, 史漫飞, 贝彼得. 制度经济学：财产、竞争和政策[M]. 柏克, 韩朝华, 译. 北京：商务印书馆, 2018：130-152.

化制度安排有机地协调起来，最终达到良性的文化治理社会目标[①]。

制度设计是推动国家治理体系和治理能力现代化的必要举措，是从总体上规划各领域的改革方案。中央政府负责制定综合的、宏观的、指导性的制度，地方政府则在解决具体问题的过程中完善配套制度并制定创新制度。公共文化示范区制度设计研究要求创建城市（地区）以国家战略和顶层设计为指导，以我国公共文化服务体系建设中的重大现实性问题为研究对象，以专家学者、公共文化管理者和第一线的文化工作者相结合的"三三制"队伍为主要力量，以决策参考、指导实践、推动立法为原则，以形成制度保障成果为目标开展制度设计、制度创新和制度体系构建，是公共文化服务体系的理论研究工程、顶层设计工程、制度建设工程[②]。其主要成果是制度设计研究报告和制度转化文件。截至 2020 年，120 个公共文化示范区共完成了制度设计研究报告 199 份（含 79 份分报告），制度转化文件千余份，系统构建了适用于本地区的公共文化服务制度体系。

### 1.2.3 制度转化成果

公共文化服务领域的改革创新，只有通过制度形式加以固定和推广，才能成为长效机制并持续发挥作用。制度转化成果，就是公共文化示范区在创建之前或创建期间以制度文本的形式固定下来的实践成果和制度创新成果，既包括为推进本地区现代公共文化服务体系建设中制定出台的各类型政策文件、规章制度、标准规范、机构章程等，也包括在制度设计研究的基础上形成的系列规范化政策文件。这些制度转化成果直接为公共文化示范区创建提供理论指导和政策保障。

---

① 王列生.文化制度创新论稿 [M].北京：中国电影出版社，2011：5.

② 文化部公共文化司，国家公共文化服务体系建设专家委员会.2013 中国公共文化发展报告：国家公共文化服务体系制度设计研究 [M].北京：北京师范大学出版社，2013：1-2.

虽然各公共文化示范区对于制度设计研究的转化成果统计口径不一，如部分地区将创建期间出台的所有政策文件统一汇编作为制度转化成果，另有部分地区仅汇集了以制度设计研究为基础转化形成的制度成果，但总体来说，公共文化示范区制度转化成果全面覆盖了公共文化服务体系建设的各个方面，基本涵盖公共文化服务领域的所有制度类型，是构建公共文化示范区制度体系的基础性研究资料。

### 1.2.4 公共文化示范区制度体系

诺思从构成要素出发，认为制度体系（institutional system）是包含正式规则、非正式约束以及实施在内的复杂的制度框架[①]。柯武刚等人从层级结构出发，将外在制度的层级结构确定为三个不同层次的规则，即顶层的宪法、中层的成文法和低层的政府条例[②]。《中国大百科全书（第一版）》突出了制度成果之间的关系，将制度体系定义为整个社会范围内各种制度之间或社会某一领域内相关制度之间相互作用而形成的制度综合体。上述观点虽角度不同，但在制度体系的层次性、复杂性及作用机制方面达成了共识。本书探讨的制度体系，是由政府部门主导建立的系列法律法规、部门规章、行业规范、地方政策等相互作用、共同构建的制度综合体，其主要表现形式是政策体系。

公共文化服务体系是以保障人民群众基本文化权益、满足人民群众基本文化需求为目的，以政府为主导，以公共财政为支撑，以公益性文化单位为骨干，向全社会提供的公共文化设施、产品、服务以及制度体系的总称。从定义上可以看出，公共文化服务制度体系既是公共文化服务体系的重要组成部分，也全面反映了公共文化服务体系的各部分内容及其内在关系，是推动

---

① 诺思.制度、制度变迁与经济绩效[M].杭行，译.上海：格致出版社，2016：8.

② 柯武刚，史漫飞，贝彼得.制度经济学：财产、竞争和政策[M].柏克，韩朝华，译.北京：商务印书馆，2018：9.

现代公共文化服务体系建设的规范和保障手段。现阶段，现代公共文化服务体系"四梁八柱"的制度框架已基本建立，在形式上主要由宪法，法律，行政法规，部门规章，地方性法规和规章，政府规范性、指导性文件等组成①，还包括由行业组织或协会制定的行业标准、服务规范，各地方制定出台的建设标准、行业标准和服务规范。在内容上主要包括公共文化设施建设、产品和服务供给、体制机制改革、公共文化服务保障等与现代公共文化服务体系各部分相对应的制度成果。如公共文化设施保护制度、均衡发展制度、社会力量参与制度、公共数字文化制度、法人治理制度、文化志愿服务制度、文化队伍建设制度、组织保障制度等，都是公共文化服务制度体系的重要组成部分。

本书讨论的公共文化示范区制度体系是以示范区制度设计研究报告和制度转化成果为基础构建的，由示范区地方政府、行业组织、公共文化机构等主体为保障全体公民基本文化权益和公共文化服务全面建设而制定出台的法律法规、规章制度、地方政策、文化措施、行业规范等相关制度相互作用而形成的制度综合体。

## 1.3  研究综述

关于公共文化服务的国内外研究存在明显差异。国际上对公共文化服务（public cultural service）的定义主要分为两类。一类是从服务开展的场域出发，强调在公共场合面向所有公众开放的所有文化服务，其对立面是在私人空间开展的文化服务（private cultural service），如个人阅读、影视欣赏等。

---

① 王琳琳.公共文化政策：理论与实践［M］.北京：中国广播影视出版社，2017：73-81.

日本等国家采用该定义。另一类是从服务提供主体角度出发，指由政府或其他代理人面向全体公民提供的公共服务中的文化部分，重视各种族和社会群体的公平性和可及性，其对立面是市场主体以营利为目的开展的商业性文化服务。美国及多数欧洲国家普遍采用该定义[①]。在我国，公共文化服务是指由政府主导、社会力量参与，以满足公民基本文化需求为主要目的而提供的公共文化设施、文化产品、文化活动以及其他相关服务。这是立足于中国国情进行的语义创造与制度创新。

由于对公共文化的内涵界定不同，国外关于公共文化制度体系的相关研究主要分为两个维度：一是从不同国家的管理模式出发，探讨特定区域的文化制度及制度体系构建；二是从不同学科领域出发，探讨特定学科、理论视域下文化制度与制度体系构建。国内相关研究以公共文化服务制度体系作为研究对象，集中梳理了该体系的建设进程、内容与形式、现存问题、未来发展等基本问题。关于公共文化示范区的相关研究尚未从制度成果上升为制度体系，多以地方政府和公共文化机构的创新制度成果作为研究对象，研究领域也集中在管理学、传播学、图书馆学情报学、社会学、经济学等学科。

### 1.3.1　国外文化制度体系建设研究

20世纪中期以后，西方发达国家的文化成为引导创新、推进经济社会发展的重要力量。《2018年世界城市文化报告》在研究了200多个城市的文化项目后指出，为了应对当代的全球挑战，各城市正在重新调整其文化政策，广泛支持并积极建设凸显文化包容性和以公民为中心的项目。该趋势表明，各被调查城市都意识到了文化建设对于城市发展的重要性，城市建设中的优先

---

① MULCAHY K V. Public culture and the public：a review article[J]. The western political quarterly，1981，34(3)：461-470.

事项也发生了转变①。不同国家虽在意识形态、历史传统、制度惯性、民族特色等方面存在较大差异，但文化软实力已成为各国提升国际竞争力的重要选择。各国在开展文化建设过程中积累的经验、取得的教训、形成的理论和探索的实践都能够成为"他山之石"，为我国公共文化服务制度体系构建提供参考。

### 1.3.1.1 不同管理模式下的文化制度体系研究

法国、澳大利亚、俄罗斯等国家有较强的文化自觉，其文化政策也更加强调保护和传承本土文化。法国将其文化视为社会特征和公民团结的纽带，将文化建设视为政治话语体系建设的重要组成部分。1959 年，法国成立了文化部，这被认为是西方国家将公共文化服务纳入政府职责的重要标志②。法国的多位文化部部长，包括戴高乐政府的安德烈·马尔罗，共产主义者杰克·朗和弗朗索瓦·密特朗等都曾采用强硬的文化扩张政策。"文化例外"政策的提出以及随之演化而来的"文化多样性"原则，表明了法国反对把文化列入一般性服务贸易以及其拒绝美国式娱乐文化的坚决态度。与此同时，法国将对文化遗产的保护放在了国家文化政策的首位，每年安排高额的政府支出，想方设法对内扶持高雅艺术和民族艺术，对外展示法兰西文化的辉煌成就③。澳大利亚和意大利也拥有丰富的文化遗产，两国的文化政策均以文化遗产保护为核心，并通过高度发达的艺术补贴体系和国家文化机构保障实施。俄罗斯通过的《俄罗斯联邦文化基本法》明确了公民文化权利和政府文化权责，并以此为指导制定了系列文化政策，以推动俄罗斯的文化事业有序开展④。在这些国家，政府扮演着政策制定者、资金供应者和生产安排者的角色，

① World Cities Culture Report 2018[R/OL].[2018-11-16]. http://www.worldcitiescultureforum. com/assets/others/181108_WCCR_2018_Low_Res.pdf.
② 祁述裕.国家文化治理现代化研究[M].北京：社会科学文献出版社，2019:107.
③ 汪融.法国对美国文化说"不"之思鉴[EB/OL].[2014-02-03]. http://art.people.com.cn/n/2014/0203/c206244-24278166.html.
④ 祁述裕.国家文化治理现代化研究[M].北京：社会科学文献出版社，2019:43.

文化制度体系相对完善，政府的主体作用更加突出。

以瑞典、芬兰、挪威、丹麦和冰岛为代表的北欧福利国家奉行社会民主原则，通过持续稳定的公共政策实现平等、平均与公平，其中文化政策是政府保障居民高质量文化生活的主要手段。挪威制定了明确的文化民主政策，由政府作为主要社会服务的提供者，尽最大可能满足公民的文化需求，实现文化遗产的传承与保护。第二次世界大战后，挪威政府将公共文化责任视为福利国家的合理延伸。"福利国家的任务是确保公共产品和服务供给，即它们被顺利生产并实现平均分配。"[①]芬兰的文化政策制度结构简明，通过文化决策行为和行政活动的稳定性来保障民间组织的自由发展[②]。民间组织和个人发起的大型博物馆资本项目、"活动人士基金会"[③]等项目有效推动了芬兰的文化事业建设。文化权利是所有公民的基本权利之一，国家通过文化政策和对国家文化机构的财政补贴来确保文化产品和服务的均等化分配，并保障文化传承和艺术创作。

英国政府文化主管部门坚持"一臂之距"的文化管理模式。政府与民间组织建立伙伴关系，共同分配文化资源，开展文化管理，提供文化服务。英国政府通过制定"文化政策、财政拨款、绩效评价体系"[④]来调控公共文化发展，不直接干预公共文化机构的具体工作。

加拿大的文化政策强调文化认同与政治主权之间的关系，重视制定保护性文化政策来抵制美国文化入侵，"反对美国大众文化对加拿大文化认同的影

① BAKKE M.Centralized decentralization in Norwegian cultural policy[J].The journal of arts management, law, and society, 1994, 24（2）:111-127.

② 王列生.文化制度创新论稿[M].北京：中国电影出版社，2011:5.

③ World Cities Culture Report 2018[R/OL].[2018-11-16].http://www.worldcitiescultureforum.com/assets/others/181108_WCCR_2018_Low_Res.pdf.

④ 傅才武，彭雷霆.中国公共文化服务发展指数报告2019[M].北京：社会科学文献出版社，2019:81-83.

响"①。除了对美国文化的危机意识，加拿大的文化政策还需要解决魁北克法语公民的文化鸿沟问题。因此，加拿大政府通过制定尊重多元文化和历史问题的文化政策解决文化认同问题，并通过开展激发文化认同的艺术活动、拓展文化宣传途径、确立特色文化标识等方式推动文化政策落地。

美国强调文化不干预原则，明确区分了官方文化与公共文化的差异，认为苏联将官方文化和公共文化混为一谈的做法属于文化控制②。美国不设文化部等行政管理机构，由国家艺术基金会（National Endowment for the Arts，NEA）负责文化决策和文化艺术活动。非正式组织和非营利机构是美国文化服务的提供主体，这些机构由劳动收入、个人慈善捐款、公司赞助和有限的政府赠款支持。美国政府通过税法中的特殊优惠来支持非营利艺术组织发展，即允许公司、基金会和个人在报税时扣除其全部慈善捐款，同时主要以颁布实施政策法规营造良好的文化环境来保证各类文化团体和机构的服务活动。美国自由、宽松的文化政策也引发了系列问题，其中争议较大的就是文化的商业化趋势。一般来说，美国各级政府的公共补贴约占表演艺术组织资源的6%，占博物馆资源的30%③。美国的非营利艺术组织获准免征买卖作品的销售税和房地产税，免征销售税大幅增加了博物馆的纪念品销售收入，这在一定程度上可以看作是博物馆的商品化。与此同时，美国的慈善模式也引发了人们对税收优惠的担忧。《2017年世界城市文化金融报告》研究显示，2014—2015年期间，美国文化建设中私人捐赠所占比重普遍较大，纽约为70%，旧金山为61%④。捐赠者的个人偏好对公共文化事务的影响也引发了美国民众对

---

① MEISEL J. Government and the arts in Canada[M]. New York: American Council for the Arts, 1989:22-23.

② MULCAHY K V. Public culture and the public: a review article[J].The western political quarterly, 1981, 34(3):461-470.

③ MULCAHY K V. Public culture, cultural identity, cultural policy: comparative perspectives[M]. New York: Palgrave Macmillan, 2016:12.

④ World Cities Culture Finance Report 2017[R/OL].[2017-05-03]. http://www.worldcitiescultureforum.com/publications/w-orld-cities-culture-finance-report.

公共文化制度的公平性、开放性和大众性的担忧。

第二次世界大战之后，各国政府广泛开展提升公众文化和教育水平的计划，重视文化成果在全社会范围内的共享和传播，通过制定文化政策保障民众不受阶级、教育程度或居住地点的影响而广泛享有国家文化成果的权利。《2017 年世界城市文化金融报告》研究显示，2014-2015 年间，美国纽约的文化机构接收到的个人捐赠占当年经费总收入的 70%，旧金山为 61%，洛杉矶和东京为 45%，其余统计城市（包括中国上海和深圳）均低于 20%。报告中所涉及的主要国家仍由地方政府保障公共文化资金，城市和地方政府提供的公共文化直接投资超过 60%[①]。

### 1.3.1.2　不同学科视域下的文化制度研究

西方研究者对于文化制度的研究所涉学科领域较广。公共政策领域研究者认为，文化政策是公共政策的重要组成部分，反映了一个国家的历史传统、意识形态、价值体系和公民权利等基本特征。里德利·F.弗雷德里克在此基础上指出，要想了解一个国家的文化政策，则必须首先了解其政治文化，且地方政府针对艺术和文化出台的政策也受政府职能和建设目标影响[②]。米尔顿·C.卡明斯等人认为文化政策不仅反映了各国历史背景和政治文化差异，也反映了各国政府职能、公共服务、文化目标之间的差异[③]。安东尼·吉登斯提出社会生活的延展性推动了制度的结构化[④]。凯文·V.马尔卡希从政府面临的精英主义和民粹主义、高雅文化与大众文化之间的矛盾出发，提出公共文化政策是上述矛盾的有机结合体。他认为公共文化中存在一种"自由主义方

---

①　World Cities Culture Finance Report 2017[R/OL].[2017-05-03]. http：//www. worldcitiescultureforum.com/publications/w-orld-cities-culture-finance-report.

②　RIDLEY F F. Tradition, change, and crisis in Great Britain[M]. Oxford：Oxford University Press, 1987：225.

③　CUMMINGS M C, KATZ R S. The patron state[M]. New York：Oxford University Press, 1987：4.

④　吉登斯.社会的构成：结构化理论大纲[M].李康，李猛，译.北京：生活·读书·新知三联书店，1998：40.

法"①，"可以遵循美学表达的最高标准，同时为来自不同地理位置、社会经济阶层和教育背景的人们提供尽可能广泛的接触"②。他主张政府的责任就是为公民提供平等、开放的机会，由公民自主选择喜欢的文化活动。政府要发挥公共文化政策在市场上的调控作用，使公共文化机构更有能力补充私营部门的产品和服务供给，而非重复和替代其市场作用。这一论点与我国对于公共文化的界定基本相同。他还指出要将文化政策作为行政手段来认识，还应将其作为社会特色和公民自我评价的直观反映，在文化政策引导下建立的各类制度、项目和组织都是社会观念和审美价值的直接体现③。这也提醒我们，分析公共文化相关政策和制度成果，需将其放到特定的历史时期和建设现状来理解，充分考虑意识形态、政府职能、公共文化服务的内涵与外延及公共文化建设目标等基础问题。

公共管理领域研究者以制度本身作为研究对象，思考文化制度的内涵、特征、作用机制等问题。马克斯·韦伯从经典管理理论出发，在分析文化制度作用机制的基础上构建了文化赞助的经典模式，强调依据客观规则开展文化管理工作，这在19世纪末20世纪初影响了诸多国家的文化政策。

诺思从制度经济学出发，提出制度变迁或制度创新的本质就是用一种效率更高的制度取代原有制度或一种更有效的制度的产生过程，它是制度主体解决制度短缺，从而扩大制度供给以获得潜在收益的行为④。他认为制度变迁的一般过程可分为五个步骤，并取决于两大行动集团的共同推动：一是形成对制度创新起主要作用的第一行动集团，二是制度创新的主要方案被提出，三是评估和选择创新方案，四是形成对制度创新起次要作用的第二行动集团，

① MULCAHY K V. The NEA and the reauthorization process: congress and arts policy issues[M]. Boulder, Colo.: Westview Press, 1995:180-181.

② MULCAHY K V. The public interest in public culture[J]. Journal of arts management, law and society, 1991:21-24.

③ MULCAHY K V. Public culture, cultural identity, cultural policy: comparative perspectives[M]. New York: Palgrave Macmillan, 2016:7-8.

④ 诺思. 制度、制度变迁与经济绩效 [M]. 杭行, 译. 上海: 格致出版社, 2016:3.

五是两大行动集团共同实现制度创新①。这就从政策制定流程角度剖析了制度设计和制定的影响因素。新现实主义的结构主义者认为制度反映了现有的社会结构：当实际结构发生变化时，制度必须进行相应调整，否则就会被打破和淘汰。政策制定和执行是政府行使职能的主要路径。制度创新就是调整政府与社会、市场关系的动态完善机制，从而带动体制机制变革，自下而上或者自上而下地构建稳定的制度体系。制度体系的完善需要通过不断增加科学制度、改革不合理制度、创造有效的新制度来实现。

除此之外，多个国家都将公共图书馆、博物馆、剧院等文化机构视作政府开展文化服务的基本阵地，也出现了从图书馆学、博物馆学、文化艺术等学科视域的角度上开展的文化制度研究，但整体内容较少，并未形成较有影响力的理论和学术成果。

不同学科视域下的文化制度研究为我国公共文化服务制度体系的构建提供了多维的思考视角和学理依据，使本书得以从制度革新原理、政策制定流程、制度体系作用机制等角度构建公共文化示范区制度体系，力求推动公共文化服务制度体系的改革与发展。立足公共政策理论、公共管理理论和制度经济学相关理论对我国公共文化服务制度体系和公共文化示范区制度成果建设实践进行分析，不仅有助于将科学理论及分析方法引入公共文化建设实践，为公共文化理论体系、学科体系的构建提供支撑框架，也对推动我国公共文化服务制度体系的国际接轨具有显著价值。

虽然各国的文化政策和管理体系各不相同，但在文化制度建设中存在共同经验：一是重视政府主体作用的发挥，政府是设计和制定文化制度的主体；二是强调法治和法制对文化治理的重要性，强调以完善的法律体系保障文化建设；三是以制度手段规范资金投入、文化组织管理、特色文化挖掘等，确保制度基本覆盖文化生活的主要方面。这些研究成果为我国构建完善的公共

① 杨立青.上下联动与制度变迁 中国文化管理体制创新研究[M].桂林：广西师范大学出版社，2015：4.

文化服务制度体系提供了经验，其在文化政策制定过程中出现的争议点和问题也是我国在构建公共文化服务制度体系过程中需要深入思考和解决的问题。

### 1.3.2 国内公共文化服务制度体系建设研究

#### 1.3.2.1 公共文化服务制度体系研究

"公共文化服务"这一概念是我国文化领域进行的语义创造和制度创新，其从诞生之日起就带有浓厚的政策指导性。我国学者对公共文化服务体系的研究大致可以分为三个阶段。2005 年之前，对于公共文化服务的探讨多停留在市场经济体制下的文化建设路径，包括文化娱乐设施的建设和管理、政府的文化管理职能、公共文化设施建设及文化产业建设等领域。2005—2011 年为公共文化服务体系雏形建立阶段，学术界开始从政治学、经济学、社会学、图书馆学等领域探讨公共文化服务体系建设，并涌现出文化体制改革、公共文化设施、公共文化服务供给等研究热点。这些学术探讨直接影响了 2011 年《中共中央关于深化文化体制改革 推动社会主义文化大发展大繁荣若干重大问题的决定》中对于公共文化服务体系定义的调整。2011—2020 年属于公共文化服务体系的完善成熟阶段，也是公共文化服务制度体系的初步建成阶段。这一阶段恰逢公共文化示范区创建工作全面推进，各地都掀起了公共文化服务体系建设的热潮，涌现出一大批公共文化服务创新案例和制度。这一阶段，学术界对公共文化服务体系的研究也呈现出从单项实践到体系构建、从实践创新到理论分析、从单个制度到制度体系的发展趋势。

公共文化服务制度体系的研究成果以学术期刊论文为主，分散在公共管理、政治学、图书情报与档案管理、博物馆学、新闻传播学、经济学、法学、社会学、教育学等学科领域。《图书馆论坛》《图书馆》《图书馆建设》等图书情报与档案管理领域的专业学术期刊是学术研究的主阵地之一。相关研究者主要分为两类：一类是高等院校、社会科学院等研究机构的研究人员，如北京大学李国新、中国艺术研究院王列生、上海社会科学院信息研究所王世伟等；另一类是党政部门研究人员与工作人员，如中共浙江省委党校陈立旭、国家行政学院祁述裕、原文化部的蔡武和杨志今等。值得一提的是，南开大学的柯平、湘潭大学的完颜邓邓等人从 2010 年左右开始在国际期刊发表学术论文，宣介我国的公共文化服务体系及建设实践，积极推动相关研究走上世界舞台[①]。

国内学者对公共文化服务制度及制度体系的研究主要集中在以下四个方面：

第一，我国公共文化服务制度及制度体系的建设历程。蒯大申指出，应从制度的视角审视当代中国文化史，从历史角度考察当代中国的制度环境[②]。吴理财等人从中国公共文化服务体系建设 40 年的历程着眼，认为我国公共文化服务事业总体上受我国文化管理体制变革的影响，经历了从"文化福利"到"文化权利"，再到"文化治理"的演进过程[③]，这一过程也对我国的公共文化服务制度体系产生了直接影响。许丹等人基于制度变迁理论构建了中国式农村公共文化服务制度变迁模式，认为宏观社会背景、制度结构、政府职能等外部环境，对公共利益的识别与追逐，主体间的利益协调等因素影响了中国农村公共文化服务制度变迁[④]。

第二，我国公共文化服务制度及制度体系建设存在的问题。杨立青从我国传统文化管理体制演变过程出发，认为苏联文化体制模式和苏区—延安文化管理系统的影响使我国文化政策和管理体制呈现为高度集中的计划体制，

---

① 以上数据来源于对 CNKI 数据库中以"公共文化服务"且"制度"为主题词的 3118 篇文献的总体趋势分析，时间截至 2024 年 9 月 24 日，数据来源网址为 https://kns.cnki.net/KNS8/Visual/Center.

② 蒯大申. 新中国文化管理体制形成的制度渊源 [J]. 毛泽东邓小平理论研究, 2010(3):37-44, 49, 85-86.

③ 吴理财, 解胜利. 中国公共文化服务体系建设 40 年：理念演进、逻辑变迁、实践成效与发展方向 [J]. 上海行政学院学报, 2019(5):100-111.

④ 许丹, 陈果. 中国农村公共文化服务制度变迁研究——以制度变迁为分析框架 [J]. 社会科学, 2021(3):28-39.

体现出文艺服务于政治建设的特点①。这在一定程度上也导致了我国现行文化管理体制存在制度性缺陷，政事不分、条块分割、立法滞后、效能不足等问题成为制约我国文化体制改革的绊脚石②。王列生认为，党的十七大之前我国在制度观念上已经较为清晰地确立起了文化服务的价值维度，但在制度安排上缺乏与这种高度一致的制度设计跟进，因而在文化建设问题上长期形成了一种口号创新而制度并不创新的非建设性思维惯性和操作定式。既往的文化制度创新更多地着力于局部分离的技术处理方案而不是整体协调推进的总体性制度创建③。

第三，我国公共文化服务制度及制度体系的形式与内容。形式方面，张永奇从哲学角度提出文化制度的伦理特质是通过文化制度的内容、形式和精神等体现出来的，其中形式包括与文化相关的法律法规、政策等，精神是文化制度创设和运行中所体现的指导思想与基本原则④。王琳琳从公共文化政策的类型和级别进行研究，搭建出我国公共文化服务制度体系的雏形，即"宪法—专门法—中央政策文件—部门规章—行业规范—地方政策"体系⑤。李国新认为《公共文化服务保障法》的历史性贡献就是构建了我国公共文化服务基本制度体系的框架。法律确定的公共文化服务基本制度主要涉及基础性制度、针对性制度、政府监管制度和机构责任制度四个方面⑥。

内容方面，李娟等人认为公共文化服务体系的基础性制度主要包括公共文化服务标准制度、公共文化设施免费或优惠开放制度、免费或优惠开放的公共文化设施享受补助制度、文化志愿服务制度、捐赠财产用于公共文化服

---

① 杨立青.上下联动与制度变迁：中国文化管理体制创新研究[M].桂林：广西师范大学出版社，2015：84-89.

② 俞晓敏.中国文化管理体制改革与创新研究[D].长春：吉林大学，2008：61-62.

③ 王列生.文化制度创新论稿[M].北京：中国电影出版社，2011：5.

④ 张永奇.中国之治的文化根基及其制度伦理建构[J].宁夏社会科学，2020(2)：5-13.

⑤ 王琳琳.公共文化政策：理论与实践[M].北京：中国广播影视出版社，2017：18.

⑥ 李国新.公共文化服务保障法的制度构建与实现路径[J].图书情报工作，2017(16)：8-14.

务享受税收优惠制度等①。高福安等人指出，2001 年到 2011 年出台的公共文化服务政策主要从硬件建设、发展重点、功能价值、援助机制、供给方式与运行体制、网络设施、资金人才、技术保障、组织支撑和运行评估等方面进行了战略部署和进一步细化，将公共文化服务体系建设提升到国家文化政策制定和文化制度安排的层面②。王列生等人认为与公共文化服务体系配套的制度体系需具备上下贯通的特性，在同一个国家中，不同行政区域内的具体公共文化服务体系是国家公共文化服务体系的功能具体化、微观化和存在多样化的反映。公共文化服务制度体系与公共文化服务体系密切配合，主要分为投入与财政执行保障系统、规划与项目运行保障系统、人力资源动员保障系统、绩效评估与政策调节保障系统③。

第四，公共文化服务制度及制度体系的未来建设路径。要使现代公共文化服务体系切实成为功能完备的公共文化服务制度，需要将"顶层设计"与"摸着石头过河"相结合，进行大胆探索④。傅才武等人认为组织创新、政策创新、主体创新、法律创新是深化我国文化体制改革的基本路径⑤。李桂霞等人认为新时代公共文化服务高质量发展的路径是以文化自信为引领，以标准化均等化为基础，以数字化为手段，以社会化为途径，以法治化为保障，实现公共文化服务机会均等、内容丰富、服务先进、管理现代的高质量发展目标，满足人民日益增长的精神文化需求⑥。在制度设计中要尽可能充分地考虑诸如体系目标、义项分解、制度框架、结构功能、效能评价等公共性要素，并且

---

① 李娟，傅利平．公共文化服务水平综合评价研究[M].北京：经济科学出版社,2017:166-169.

② 高福安．公共文化服务体系建设创新研究[M].北京：中国传媒大学出版社, 2018:9.

③ 王列生，郭全中，肖庆.国家公共文化服务体系论[M].北京：文化艺术出版社,2009:18-28.

④ 王列生.面对构建现代公共文化服务体系的制度召唤[J].唯实（现代管理）,2014（5）:4-5.

⑤ 傅才武，陈庚.我国文化体制改革的过程、路径与理论模型[J].江汉论坛,2009（6）:112-118.

⑥ 李桂霞，解海，祁爱武.新时代公共文化服务高质量发展的路径[J].图书馆建设,2019（S1）:187-194.

尽可能地与国际接轨或借鉴国外的成功经验①。李国新结合"十四五"时期公共文化服务体系建设的重要任务，提出优化和完善《公共文化服务保障法》核心制度的具体路径，明确了各项制度的建设重点和优化路径②。

### 1.3.2.2　公共文化示范区相关研究

公共文化示范区是我国"十二五"和"十三五"时期公共文化领域的重要项目，全面建成小康社会和保障人民权益的理念贯穿于示范区建设始末。公共文化示范区是将公共文化放到整个国家治理体系中进行综合考量、制度设计和建设实践。"十二五"时期蓬勃发展的文化软实力理论和"十三五"时期被广泛接受的文化治理理论都将公共文化服务体系建设上升到国际竞争的高度。公共文化示范区作为 2011 年以来我国公共文化领域最受关注的重点文化惠民工程，是近十年来学术界研究的热点。特别是制度设计研究被作为公共文化示范区验收的前置条件，直接吸引学术界广泛参与到公共文化示范区制度体系建设之中，形成了不少优秀的学术成果。总体来说，以公共文化示范区为研究对象的学术成果主要包括专著、学位论文、学术论文、新闻报道等。公共文化示范区相关研究成果从 2011 年开始出现，并一直保持较高的产出数量，其中北京大学、华东师范大学、兰州大学、北京师范大学、中国国家图书馆、中央文化管理干部学院等高等院校和研究机构相关学术成果较多，学术影响力较大。

公共文化示范区相关的学术成果主要集中在以下四个方面：

一是公共文化示范区创建实践的材料汇编。如文化部公共文化司、文化和旅游部全国公共文化发展中心等组织编撰了以公共文化示范区创建实践为主要内容的发展报告，全面总结、梳理了创建城市（地区）的创新案例和制度成果，是公共文化示范区研究的重要参考资料。与此同时，公共文化示范区验收标准对于制度设计研究、制度转化成果、创新实践等材料提出了明确要求，公共文化示范区在创建期间或创建后要将相关创建材料汇编发表，如

---

①　王列生，郭全中，肖庆.国家公共文化服务体系论[M].北京：文化艺术出版社，2009:69.

②　李国新.公共文化服务保障法律制度的完善与细化[J].中国图书馆学报，2021(2):29-39.

第一批示范区广东省东莞市、河北省秦皇岛市、江苏省苏州市、湖北省黄石市、吉林省长春市、江西省赣州市，第二批示范区江苏省无锡市、河北省廊坊市等都发表了汇编文献，这些文献成为公共文化示范区研究的重要支撑资料。截至 2021 年，四批示范区的创建材料已由国家公共文化服务体系示范区（项目）文献信息中心（设于浙江省嘉兴市图书馆）统一收集、整理并完成数字化，成为研究公共文化示范区的一手资料。

二是以公共文化示范区创建机制为主要研究对象，以其成果为其他公共服务领域惠民项目的设计和实施提供经验和借鉴。公共文化示范区以项目建设推动全国重点地区的公共文化服务建设，其在创建目的、基本做法、具体内容、工作流程和关键环节、进展情况等方面积累了丰富经验①，项目制是政府政策战略的主要抓手，公共文化示范区项目可以确保政府有效履行文化职责，实现服务职能。瞿奴春从行政管理领域出发，指出"示范区项目创建的治理方式被大量地用来治理政府关注或群众反映亟须改进的重点领域"，而"创建办"作为其独特的组织机构，打破了纵向、横向部门间的"条块"关系，在弥合政府部门缝隙中发挥着重要的作用②。公共文化示范区创建机制不仅为公共文化服务领域继续推进以项目建设为抓手的建设模式提供了政策和实践依据，也为其他公共服务领域提升服务效能、解决重点问题、完善制度体系贡献了经验。

三是以公共文化示范区创建实践为研究对象，分析现代公共文化服务体系建设路径。吴理财选择成效突出的广东省深圳市、安徽省马鞍山市、湖北省黄石市等地的创新实践进行经验总结和理论分析③。宾阳从广西壮族自治区的示范区制度设计研究入手，分析了来宾市（第一批）、玉林市（第二批）、

---

① 白雪华.以点带面，发挥示范效应　推动我国公共文化服务体系建设科学发展——国家公共文化服务体系示范区（项目）创建工作概述 [J].国家图书馆学刊，2012，21(3)：32-40.

② 瞿奴春."创建办"：一种弥合部门缝隙的非常规机制 [D].武汉：华中师范大学，2018：1.

③ 吴理财.中国公共文化服务体系建设的实践探索 [M].北京：高等教育出版社，2017.

防城港市（第三批）的创新实践及其与制度设计的有机结合①。王璇璇②、吴俊伟③、冯凌云④、杨振铎⑤等人以公共文化示范区为研究对象，尝试构建覆盖全地区的现代公共文化服务体系的建设路径。另有部分研究者针对重点制度开展深入研究。李连璞⑥、李水洪⑦等人聚焦公共文化示范区的农村公共文化服务体系建设，探索农村文化产品和服务供给制度；任贵州关注城乡公共文化设施网络体系建设制度⑧；杜梦红⑨、蔡翔⑩等人以制度建设主体为研究对象，分析公共文化示范区创建过程中的政府职能和政府行为；汤慧莹⑪、戴艳清⑫等人关注公共文化示范区的公共数字文化制度建设，以制度优化推动公共数字文化效能提升。效能评估也是公共文化示范区研究的重点，周游重点研究了公共文化示范区的市民满意度⑬，余海燕则关注公共文化政策的执行效果评价⑭。

四是以公共文化机构为研究对象，分析其在公共文化示范区创建期间的成就与作用。傅才武通过观察中国百余个公共文化政策研究实验基地数据，分析我国图书馆、博物馆、文化馆（站）、文艺院团等公共文化行业的最新进展，并通过个案剖析和解读挖掘基层文化单位的体制改革、服务创新、发

① 宾阳.公共文化服务创建创新案例研究[M].长春：吉林大学出版社，2019.
② 王璇璇.拉萨市现代公共文化服务体系建设研究[D].拉萨：西藏大学，2019.
③ 吴俊伟.东营市公共文化服务体系建设研究[D].济南：山东师范大学，2016.
④ 冯凌云.中国西部地级市创建国家公共文化服务体系示范区研究[D].呼和浩特：内蒙古大学，2014.
⑤ 杨振铎.北京市东城区公共文化资源供给体系研究[D].北京：北京大学，2011.
⑥ 李连璞.国家公共文化示范区乡村文化阵地效能建设研究[M].北京：科学出版社，2017.
⑦ 李水洪.农村公共文化服务体系构建面临的困境及对策思考[D].南昌：南昌大学，2020.
⑧ 任贵州.城乡公共文化服务设施共建共享机制及路径——以苏州市创建国家公共文化服务体系示范区为例[J].新世纪图书馆，2016（2）：70-76.
⑨ 杜梦红.公共文化服务体系示范区建设中的政府职能研究[D].长春：长春工业大学，2017.
⑩ 蔡翔.泉州市公共文化服务体系建设中的政府行为研究[D].厦门：华侨大学，2020.
⑪ 汤慧莹.公共数字文化服务体系建设研究[D].长沙：湖南师范大学，2019.
⑫ 戴艳清，何晓霞，郑燃.公共数字文化服务效能提升的制度优化[J].图书馆论坛，2021（8）：26-33.
⑬ 周游.公共文化服务体系市民满意度研究[D].长沙：湖南师范大学，2020.
⑭ 余海燕.重庆市渝中区公共文化服务政策执行效果评价研究[D].重庆：西南大学，2019.

展绩效等现实问题[①]。冯佳[②]、金武刚[③]、张皓珏[④]、陶梦婷[⑤]等人通过分析公共文化示范区创建期间公共图书馆、文化馆、博物馆的建设实践，指出公共文化示范区创建有效推动了当地公共文化机构在设施体系、服务体系、资源体系、平台技术等方面的发展。

整体来说，现阶段以公共文化示范区为研究对象的学术成果多以单个案例或地区实践、公共文化服务体系单个领域、公共文化机构建设实践等具体对象为主，多在公共管理学、行政管理学等视域下分析公共文化服务体系构建，仅有少数学术成果关注了公共文化示范区的制度框架和制度体系构建。如冯佳从制度建设角度分析第一批公共文化示范区的创建实践，认为公共文化服务制度包括经费保障、人才队伍建设、管理体制、设施体系、资源供给体系等主要内容，系统勾勒了公共文化服务制度框架[⑥]。李雪晴从公共服务均等化理论、新公共服务理论出发分析了江苏省公共文化服务体系的现状、特点及问题，提出从思想层面、制度层面、产品层面和技术层面优化公共文化服务体系的路径[⑦]。

### 1.3.3 国内外研究述评

公共文化这一概念在国内外语境中存在着明显的概念差异。国外对于公

① 傅才武.中国公共文化政策研究实验基地观察报告[M].北京：社会科学文献出版社,2016.

② 冯佳.公共图书馆在国家公共文化服务体系示范区(项目)创建工作中的创新举措[J].图书馆,2014(3):42-46.

③ 金武刚,李明,王丛珊.直挂云帆济沧海：示范区(项目)创建助推公共图书馆发展[J].国家图书馆学刊,2016(6):23-31.

④ 张皓珏.从第三批国家公共文化服务体系示范区创建看公共图书馆发展[J].图书馆论坛,2020(7):87-93,133.

⑤ 陶梦婷,钟文萍.架设公共文化服务热线 点亮群众文化万家灯火——萍乡市文化馆对推进国家公共文化服务体系示范区建设的探索[J].文化月刊,2019(9):116-117.

⑥ 冯佳.公共文化服务制度建设研究[M].北京：国家图书馆出版社,2015.

⑦ 李雪晴.江苏省公共文化服务体系建设研究[D].南京：东南大学,2018.

共文化的理解更倾向于大众文化或公众艺术，强调由政府支持或财政资助的面向公众的文化和艺术供给，更关注对不同民族、不同种族、不同宗教信仰中的本土文化的延续和传承。以此为基础，西方对于公共文化、文化制度和制度体系的相关研究也集中在政治学、公共管理学、制度经济学等领域，思考公共服务领域中的文化政策和文化制度如何建设、革新机制和作用模式，以更宏观的上位理论解释具体问题和具体案例。如萨帕塔－巴雷罗·里卡德以巴塞罗那文化政策及不同文化间的政策格局为研究框架，分析了文化政策与现实差异的脱节导致文化政策制定环节缺失的现状，提出了巴塞罗那文化政策制定的瓶颈，为未来制定科学合理的文化政策提供了思路①，这就是从政策学角度出发分析文化政策的建设现状及未来完善路径。珍妮特·V.登哈特和罗伯特·B.登哈特从新公共管理领域出发，提出政府在社会治理和文化治理中应发挥服务职能而非管理职能，这是应对经济危机下的"政府失灵"提出的解决办法，是对公共管理理论进行的革新与发展。我国对于公共文化的界定则更倾向于区别于文化产业的文化事业，政府在公共文化中发挥较大作用，强调由公共财政支撑的保障公民基本文化权益的文化和艺术形式。

由于中西方在历史背景、政治基础、意识形态、社会现状、文化传统等方面存在明显差异，西方国家在文化政策和制度体系方面的学术成果和建设实践能够为我国的政府转型、文化治理起到理论支撑和制度借鉴作用。在文化体制机制改革、制度内容、制度形式、制度执行等具体领域，还需要我们客观分析不同制度的产生背景和历史必然性，立足中国国情，解决中国问题，形成中国制度。这也提醒我们，不能对西方经验全盘照搬或者"照葫芦画瓢"。笔者在研究中发现，成熟于20世纪80年代的现代科学管理理念和治理理念并不能完全指导我国公共文化服务制度体系的构建，我国的公共文化服务制度体系构建历程具有突出的中国特色。本书尝试对公共文化服务制度

---

① ZAPATA-BARRERO R.The limits to shaping diversity as public culture：permanent festivities in barcelona[J].Cities，2014，37（5）：66-72.

体系构架过程中的"中国特色"进行定性分析，总结"十二五"和"十三五"时期公共文化建设的经验，为"十四五"时期我国文化战略的制定和公共文化服务体系建设的发展提供参考。

多国文化制度体系研究成果证明，文化制度体系的构建与国家的历史传统、政治制度、社会生活习惯等紧密相连。我国的公共文化服务制度体系本身就颇具中国特色，是与资本主义国家的文化福利制度体系存在本质区别的制度成果。因此，我们一方面需要具体问题具体分析，将西方文化制度体系的经典理论和成熟模式放在西方制度背景下进行客观分析，借鉴其成功经验；另一方面也需要立足我国基本国情，在唯物史观的指导下开展公共文化研究，为中国特色的公共文化服务制度体系建设探索路径。

我国公共文化服务建设呈现出实践发展快于理论建设的特点，突出表现为：目前国内对于公共文化示范区的相关研究主要集中在地方创建实践纪实书籍、地方创新案例研究、公共文化机构实践与理论探讨。研究性书籍内容多为高校或者研究机构完成的案例评述等，系统化、理论性的著作较少。学位论文数量少，期刊论文仅有100余篇，内容多涉及公共文化示范区创新实践推介、示范区建设的价值、公共文化机构的作用发挥等方面，缺乏对制度成果在社会现实中运作和实施的分析与解剖。对于公共文化示范区的研究多为地方实地参与者和建设者的数据统计和资料汇编，缺乏全国范围内的横向比较。特别是制度成果方面，多为对某一个成果的分析，无法帮助形成制度体系。对于公共文化示范区的制度建设的研究比较少，未形成完善的制度理论框架。从文化治理角度研究制度建设的成果比较少，未形成成熟的理论体系。

本书在广泛吸收国内外研究成果的基础上，重点关注公共文化示范区制度设计研究中形成的公共文化服务制度体系，揭示我国地方政府在公共文化治理方面的创新模式及演变过程，将地方的创新实践、制度设计、制度成果与我国现阶段的公共文化服务制度体系联系起来，构建公共文化服务制度体系金字塔的底层基础，探索中国经验对于文化建设多样化和国际化的重要价值。

# 2 公共文化示范区制度体系的建设路径、内容与价值

制度创新必须以政府拥有足够的知识和信息为前提。在我国，虽然中央政府是制度变革的根本推动力，但地方政府显然比中央政府更具知识或信息优势[①]。地方政府能够有效对接各类社会主体的制度需求，发挥政策的工具效应，以制度手段指导、规范和保障地方文化建设。

在政府治理理念的影响下，中央政府和地方政府都存在明显的制度自觉。中央政府希望通过制度手段规范地方政府的行为，从而达到统一的建设目标；而地方政府则需要将本地的非正式制度和各类主体的真实需求反映到政策文件中。由此可以看出，我国的文化管理体制是依托上下贯通的制度体系来运营和维持的。深化文化领域的体制机制改革，就需要打破政府自上而下的任务分配模式，由地方政府主导公共文化服务制度的制定与实施，构建自下而上、能够真实反映现阶段人民群众需求和期望的公共文化服务制度体系。

公共文化示范区制度体系就是由在宏观政策的指导下，自下而上构建的反映全国公共文化实践现状和制度建设进程的系列制度成果组成的有机体。其构建路径、主体内容都具有突出的中国特色，对于我国其他公共服务领域

---

① 杨立青.上下联动与制度变迁：中国文化管理体制创新研究[M].桂林：广西师范大学出版社，2015:4.

有重要参考意义。本章通过分析公共文化示范区制度设计研究报告和制度转化成果，呈现过去十年我国公共文化服务制度建设的重点和成果，以构建公共文化示范区制度体系。

## 2.1 公共文化示范区制度体系的建设路径

### 2.1.1 法律法规和国家政策指明建设方向与原则

我国主要采取上下贯通的政策手段开展文化管理，即由中央政府出台法律法规、国家政策，地方政府予以配合和实施。2005 年，党的十六届五中全会上发布了《中共中央关于制定国民经济和社会发展第十一个五年规划的建议（讨论稿）》，明确提出"加大政府对文化事业的投入，逐步形成覆盖全社会的比较完备的公共文化服务体系"[①]，标志着我国正式进入公共文化服务体系建设阶段。2007 年中共中央办公厅、国务院办公厅印发的《关于加强公共文化服务体系建设的若干意见》提出了实施五项重大公共文化服务工程，指出了增强公共文化产品生产供给能力和创新公共文化服务运行机制的发展方向[②]。2011 年，党的十七届六中全会要求构建覆盖城乡、结构合理、功能健全、实用高效的公共文化服务体系[③]。2013 年，党的十八届三中全会明确了构建现代公共文化服务体系的重点任务，随后印发的《关于加快构建现代公共文化

---

① 中共中央关于制定国民经济和社会发展第十一个五年规划的建议[EB/OL].[2022-06-18]. https：//www.gov.cn/ztzl/2005-10/19/content_79386.htm.

② 关于加强公共文化服务体系建设的若干意见[EB/OL].[2024-09-27].https://www.gstianzhu. gov.cn/art/2024/4/29/art_7073_1301651.html.

③ 中共中央关于深化文化体制改革　推动社会主义文化大发展大繁荣若干重大问题的决定 [EB/OL].[2019-08-20].https://www.gov.cn/jrzg/2011-10/25/content_1978123.htm.

服务体系的意见》明确了现代公共文化服务体系建设的总体目标、基本原则、重点任务以及保障措施 ①，为我国公共文化服务体系建设指明了方向和重点。2016 年出台的《公共文化服务保障法》和 2017 年出台的《公共图书馆法》将公共文化服务体系建设推入法制化轨道，为实现人民群众基本文化权益提供了法律保障。

在法律法规和国家政策的指导下，各公共文化示范区地方政府积极践行政策要求，成立课题组并制定工作方案，广泛调研明确关键问题，采取多种研究方式确定研究思路和工作步骤，产学研结合出台政策文件、标准等，在地方实践中践行原则落实职能，将公共文化服务体系建设纳入制度化、规范化、体系化轨道。公共文化示范区制度体系就是在制度设计基础上构建的制度成果有机体。

### 2.1.2 创新实践经验提炼、固化为制度设计研究成果

制度设计研究的首要环节就是挖掘、总结和提炼公共文化示范区的创新实践。制度设计研究通过对创新实践进行理论研究、模式提炼和要素分析，优化调整现有政策，将成熟经验固化、升华为制度成果，从而形成保障本区域公共文化服务体系建设的制度体系。部分公共文化示范区的创新实践经过提炼和总结，还会上升为省级政策和国家政策，在更大范围内进行推广，指导全国公共文化服务体系建设。公共文化示范区通过制度设计研究将成熟的实践经验固化为法律法规、规章制度、政策性文件等制度形式，进而推动公共文化服务体系的有序化、全面化、系统化进程。这已成为公共文化服务制度建设的共识。创建期间形成的系列制度成果不仅推动了示范区公共文化服务体系的快速建成，其本身也成为公共文化服务制度体系中不可或缺的部分。

---

① 关于加快构建现代公共文化服务体系的意见 [EB/OL]. [2019-09-01].https://www.gov.cn/xinwen/2015-01/14/content_2804250.htm.

### 2.1.3  制度设计研究成果转化为制度成果

公共文化示范区制度设计研究的第二个重要任务就是"设计"，即调动文化和旅游领域的专家学者、行政部门管理人员和公共文化机构工作人员等多元主体，运用科学研究方法、借鉴成熟理论指导，针对本地区公共文化服务建设中的重点问题和关键矛盾开展规划和设计，将学术研究成果以法律法规、标准规范、规划方案、地方政策和机构规章等形式固定下来，并由当地人民政府、文化行政主管部门、公共文化机构等责任主体颁布、实施，以制度手段推进地方公共文化建设实践。公共文化示范区制度设计研究的重要成果之一就是将制度设计研究直接转化形成了一系列制度成果。

公共文化示范区的制度设计研究是地方政府宏观层面的设计规划，是突破现行文化管理体制机制的创新改革，是打通多部门多行业的整体布局，而非文化系统内部的"改良"和"小修小补"。建立在制度设计研究基础上的制度成果兼具系统性和针对性、普遍性和特殊性，以长效制度保障了创新和改革成果，以制度建设推动了公共文化服务体系的科学和可持续发展。通过制度设计研究，各公共文化示范区制定了针对本地公共文化建设实践的系列制度，初步形成了微观层面的公共文化服务制度体系，有效指导了公共文化示范区的创建实践和后续建设。

### 2.1.4  制度成果构建起公共文化示范区制度体系

公共文化示范区的制度成果从整体上反映了近十年我国公共文化服务体系建设的概况，对解决普遍存在的问题进行探索与实践，形成了一批公共文化基本层面的制度；围绕地方特色问题的解决和研究形成了一批与当地社会生活发展水平相适应的制度成果；在推动宏观政策落地、细化的过程中形成了一批实践性、指导性突出的实施细则与工作规范；在创建实践中又形成了创新性建设模式，部分制度成果还被上升为省级和国家级政策在全国范围推行，倒推完善了制度体系。公共文化示范区的制度设计研究是基于实践的个体性行为，而转化形成的制度成果则是相对稳定的行为规范，能够对各类行为主体形成约束和激励，可以在同类型地区大范围推行。公共文化示范区制度成果共同构建了公共文化示范区制度体系，有效完善了原有公共文化服务制度体系，并为全国公共文化服务建设提供了宏观指导。

## 2.2 公共文化示范区制度体系的内容与重点

公共文化示范区制度体系是在制度设计研究及其转化形成的制度成果基础上形成的。制度设计研究兼顾普遍矛盾与特殊矛盾，兼顾理论研究与实践指导，兼顾当下建设与未来规划。因此，由制度设计研究转化形成的政策和制度成果也具有突出的科学性、规范性、指导性和前瞻性。科学构建公共文化示范区制度体系需要明确四批创建城市（地区）的制度设计研究的内容和重点，梳理制度转化成果的内容和类型。

### 2.2.1 制度设计研究成果分析

#### 2.2.1.1 数据来源与分析方法

资料来源为第一批到第四批 120 个公共文化示范区的制度设计研究报告和制度成果转化报告。笔者通过构建关键词表、人工赋词、关键词整理等步骤，对公共文化示范区的制度设计研究报告进行内容分析。由于公共文化服务是新兴学科，暂无成熟公认的规范词表，笔者应用中国科学院计算技术研究所 NLPIR 语义分析系统对《公共文化服务保障法》《公共图书馆法》《中华人民共和国文物保护法》等法律文本，中共中央办公厅、国务院办公厅《关于加强公共文化服务体系建设的若干意见》《中共中央关于深化文化体制改革　推动社会主义文化大发展大繁荣若干重大问题的决定》《中共中央关于全面深化改革若干重大问题的决定》《关于加快构建现代公共文化服务体系的意见》等政策文件进行机器分词和人工干预，整理出了《公共文化服务领域相关法律、政策文件常用词规范词》（见附录 1）。在规范词表的基础上为公共文化示范区制度设计研究报告（含总报告和分报告）进行人工赋予关键词，每篇研究报告约设 10—15 个关键词，经查重清洗后制作完成了本书的关键词表（见附录 2）。需要特别说明的是：关键词整理过程中未采用机制、制度、特点等非特指词；归并了部分同义词，如将"政府采购"和"政府购买"统一合并为"政府购买"予以统计；对于部分示范区特有词汇进行了注解，如"国内外经验"指在研究过程中借鉴的国内外公共文化建设经验。

笔者整理了 199 份制度设计研究报告（含总报告和分报告）的关键词，利用 BibExcel 和 UCINET 等软件进行词频统计，一方面全面揭示公共文化示范区制度设计研究报告的内容，呈现各制度成果之间的影响关系，另一方面对比分析不同批次、不同区域制度建设成果的特点。本书通过统计显著性来揭示实际显著性，虽然两者并不一定是一致的，但统计显著性可以揭示实际显著性的整体趋势。需要注意的是，通过显著数据对公共文化示范区制度设计研究的主题和重点进行分析时，一些创新性制度成果会因暂未引起广泛关注而被淹没在平均值中无法显现。因此，本书在案例选择中适当加入人工判断，尽可能展示出示范性和价值性突出的异常值，并通过内容分析探测公共文化服务制度建设的未来趋势。

### 2.2.1.2 制度设计研究成果整体情况分析

制度设计研究通常从本地现有建设情况入手，分析公共文化示范区创建过程中的成功经验和存在问题，而后针对重点问题开展理论和实践研究，并转化形成政策和制度成果。针对总报告和分报告的主要研究内容，笔者遴选了四批公共文化示范区制度设计研究报告的关键词，通过 BibExcel 等软件分析总报告和分报告中出现的高频关键词和关键词共现情况，可以窥见各地公共文化创新实践的重点。通过前 40 个高频关键词（见表 2-1）不难看出，各地普遍关注人才队伍、设施网络等方面的建设。由于数据量大，全量关键词共现的呈现效果欠佳，故笔者通过思维导图予以提炼展示（见图 2-1）。制度设计研究报告呈现了比较明显的主题聚合，集中在设施网络建设、公共文化产品和服务供给、社会力量参与、均衡发展、体制机制建设和保障制度。

表 2-1　公共文化示范区制度设计研究报告高频词列表

| 关键词 | 词频 | 关键词 | 词频 | 关键词 | 词频 | 关键词 | 词频 |
|---|---|---|---|---|---|---|---|
| 人才队伍 | 88 | 民族地区 | 18 | 保障制度 | 10 | 技术支撑 | 7 |
| 设施网络 | 63 | 绩效评估 | 17 | 法人治理 | 10 | 考核评估 | 7 |
| 社会力量参与 | 61 | 数字平台 | 17 | 联盟 | 10 | 理事会 | 7 |
| 标准化 | 41 | 标准体系 | 15 | 全民阅读 | 10 | 满意度 | 7 |
| 城乡一体化 | 24 | 经验 | 15 | 免费开放 | 9 | 设施设备 | 7 |
| 非物质文化遗产 | 24 | 联动 | 15 | 国际交流 | 8 | 产品供给 | 6 |
| 社会化 | 23 | 公共数字文化 | 14 | 激励机制 | 8 | 服务效能 | 6 |
| 供需对接 | 22 | 流动服务 | 12 | 数字资源 | 8 | 覆盖面 | 6 |
| 数字化 | 22 | 社会化管理运营 | 12 | 服务供给 | 7 | 高质量 | 6 |
| 均等化 | 19 | 节庆 | 11 | 基层综合性文化服务中心 | 7 | 人才培训 | 6 |

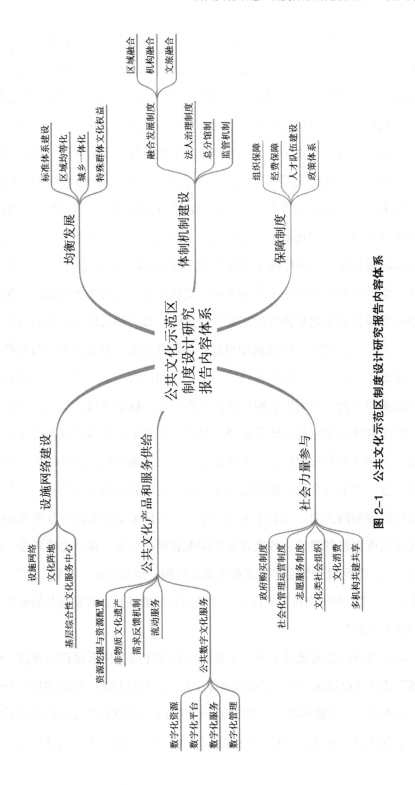

图 2-1 公共文化示范区制度设计研究报告内容体系

　　其中，设施网络建设研究的重点在于构建四级公共文化设施网络，特别是基层文化阵地。多地利用创建契机新建、扩建、改建了本地主要公共文化服务设施，还采用社会力量捐赠、租赁、场地共享等方式扩展了文化阵地。公共文化产品和服务供给方面，各地将地方特色文化、优秀传统文化、边疆文化、民族文化、非物质文化遗产和康养文化等作为资源基础，通过深入挖掘、资源整合、优化配置等方式打造公共文化品牌，并通过供需对接机制、流动服务、数字化服务等方式将所需内容送到公众身边。其中数字化服务迅速发展并成为公共文化服务供给的重要方式之一。社会力量参与制度是公共文化示范区制度设计研究取得的最突出的制度成果。在社会力量参与的主体、方式、范围等方面都取得了重大突破。文化企业、文化类社会组织、文化志愿者成为除公共文化机构外的主要供给主体。政府购买成为社会力量参与的主要方式，"文采会"、孵化机制也逐步兴起并完善。社会力量参与的范围从设施建设拓展到内容和服务提供，再到管理和运营，逐步发展成为公共文化建设的重要力量。均衡发展制度研究的重点在于探索区域均等化、城乡一体化、特殊群体文化权益的建设路径，其中完善标准体系是实现均等化的重要手段。体制机制建设包括融合发展制度、法人治理结构、总分馆制、监管机制等内容。其中融合发展制度是近几年公共文化领域研究的重点，也是未来政府职能转型的方向。政府主导的资金、人才保障制度是地方政府推动公共文化示范区创建的基础，各地普遍采用配套创建资金、设立专项资金、增加财政投入、吸引社会资金等方式提供资金保障，也涌现出"文化专干""文化下派员""政府购买岗位"等保障人才队伍数量的项目，并配套开展业务培训以提升人才素养。

　　制度设计研究成果基本展示了我国公共文化服务体系建设的现状，明确了体系建设重点领域，揭示了建设整体呈现出"整体推进、重点突破、全面提升"的态势：一是整体推进。制度设计研究对于示范区公共文化服务体系的影响是全方位的，为公共文化产品和服务供给、设施网络、资金人才技术保障和体制机制建设等各方面提供了科学支撑和制度保障。二是重点突破。制度设计研究中公共文化产品和服务所占比例远大于设施网络建设,现阶段公共文化服务建设的重点已经从设施网络等基础领域建设发展到公共文化产品和服务供给的效能领域;除此之外,社会力量参与制度、数字化制度和体制机制改革中的融合发展制度上升为现阶段和未来公共文化服务制度体系的建设重点。三是全面提升。公共文化示范区制度设计研究从硬件到软件,从内容到形式,从制度成果到制度体系,全面覆盖了公共文化服务体系各方面的成果,为进一步规划并推进全国范围内的公共文化服务体系建设提供了示范。

### 2.2.1.3 分区域制度设计研究成果分析

我国公共文化服务体系建设呈现出较大的区域性差异。公共文化示范区在申报遴选过程中就充分考虑到了东、中、西部的区域差异,尽可能覆盖各种城市类型,包括经济发达的一线大城市、存在瓶颈的转型城市、贫困地区城市等,致力于为各类地区的公共文化服务体系建设提供借鉴和示范。公共文化服务作为文化建设的重要组成部分,与政治建设、经济建设和社会建设相辅相成。

示范区制度设计研究的热点也在一定程度上反映了东、中、西部不同地区公共文化服务制度建设的重点。

东部地区多为富庶平原,是改革开放的先锋地区,长期以来市场经济繁荣发展,对文化资本和文化从业者的吸引力较强,国际合作和交流活动频繁,公共文化设施基础相对较好,公共文化产品和服务的供给水平相对较高。东部公共文化示范区制度设计研究着重解决"如何治理"这一效能层面的问题,其社会力量参与方式多元,制度成果数量较多,创新机制和保障机制也较完善。重视城乡一体化建设和标准化建设研究,推动基层公共文化服务的提档升级。公共数字文化研究已经突破了资源建设和数字化服务方式探索阶段,着力开展技术研发和高新技术应用研究。在总分馆制、文旅融合等体制机制方面的研究成果较多。

中部地区经济优势、地理优势和政策优势不突出，"中部洼地"现象在设施网络建设、公共文化产品和服务供给、保障机制等领域表现明显。中部地区的制度设计研究成果中，公共文化产品和服务供给所占比重最大，在资源挖掘、优化配置、供需对接方面进行了广泛探索，公共数字文化研究成果较多，但集中在平台建设、数字化服务手段等基础层面。均衡发展研究也占据重要部分，对城乡一体化、区域均等化、人群均等化等关注较多。社会力量参与研究集中在文化志愿服务和文化消费方面，参与主体和参与方式方面的研究比起东部明显较少。

西部地区多为边疆地区、少数民族地区和内陆地区，民族民间文化和地域特色文化丰富，在国家政策支持倾斜和转移支付的扶持下，公共文化服务发展呈现出跨越发展的趋势，基础设施得到明显改善，公共文化产品特色突出但类型较少，服务方式也较单一。西部地区的制度设计研究重点在于均衡发展制度，特别是少数民族地区的文化扶贫工作和特殊群体的基本文化权益研究。西部地区现阶段依旧是财政投资为主，社会资本吸引力不足，社会力量参与相关研究集中在文化类社会组织、文化志愿者、文化消费和共建共享方面，参与主体和参与方式也相对较少。公共数字文化所占比重相对较大，研究内容集中在公共数字文化产品和服务方面，强调通过数字化手段实现资源共享和公共文化服务体系的区域全覆盖。

### 2.2.1.4 分批次制度设计研究成果分析

制度设计研究重点呈现出从"普遍矛盾"向"特殊矛盾"转移，从"有没有"向"优不优"转变的趋势。第一批制度设计研究探索解决公共文化服务体系各领域的普遍矛盾，研究点相对均衡；第二批制度设计研究重点关注公共文化产品和服务供给；第三批制度设计成果中政策引导实践倾向明显，重点研究社会力量参与、公共数字文化的制度建设；第四批制度设计成果引领解决时代新问题新矛盾，如融合发展制度等。

第一批公共文化示范区（2011—2013年）落实宏观政策的特征较突出。

第一批公共文化示范区创建之初，中共中央办公厅、国务院办公厅已经出台了《关于加强公共文化服务体系建设的若干意见》，党的十七届六中全会上也发布了《中共中央关于深化文化体制改革 推动社会主义文化大发展大繁荣若干重大问题的决定》，为公共文化服务体系做出了顶层设计，明确了重点，指明了方向。文化部、财政部也出台了《关于推进全国美术馆公共图书馆文化馆（站）免费开放工作的意见》等具有划时代意义的指导文件，亟待地方进行探索和落地。文化部早在 2010 年就探索建立了国家公共文化服务体系制度设计课题体系，主要包括群众文化需求和基本文化权益研究、政府公共文化服务主体地位研究、公共文化单位免费开放与公益性服务研究、公共文化资源供给体系研究、社会文化活动机制研究、公共文化服务社会参与机制研究、公共文化服务经费保障机制研究、公共文化服务人才队伍建设研究、公共文化服务技术支撑研究、公共文化服务评价考核体系研究 10 个一级课题以及 32 个二级课题。这也在很大程度上影响了第一批示范区的制度设计研究主题。第一批创建城市（地区）将制度设计研究重点放在了推动区域、城乡和人群的均衡发展方面，包括构建公共文化设施网络、探索社会力量参与路径、以数字化手段和供需对接机制优化区域和城乡资源。除此之外，公共文化机构的免费开放政策、总分馆制、文化志愿服务也是第一批示范区研究的重点。

第二批公共文化示范区（2013—2015 年）的研究重点在于公共文化产品和服务供给、均衡发展制度。同时，社会力量参与制度和公共数字文化制度开始受到广泛关注，逐渐上升成为主要研究内容。体制机制改革内容较多，包括总分馆、协调机制、监督机制等，对于保障制度的研究也比较突出。公共文化示范区制度设计研究不同于一般的学术研究，它具有明显的科学性和实践性，在建设过程中广泛吸纳国际经验和先进地区建设经验，以"他山之石"为本地公共文化服务体系建设提供参考方案，其中不乏第一批示范区建设经验与制度成果，公共文化示范区的引领示范作用已初步显现。

第三批公共文化示范区（2015—2018 年）创建期间是我国公共文化服务

相关政策出台的密集阶段，如《关于加快构建现代公共文化服务体系的意见》《关于做好政府向社会力量购买公共文化服务工作的意见》《公共文化服务保障法》《公共图书馆法》等的出台都直接影响了第三批示范区的制度设计研究主题。第三批公共文化示范区制度设计成果集中在社会力量参与、城乡一体化、公共数字文化等方面，还首次出现了文旅融合、文化扶贫等内容的研究。

第四批公共文化示范区（2018—2021年）的验收标准大幅度提升了"公共文化改革创新和制度建设"的指标数量和分值，将制度建设作为公共文化示范区的重点考核内容。第四批制度设计研究出现了文化扶贫、博物馆总分馆、文旅融合、新时代文明实践等具有时代内涵的制度探索。第四批制度设计出现的高频词为"高质量"，这与其所处的特殊时间节点有直接关系，在"十四五"开局之年，从政策文件、学术研究到地方实践都在探索公共文化服务的高质量发展路径，第四批公共文化示范区在创建过程中形成了系列探索公共文化服务体系高质量发展的制度成果，"服务效能""文化治理""城乡均衡"等成为制度成果的热点词，这也为中央政府和各地政府规划"十四五"建设提供了参考和依据。

通过对四批公共文化示范区制度设计研究重点进行对比，可以看出以下变化：设施网络建设的重要性逐渐下降，对于供给体系、服务方式、体制机制改革的关注提升；对农村地区和少数民族的关注提升；制度设计研究与地方实践结合程度较高。公共文化示范区的制度设计、制度成果转化和创新实践受国家政策影响，同时也为国家政策的制定提供参考依据，反向推动了国家政策的制定。

### 2.2.2　制度转化成果及特征分析

#### 2.2.2.1　数据来源与分析方法

公共文化示范区制度设计研究的基本要求之一就是将制度设计研究课题

转化为政策成果。各公共文化示范区对于制度设计研究转化成果的统计口径不一，部分地区将创建期间出台的所有政策文件进行汇编作为制度成果，另有部分地区仅汇集了制度设计研究直接转化的制度成果。为确保研究内容全面、客观，本书以各地区制度成果汇编报告作为资料来源，并选取制度成果的内容、类型和制定主体作为主要分析要素，对四批 2000 余份政策文件进行内容分析和类别划分，尝试构建制度转化成果的内容和类型体系。

主题分析方面，本书参考《公共文化服务领域相关法律、政策文件常用词规范词》（见附录 1）对政策文件进行关键词赋值和梳理。其中除《关于加快构建现代公共文化服务体系的意见》这类总规性文件需深入文章内容提取关键词，其他政策文件多在题目中就可明确约束范围，如《关于进一步推进政府向社会力量购买服务工作的实施意见》《包头市加快公共数字文化建设的实施意见》等。类别分析方面，本书参考政策学和公共管理相关理论，将公共文化示范区制度文件划分为法律法规、标准规范、政策文件和规划方案等四大类。

公共文化示范区制度转化成果分析的重要意义在于以下两方面：一方面是与制度设计研究报告形成对比验证，科学构建公共文化示范区制度体系；另一方面是通过公共文化示范区制度转化成果的内容和类型，反映我国公共文化服务制度体系建设的重点和方式。在制度设计研究的基础上，公共文化示范区在创建期间普遍形成了体系化的制度成果，各批次制度成果与制度设计研究成果相辅相成，共同构建了公共文化示范区制度体系。

### 2.2.2.2 制度转化成果的内容体系

从全国数据来看，公共文化示范区的制度转化成果与制度设计研究的主题基本一致，主要集中在综合类制度、均衡发展制度、社会力量参与制度、产品和服务供给制度、体制机制改革和保障机制等重点领域（见表 2-2）。值得一提的是，综合类的制度成果具有顶层设计性质，其中创建类是指与创建工作直接相关的建设规划和政策文件，如《廊坊市创建国家公共文化服务体系示范区过程管理若干制度规定》《嘉定区公共文化服务体系示范区创建专项资金管理办法》等文件，这些文件规范了公共文化示范区创建期间的制度设计、过程管理、报送制度、资金管理等具体工作。总规类制度则是指创建城市（地区）针对全市公共文化服务体系建设开展的宏观设计，如北京市东城区、湖北省宜昌市等地在创建期间出台了关于加快构建现代公共文化服务体系的实施意见，对公共文化设施网络建设等内容予以规范。以公共文化示范区创建为契机，各地通过"填平补齐"和"全面提档"，基本实现了对当地公共文化服务体系建设的整体规划和顶层设计。

表2-2　政策转化成果主题分类统计表

| 一级类目 | 二级类目 | 成果数量 / 个 | 成果总数 / 个 |
|---|---|---|---|
| 综合类制度 | 创建类制度 | 94 | 148 |
| | 总规类制度 | 54 | |
| 保障制度 | 考核评估 | 107 | 248 |
| | 人员保障 | 99 | |
| | 资金保障 | 42 | |
| 均衡发展制度 | 城乡一体化 | 145 | 244 |
| | 标准化（含实施标准、服务目录） | 81 | |
| | 特殊群体均等化 | 12 | |
| | 区域均等化 | 6 | |
| 社会力量参与制度 | 志愿服务 | 70 | 215 |
| | 社会力量参与 | 59 | |
| | 政府购买 | 56 | |
| | 社会组织 | 21 | |
| | 文化产业 | 9 | |

| 一级类目 | 二级类目 | 成果数量 | 成果总数 |
|---|---|---|---|
| 产品和服务<br>供给制度 | 产品服务供给机制 | 117 | 170 |
| | 供需对接机制 | 31 | |
| | 公共数字文化建设 | 22 | |
| 体制机制改革 | 融合发展机制 | 29 | 77 |
| | 总分馆制 | 19 | |
| | 法人治理结构 | 16 | |
| | 管理机制 | 13 | |
| 其他 | 其他 | 97 | 97 |

综合类制度和保障制度对公共文化示范区的创建工作、制度设计和成果转化等步骤进行了具体规范，成果数量约占制度转化成果总数的 1/3。示范区创建工作因此得以在有法可依、有规可循、有章可遵的条件下展开。公共文化示范区在均衡发展制度、社会力量参与制度、产品和服务供给制度、体制机制改革等主要领域形成了较稳定较成熟的制度成果，在健全公共文化服务制度体系方面作出了有益探索。其中均衡发展制度和社会力量参与制度所占比重最大，这与公共文化服务体系均等化、社会化的发展趋势保持一致，也与我国乡村振兴、政府转型等宏观政策保持一致。

### 2.2.2.3　制度转化成果的类别体系

公共文化示范区制度设计形成了多种类型的制度成果（详见表 2-3）。从表 2-3 可以看出，地方性制度成果（约占总数的 92%）是地方政府推进公共文化服务体系建设的主要方式；地方性法律法规所占比重较小，但地方性标准规范数量上升，在一定程度上说明标准化建设已经引起各类建设主体的重视，以标准化手段推动公共文化服务体系建设成为示范区的共识。总体来看，千余份制度转化成果基本构建了一个类型比较完整的公共文化示范区制度体系。

表 2-3　制度转化成果的类别统计表

| 制度成果类型 | 文件数量 / 个 | 所占比重 /% |
| --- | --- | --- |
| 地方性法律法规 | 5 | 0.41 |
| 地方性标准规范 | 96 | 8.00 |
| 地方政策文件 | 1098 | 91.57 |

（1）地方性法律法规

《中华人民共和国立法法》将国家部委制定的法律条例与省级政府制定的法律条例置于相同的法律地位。受地方政府法律构建意识不足、执行能力大于规划能力的建设现状影响，公共文化示范区在地方性法律法规方面成果较少。其中吉林省延边州（第二批）出台了《延边朝鲜族自治州朝鲜族非物质文化遗产保护条例》、宁夏回族自治区吴忠市（第三批）出台了《吴忠市红色文化遗址保护条例》、湖北省宜昌市（第三批）出台了《宜昌市非遗保护条例》、湖南省永州市（第四批）出台了《永州市全民阅读促进办法》。《公共文化服务保障法》和《公共图书馆法》的颁布也为我国公共文化服务体系建设提供了法律依据。浙江省、湖北省、陕西省、贵州省、安徽省、上海市、江西省、四川省等省市先后制定了本地区的《公共文化服务保障条例》，广州市、贵州省等省市先后制定了本地区的《公共图书馆条例》。各示范区地方政府也在积极落实相关法律规定，虽在创建期间并无相关配套法规出现，但示范区地方政府通过法律手段保障公共文化服务建设成果的意识已基本形成。

（2）地方性标准规范

四批公共文化示范区共制定、出台了 95 份地方性标准规范文件，其中第一批 13 份，第二批 24 份，第三批 38 份，第四批 20 份。其内容主要包括基本公共文化服务标准，基层公共文化机构建设标准、服务规范、管理规范、保障标准、工作效能考评标准等，如《防城港市基本公共文化服务实施标准（2015—2020 年）》、《铜陵市城乡舞台建设实施方案（附建设标准、考核评价标准)》、济源市《基层综合性文化服务中心(村级)建设和服务规范》等。制定地方性标准规范是地方政府以标准化手段推动公共文化服务体系建设的重要方式,旨在以规范化、体系化、标准化制度实现区域均等、城乡均衡、行业规范、全民受益的建设目标。

(3)地方政策文件

地方政策类文件(约占总量的 92%)是制度转化成果的主体。根据政策文件发挥的作用,可将其划分为综合类、保障类、促进类和管理类四种类型。综合类如前文所述,主要起宏观指导作用。保障类政策文件是为确保公共文化服务有效开展而设定的相关保障类制度,如《佛山市南海区文化人才扶持专项资金实施细则》、四川省乐山市《乐山市财政局、乐山市文化广电新闻出版局关于下达 2018 年公共图书馆、文化馆(站)免费开放专项资金预算的通知》等。促进类政策文件是以税收优惠、物质奖励、表彰等方式鼓励各类主体参与公共文化服务体系建设的制度成果,如北京市海淀区《关于促进社会力量参与公共文化服务的实施意见》、湖南省株洲市《关于鼓励和支持符合条件的居民小区建立"书房"的实施办法》等。管理类政策文件主要用于规范公共文化机构的各项工作内容,如《沧州文化志愿者数字化管理办法》、湖北省黄冈市印发的《关于扶持社会协会、业余文艺团队等文化类社会组织的管理办法》等。地方政策文件是地方政府文化治理能力的直接体现,也直观反映出治理主体对公共文化服务体系建设重点的认知和判断。

### 2.2.3 公共文化示范区制度体系的重点内容

公共文化示范区创建的十余年是我国公共文化服务制度集中建立和取得重要突破的时期。在国家宏观层面的公共文化服务制度设计指导下,120 个公共文化示范区通过制度设计研究、制度转化成果和创新实践构建了公共文化示范区制度体系,丰富了我国公共文化服务制度体系的内容,健全了公共文化服务制度体系的类型，基本搭建了上下贯通、内容全面的公共文化服务制度体系。

由于我国公共文化示范区之间存在地域差异、时间差异、人群差异，为使研究成果更具普惠性，本书将重点放在解决全国共性的瓶颈问题上，遴选具有创新性、体系性，取得明显成效的公共文化服务制度成果进行深入分析。因此，产品服务供给机制虽所占比重较大，但由于各地文化资源不同、挖掘方式各异、供给模式多样，制度成果也存在明显的地方特色和历史惯性，便不作为本书讨论的重点。以战略性和前瞻性作为判断标准，公共文化示范区制度体系建设的重点主要包括四个方面。

### 2.2.3.1 均衡发展制度

第一批和第二批公共文化示范区探索了均衡发展制度的建设路径，在城乡基本公共文化服务均等化，推动革命老区、民族地区、边疆地区、贫困地区公共文化建设实现跨越式发展，保障特殊群体基本文化权益，建立公共文化机构建设标准和服务规范等方面取得了突出成效，制定了系列推动本地区城乡均等、人群均等、机构规范的系列制度成果。第三批公共文化示范区普遍建立了基本公共文化服务标准体系制度，各公共文化示范区根据国家指导标准和示范区验收标准制定了适度拔高的地方实施标准和服务目录，将标准化手段引入公共文化服务体系建设的各个环节和各个领域。第四批创建城市在城乡均等化、人群均等化方面的制度成果明显变少，以标准化、数字化推动公共文化服务体系建设的研究内容成为主流趋势。在四批公共文化示范区的创建过程中，涌现出以设施建设、总分馆制、数字化手段、标准化手段推动公共文化均衡发展制度建设的建设模式，形成了以地方标准规范、保障类、管理类为主的系列制度成果，这些制度成果成为公共文化示范区制度体系的重要组成部分。

### 2.2.3.2 社会力量参与制度

在公共文化示范区项目建设之初，国家就出台了一系列推动社会力量参与公共文化服务的政策性文件。2011年《中共中央关于深化文化体制改

革 推动社会主义文化大发展大繁荣若干重大问题的决定》的出台确立了引导和鼓励社会力量参与公共文化服务的方针，随后出台的一系列宏观政策和法律法规从中央政府层面构建了社会力量参与制度。公共文化示范区在落实中央政策过程中开展了理论、实践和制度创新，54 个公共文化示范区（第一批 12 个，第二批 14 个，第三批 16 个，第四批 12 个）开展了相关内容的制度设计研究，主要包括政府购买机制、社会化管理运营制度、文化志愿服务、文化类社会组织、文化产业等内容，其制度成果多为促进类政策文件，鼓励社会力量参与公共文化设施建设、产品和服务供给、管理运营，并为社会力量参与打通制度障碍，促进社会力量全方位、多形式地参与公共文化服务体系建设。

### 2.2.3.3  公共数字文化制度

数字化是公共文化服务体系建设的重要抓手之一。受国家宏观政策和法律法规指导，四批 52 个公共文化示范区（第一批 8 个，第二批 17 个，第三批 14 个，第四批 13 个）经历了从广泛推动文化共享工程、数字图书馆推广工程和公共电子阅览室等国家公共数字文化惠民工程建设，到探索性构建地方公共数字文化服务平台，再到通过上下贯通的公共文化服务"云平台"提供一站式惠民服务的建设历程。其制度设计研究主题包括了数字化资源的挖掘和呈现，数字化设施设备的开发和应用，数字化服务类型的创新与变革，数字化管理手段的探索与升级等内容。公共数字文化制度成果以促进类和保障类为主。在第四批公共文化示范区制度成果中首次出现了科技类标准规范。未来科技与公共文化服务融合的趋势越来越明显，公共数字文化建设将成为地方政府提升服务效能、降低服务成本的重要手段之一，公共数字文化建设相关制度也将成为我国公共文化服务体系建设的重点。

### 2.2.3.4  融合发展制度

公共文化示范区在融合发展制度领域的早期探索主要表现为突破行业壁垒实现共建共享。第一批的江苏省苏州市开展"苏州市公共文化中心职能定位研究"，实现了八个公共文化机构的组织融合。第三批公共文化示范区制度设计研究中首次出现"文旅融合"和"公共文化机构融合建设"的关键词，开始出现区域融合共建公共文化服务体系的创新实践。第四批中共计15个城市（地区）在区域融合、公共文化机构融合、文旅融合方面开展了制度设计研究，并形成了系列制度成果。融合发展制度是顺应我国文化管理体制改革趋势，以"大文化"方式开展的创新性探索，以组织机制的变化推动公共文化服务的效能化和集约化建设，实现部门、行业、领域在组织体系、服务形式、资源建设、设施共享等方面的统筹协调，从而优化资源配置、提升服务效能，实现"大家文化大家办，办好文化为大家"的目标，提升公众在公共文化领域的获得感和满足感。

## 2.3 公共文化示范区制度体系的理论价值与应用价值

我国的公共文化服务制度体系从建设初期作为国家公共服务体系的重要组成部分存在于宏观政策体系中，到逐渐发展成内容相对完整、制度框架相对完善、相对独立的制度体系，公共文化示范区制度设计研究和制度成果转化发挥了重要作用。公共文化示范区制度体系的构建，是我国社会治理历程在文化领域的直观体现，在理论层面和实践层面都具有独特的社会价值。公共文化示范区制度体系建设将社会文化的经验转化为工作机制，把一般工作转化为体系建设，把单向性工作转化为综合性长远发展的举措，标志着社会文化工作从注重实践性，向注重用理论来指导实践，探索规律、科学发展迈进[1]。

---

① 国家公共文化服务体系制度设计研究工作会议[EB/OL].[2020-06-25]. http://www.ndcnc. gov.cn/shifanqu/sheji/20130-1/t20130114_528963_1.htm.

### 2.3.1 理论价值：完善公共文化服务制度体系

#### 2.3.1.1 构建了上下衔接的公共文化服务制度体系

治理体系的直接表现形式就是制度体系。我国的公共文化服务制度体系，"既不是传统意义上文化事业的简单延续，也不是公共文化服务全球主要模式的全盘搬演，而是在继承历史积淀的基础上，融汇了中国特色与现代意义的双重视野，适度借鉴国际经验与适应中国国情所进行的理念升级与结构转型"[①]。公共文化示范区制度体系是在国家公共文化服务体系建设总体格局上，结合百余个示范区的地方实际，依据公民基本文化权益不断变化的现实需要，进行的具有示范性、创新性、规范性、前瞻性的制度设计和体系建设，是既有基本共性又有特色个性的、向上对接国家法律法规和宏观政策，向下指导地方实践的公共文化服务制度体系。示范区制度体系是国家法律法规和宏观政策在地方的落地实施，在主体内容、基本形式方面基本与国家公共文化服务制度体系保持一致，同时又是对基层制度成果的系统化梳理与科学化架构，在内容和形式上突破了宏观体系的边界，实现了自下而上的制度创新和制度变革。

#### 2.3.1.2 健全了我国公共文化服务制度体系的框架

我国现行的公共文化服务制度体系主要分为国家法律、行政法规、部门规章、政策文件等类型，各公共文化示范区在创建过程中首先推动了宏观政策和法律法规的创新性阐释和在地化实施，并通过制度手段将地方建设经验固定下来。另一方面，各公共文化示范区也着眼于本地区的特殊矛盾和典型问题，探索制定了系列制度成果，以地方性法规、标准规范、行业规范等方式推动当地公共文化服务体系的现代化建设进程。从形式上看，公共文化示

---

① 高福安．公共文化服务体系建设创新研究 [M]．北京：中国传媒大学出版社，2018:2.

范区制度体系是在宏观政策和法律法规指引下形成的，既有宏观特性又有地方特色、制度类型丰富、层级相对健全的立体化制度体系。大量的、真实的、有效的地方制度和地方实践支撑了我国公共文化服务制度体系的金字塔结构，丰富了我国文化治理体系的建设成果，对于世界上其他国家和地区开展公益性文化建设也具有一定的指导意义。

### 2.3.1.3　丰富了我国公共文化服务制度体系的内容

我国的公共文化服务制度体系是指由中央和地方政府、行业组织等为保障全体公民基本文化权益和公共文化服务而出台的法律法规、规章制度、地方政策、行业规范等组成的制度体系。在公共文化示范区的创建过程中，国家法律和政策文件作了粗线条的规划和指导，但这些法律法规和政策具体如何落地，落地过程中如何"试错"和"纠错"，如何应用等问题，都需要地方去进行广泛实践。公共文化示范区制度体系丰富了我国公共文化服务制度体系的主要内容，一方面细化了国家公共文化服务制度体系，如通过地方实践明确了政府购买、社会化管理运营、文化志愿服务、文化类社会组织等在社会力量参与制度中的重要地位，实现了社会力量参与在主体、范围方面的拓展；另一方面，广泛的地方实践也在国家政策出台之前就已体现文旅融合发展制度、功能融合发展制度等新概念，拓展了国家公共文化服务制度体系的内容范围。

### 2.3.2　应用价值：引领公共文化高质量发展

公共文化示范区是中央政府立足于当前公共文化发展现状的设计成果，是鼓励地方政府勇于探索大胆创新的重要举措。在中央政府的宏观指导下，地方政府在多个公共文化服务领域进行了探索和突破，形成了自下而上的制度成果体系，进一步引领了公共文化的改革创新和高质量发展。

### 2.3.2.1 法律法规和国家政策的创新性落地实践

公共文化示范区制度设计承担着"决策参考、指导实践、推动立法"[①]的重要任务，既要探索现代公共文化服务体系的建设路径，也要探索国家法律和政策文件在地方的落地与细化。我国幅员辽阔，各公共文化示范区在地域特色、治理方式、经济基础、文化传统等方面也存在较大差异，宏观政策落地过程中也必然呈现出"方向一致、风格各异"的建设特色。整体来说，在法律和政策引导下，公共文化示范区要率先落实重要政策并解决主要问题，由点到面、由浅到深、由单领域向多领域逐步推进创新实践。

免费开放制度方面，江苏省苏州市、河南省洛阳市等地探索建立了非国有博物馆的免费开放制度，制定适当的奖励补助政策或政府购买服务措施，拓展了《关于推进全国美术馆公共图书馆文化馆（站）免费开放工作的意见》规定的范围，落实了《公共文化服务保障法》关于鼓励经营性文化单位提供免费或优惠的公共文化产品和文化活动的规定（第二十九条）[②]，扩大了"主客共享"的公共文化空间。浙江省台州市的"百分之一公共文化计划"要求总投资额在 3000 万元以上的公共建筑项目从建设投资总额中提取 1% 的资金用于公共文化设施建设，且所建设的公共文化设施必须是能使公众免费享受或者参与的项目，创新性地落实了《公共文化服务保障法》关于"新建居民住宅区应当按照有关规定、标准，规划和建设配套的公共文化设施"的相关规定[③]。

基本公共文化服务制度建设方面，2015 年《国家基本公共文化服务指导标准（2015—2020）》出台后，全国各城市普遍制定了本地区的实施标准和

① 文化部公共文化司关于公布 2013—2014 年度国家公共文化服务体系制度设计研究课题立项结果的通知 [EB/OL]. [2020-07-12]. http://zwgk.mct.gov.cn/zfxxgkml/ggfw/202012/t20201206_918767.html.

② 中华人民共和国公共文化服务保障法 [EB/OL]. [2020-09-01].http://www.npc.gov.cn/zgrdw/npc/xinwen/2016-12/25/content_2004880.htm.

③ 中华人民共和国公共文化服务保障法 [EB/OL]. [2020-09-01].http://www.npc.gov.cn/zgrdw/npc/xinwen/2016-12/25/content_2004880.htm.

服务目录。各公共文化示范区不仅参照指导标准建立了本地区的实施标准和服务目录，还参照示范区验收标准进行适度拔高，充分体现了示范性和引领性。云南省昆明市在制定实施标准的过程中还创新性融合了《公共文化领域中央与地方财政事权和支出责任划分改革方案》的相关要求，适时优化调整财政事权事项，健全了基础标准，进一步规范了支出责任。

### 2.3.2.2　公共文化服务体系建设的突破性实践

公共文化示范区制度体系不仅落实了中央政策，还在实践中建立了科学机制和创新制度，为决策提供了参考，为实践提供了指导。如融合发展制度就是地方智慧的体现，是地方政府冲破体制机制障碍开展的大胆探索，包括了初期公共文化机构之间的深入合作，到公共文化机构的功能、空间和组织融合，再到跨区域的公共文化一体化建设机制和跨行业的文旅融合机制，形成了一些具有普遍意义的制度要素，最终推动了整个公共文化服务制度体系的建设。这些突破性创新实践，在后续批次的公共文化示范区创建过程中得到了进一步深化与拓展，制度要素不断丰富，制度体系不断完善，制度功能不断强大，从而实现了从单个机制向系统化机制、从单个领域向复合领域、从单个区域向全体系覆盖的发展趋势。

### 2.3.2.3　指明公共文化服务制度体系建设重点

公共文化服务制度体系是从全方位、多角度规划建设完成的，集中反映人民群众最基本文化需求的制度体系，是国家治理理念和政府执政能力的具体体现。现阶段，公共文化服务体系和公共文化服务制度体系建设的重点已经突破了内涵认知、设施建设、产品和服务内容等基础层面，转移到以文化治理为核心的制度体系建设和创新上来。公共文化示范区制度体系的构建，能够在内容上明确未来的建设重点，如通过标准化手段实现均等化，健全社会力量参与制度，顺应时代和技术潮流推动公共数字文化建设，顺应国家组织体系的变革和现代管理浪潮的影响实现公共文化的融合发展机制等，这些都将是对公共文化服务未来发展具有重要意义的制度建设成果。另一方面，公共文化示范区制度体系的构建也能够揭示我国公共文化服务制度体系建设在制度类型方面的不足。通过数据分析可以发现，我国公共文化领域法律法规成果较少，全国性、普遍性的规章制度不足，地方政策文件数量巨大但内容重复性高。这就需要我们在后续建设中，进一步加强法治意识，提升地方政府治理能力，补短板强弱项，逐步建立起内容完善、层级科学、形式完备的公共文化服务制度体系。

本书在文本分析和数据分析的基础上，选取了公共文化示范区制度体系中的均衡发展制度、社会力量参与制度、公共数字文化制度和融合发展制度进行深入分析。选取这四个方面的原因在于，它们既与国家对现代公共文化服务体系的顶层设计和期望紧密相连，又是公共文化示范区创建过程中颇具时代性、前瞻性和引领性的重点研究和实践内容，对这四个重点方面进行分析，对于丰富理论体系、全面客观认识现实情况、把握未来发展趋势和建设重点都具有重要意义。本书接下来的四章尝试梳理其各自的建设路径、创新成果、理论和实践意义，进一步探索不同制度成果之间的内在联系，为构建我国公共文化服务的制度体系和理论框架提供实践参考和学理依据。

# 3 均衡发展制度："基本"与"公平"下的效能提升

2011 年，党的十七届六中全会指出："按照实现全面建设小康社会奋斗目标新要求，到 2020 年，文化改革发展奋斗目标是：社会主义核心价值体系建设深入推进，良好思想道德风尚进一步弘扬，公民素质明显提高；适应人民需要的文化产品更加丰富，精品力作不断涌现；文化事业全面繁荣，覆盖全社会的公共文化服务体系基本建立，努力实现基本公共文化服务均等化；文化产业成为国民经济支柱性产业，整体实力和国际竞争力显著增强，公有制为主体、多种所有制共同发展的文化产业格局全面形成；文化管理体制和文化产品生产经营机制充满活力、富有效率，以民族文化为主体、吸收外来有益文化、推动中华文化走向世界的文化开放格局进一步完善；高素质文化人才队伍发展壮大，文化繁荣发展的人才保障更加有力。"①2013 年，党的十八届三中全会要求"构建现代公共文化服务体系。建立公共文化服务体系建设协调机制，统筹服务设施网络建设，促进基本公共文化服务标准化、均等化。建立群众评价和反馈机制，推动文化惠民项目与群众文化需求有效对接。整合基层宣传文化、党员教育、科学普及、体育健身等设施，建设综合性文化

---

① 我国文化改革和发展新的行动纲领——《中共中央关于深化文化体制改革　推动社会主义文化大发展大繁荣若干重大问题的决定》亮点解读 [EB/OL].[2021-10-27]. https://www.gov.cn/jrzg/2011-10/27/content_1979429.htm.

服务中心"①。随后文化部于 2014 年启动了国家公共文化服务的标准化试点工作，推动公共文化服务标准化体系框架的建立与完善，夯实公共文化服务均等化基础。2015 年，中共中央办公厅、国务院办公厅出台的《关于加快构建现代公共文化服务体系的意见》提出"统筹推进公共文化服务均衡发展"②的目标，指引各地在城乡基本公共文化服务均等化、区域均等化、人群均等化、建立基本公共文化服务标准体系和公共文化机构标准规范等方面实现均衡发展目标。这一表述更加明确了标准化、均等化是实现我国公共文化服务均衡发展的核心步骤，且标准化是推动均等化的重要手段。在此基础上，2016 年颁布的《公共文化服务保障法》将区域、人群、城乡公共文化服务均等化建设及公共文化服务标准体系建设上升到法律高度③。2017 年，文化部制定《文化部"十三五"时期文化发展改革规划》，对公共文化均衡发展的建设目标和路径做了具体设计④。在国家相关政策的指导下，多地也出台了促进均衡发展的相关法律法规、标准规范和地方政策，均衡发展制度的内容不断丰富，建设路径逐步清晰。

　　基于上述政策描述，本书认为公共文化均衡发展制度是指各级政府制定的，致力于实现公共文化服务均等化、标准化发展的制度成果。类别上包括地方立法、标准规范和促进类政策文件等，内容上包括基本公共文化服务均等化，区域、城乡均等化，特殊群体基本文化权益保障，基本公共文化服务标准体系建设等。需要说明的是，均衡发展不是同步发展也不是平均发展，而是基本文化权益在全体公民之间进行公平而合理的分配，强调公共文化服

---

　　①　中共中央关于全面深化改革若干重大问题的决定[EB/OL].[2020-11-15]. https://www.gov.cn/jrzg/2013-11/15/content_2528179.htm.

　　②　关于加快构建现代公共文化服务体系的意见 [EB/OL]. [2019-09-01].https://www.gov.cn/xinwen/2015-01/14/content_2804250.htm.

　　③　中华人民共和国公共文化服务保障法[EB/OL]. [2020-09-01].http://www.npc.gov.cn/zgrdw/npc/xinwen/2016-12/25/content_2004880.htm.

　　④　文化部"十三五"时期文化发展改革规划[EB/OL].[2021-10-11].https://jssdfz.jiangsu.gov.cn/n195/20210506/i6278.html.

务获得机会的均等而非结果上的均等。

在公共文化示范区创建过程中涌现出一系列推动公共文化均衡发展的制度设计研究成果。第一批公共文化示范区的研究重点在于满足城乡居民的文化需求和基本文化权益，关注贫困地区、少数民族地区、乡村地区的公共文化产品和服务供给。第二批公共文化示范区突破了以供给手段实现均衡发展目标的阶段，开始全面关注实现区域均衡、城乡均衡、群体均衡的路径。共26个创建城市（地区）在制度设计研究中涉及相关主题，探索出文化扶贫机制、城乡公共文化服务圈建设、总分馆制建设、区域化建设标准和服务规范建设、区域性效能评估体系建设等创新性制度成果。随着《国家基本公共文化服务指导标准（2015—2020）》的发布和实施，均衡发展理念也成为第三批和第四批公共文化示范区的共识。均衡发展制度聚焦于基本公共文化服务目录的制定、实施和基层公共文化机构的效能发挥上，出现了以公共文化云平台、均衡发展评价体系等数字化手段推动均衡发展的创新模式。

纵览四批公共文化示范区的创新实践、制度设计研究和制度转化成果，本书认为公共文化示范区在均衡发展制度建设方面的重要突破在于：以标准化手段推动均等化目标，以城乡文化服务圈和总分馆制形式缩小城乡差距，以特殊人群公共文化权益保障制度缩小人群差异，以均衡发展评价体系实现优质公共文化服务的区域全覆盖。

## 3.1 体系化的公共文化服务标准规范

将标准化引入公共文化服务领域，是推进公共文化服务体系科学发展的一个迫切任务，也是针对公共文化服务体系建设现存突出矛盾提出来的重要

工作任务①。公共文化示范区标准化建设普遍采用制定政策、丰富供给、拓展
覆盖范围和覆盖人群等方式推动均等化建设，四批公共文化示范区也经历了
从行业内部标准建设到全域、全链条公共文化服务体系标准化建设发展，从
硬件和服务的均等化配置到标准体系和规范制度的全区域、全人群覆盖的过
程。其中，第三批的上海市嘉定区在高于国家和上海市标准的基础上制定出
台了《嘉定区基本公共文化服务目录》，并与标准化专业机构紧密合作，出台
了特色突出、层级完善的公共文化服务标准体系，将标准化成果应用到公共
文化服务各领域和各环节，实现了服务标准体系全覆盖，给本地公共文化服
务带来了深刻变化并取得显著成效，也为其他地区以标准化手段推动现代公
共文化服务体系建设提供了引领和示范。

### 3.1.1 基本公共文化服务标准制度明确保障底线

2015 年出台的《关于加快构建现代公共文化服务体系的意见》规定要建
立基本公共文化服务标准体系，国家制定基本公共文化服务指导标准，各地
根据国家指导标准制定与当地经济社会发展水平相适应、具有地域特色的地
方实施标准和服务目录，逐步形成既有基本共性又有特色个性的、上下衔接
的标准体系②。这就明确了基本公共文化服务标准体系的建设主体是各级政府，
也确定了基本公共文化服务"承诺必达"的原则。

《嘉定区基本公共文化服务目录》在落实国家指导标准和上海市实施标准
的基础上，增加了"特色指标"，将文化嘉定云、我嘉书房、文教结合、百姓
系列、文化议事会、商圈文化等具有鲜明的嘉定特色的创新内容纳入指标体

---

① 国家公共文化服务保障标准启动 促公共文化科学发展 [EB/OL].[2020-10-22]. http://
culture.people.com.cn/n/2014/1022/c172318-25884804.html.

② 关于加快构建现代公共文化服务体系的意见 [EB/OL]. [2020-09-01].https://www.gov.cn/
xinwen/2015-01/14/content_2804250.htm.

系。与此同时，嘉定区的服务目录还体现出与国际大都市一流水准可比可测的特点。国际图联、联合国教科文组织 2002 年修订的《公共图书馆服务发展指南》中规定，公共图书馆人均藏书量应达到 1.5—2.5 册[①]。美国纽约皇后区 2015 年人均藏书量为 3.6 册，上海市实施标准规定为人均 3 册，人均年新增 0.13 册。嘉定区结合本区实际，在"服务目录"中设计了 3 年达到上海市"实施标准"要求、5—8 年达到国际化大都市先进水平的目标值，具体为：2018 年全区人均藏书量不少于 1.8 册、人均年新增达到 0.15 册；2019 年全区人均藏书量不少于 1.9 册、人均年新增达到 0.17 册；2020 年全区人均藏书量不少于 2.1 册、人均年新增达到 0.20 册；到 2025 年实现全区人均藏书量不少于 3.5 册、人均年新增 0.26 册，基本达到美国纽约皇后区的水平。数据统计显示，嘉定区在 2018 年[②]、2019 年[③]的人均藏书量均已达到了预定目标，2020 年受新冠疫情影响，人均藏书量略有下降[④]。嘉定区划定基本公共文化服务的保障底线，通过设计标准体系、以评促建带动公共文化机构提升效能，切实保障人民群众共享示范区创建成果和公共文化服务体系建设成果，为其他地区和机构的改革创新提供了参考。

我国地大物博，各民族特色不同，群众需求各异，一刀切的教条化做法不仅无法保障人民群众的基本文化权益，反而会造成大幅度的资源浪费。因此，在国家层面建立基本公共文化服务指导标准"保基本、兜底线"的同时，也要允许地方政府开展特色化公共文化服务体系建设，通过实施标准和服务目录实现区域一盘棋，有针对、有考量、有节奏、有步骤地实现均等化和标

---

① "十五"以来全国公共图书馆发展情况分析[EB/OL].[2019-05-25].https://zwgk.mct.gov.cn/zfxxgkml/tjxx/202012/t20201204_906399.html.

② 2018 年上海市嘉定区国民经济和社会发展统计公报[EB/OL].[2021-06-03].http://www.jiading.gov.cn/tongji/publicity/fdzdgknr/tjsj/tjgb/106105.

③ 2019 年上海市嘉定区国民经济和社会发展统计公报[EB/OL].[2021-06-03].http://www.jiading.gov.cn/tongji/publicity/fdzdgknr/tjsj/tjgb/124065.

④ 2020 年上海市嘉定区国民经济和社会发展统计公报[EB/OL].[2021-06-03].http://www.jiading.gov.cn/tongji/publicity/fdzdgknr/tjsj/tjgb/140231.

准化建设，分梯队地满足人民群众的基本文化需求。我国的公共文化服务体系顶层设计中明确提出"保基本"的原则，就是避免出现由政府"全盘兜底"而导致的负担过重或者效益过低、质量较差等问题。厘清基本公共文化服务与非基本公共文化服务的关系，能够帮助我们在构建现代公共文化服务体系中做到量力而行、尽力而为，做到实事求是，不脱离国情，尤其有利于正确引导人民群众调整对公共文化服务的期望值，有利于我们合理划分政府、市场、社会责任，充分调动全社会共同参与公共文化服务[①]。

### 3.1.2 公共文化机构建设标准和服务规范优化行业发展

地方公共文化服务标准体系是在国家标准和行业规范基础上构建的，以地方基本公共文化服务实施标准、服务目录，公共文化机构建设标准、服务规范、评估标准、管理文件等为主体内容的标准体系。其中公共文化机构建设标准、服务规范、评估标准、管理文件的制定和出台有利于规范行业发展，能够对公共文化机构形成规范化约束和保障。

在公共文化机构建设标准方面，多个示范区制定或完善了指导公共图书馆、文化馆、博物馆设施建设的标准规范，明确规定了公共文化机构的建设数量、设施面积、设备配置等内容，以标准化手段完善城乡基层公共文化机构的硬件建设。如吉林省长春市（第一批）根据行业标准制定了公共电子阅览室配置标准、综合文化站建设标准、文化活动室建设标准等，推进硬件设施设备的标准化建设与配备。公共文化示范区还普遍采用"N 个 1"的形式，落实相关行业标准对城乡各级别公共文化机构的设施数量、功能布局、规模面积、设施配备等方面的要求，结合本地区常住人口数量、城乡特点等具体情况，以制度化手段落实公共文化服务以人为本、普遍均等的理念。

---

① 祁述裕.国家文化治理现代化研究[M].北京：社会科学文献出版社，2019：125.

公共文化机构的服务规范和管理标准是规范公共文化机构的服务和管理流程、明确服务内容、固化评估指标、提升服务效能的原则性标准，也可以看作是对公众的基本承诺和对公民基本文化权益的重要保障。广东省东莞市（第一批）制定了包括建设标准、服务规范、标识系统标准、家具配置标准、运营管理规范等在内的一系列用于村（社区）公共电子阅览室建设和服务的标准和规范[①]；山西省朔州市（第二批）针对乡镇综合文化站出台了绩效评估标准、工作人员职责、设备管理制度、阅览室管理制度等系列标准文件。

上海市嘉定区在创建期间构建了以行政层级为纵向体系、以业务内容为横向体系的区域性公共文化服务标准体系框架，这一标准体系框架成为公共文化示范区在均衡发展制度探索中的突出成果。该标准体系框架包括通用基础标准、服务保障标准和提供标准 3 个子体系共计 263 项大类标准，在通用基础标准子体系方面，制定了《标准化工作管理规定》《企业标准编写规则》《公共文化服务信息导向图形符号》等 6 项标准化管理基础性标准，建立了修订标准的工作程序及管理机制；在服务保障标准子体系方面，制定了环境、安全、财务、人力资源、设施设备等方面的管理标准；在服务提供标准子体系方面，制定了面向服务对象的公共文化服务统一规范及各服务项目的具体操作规范，实现了全区公共文化服务规范的统一。这样就通过横纵结合的公共文化标准体系保证了公共文化服务各环节的有序衔接及各子系统的统筹协调，推动了行业的规范化发展。

公共文化示范区的另一个突出经验就是通过规范化流程将机构标准纳入地方公共文化服务标准体系，将地方经验以标准规范的形式面向全市、全省推广，充分发挥自身的引领示范作用。如第二批的浙江省嘉兴市文化主管部门联合市质量技术监督局编制地方性标准规范，提炼嘉兴的总分馆制建设经验。2017 年以来，嘉兴市发布了《城乡基本公共文化服务规范》《公共图书馆

---

① 文化部公共文化司,国家公共文化服务体系建设专家委员会.2013中国公共文化发展报告：国家公共文化服务体系制度设计研究 [M].北京：北京师范大学出版社,2013：12-16.

中心馆—总分馆服务体系建设管理规范》《文化馆总分馆服务体系管理规范》。2019 年 1 月 15 日，浙江省市场监督管理局正式发布《公共图书馆中心馆—总分馆建设服务规范》（DB33/T 2180-2019），将嘉兴的图书馆总分馆建设经验正式上升为省级地方标准①。山东省威海市（第四批）文化和旅游局与威海市市场监督管理局联合起草了《村（社区）综合性文化服务中心服务规范》标准，并升级为山东省地方标准。温州市图书馆和温州市标准化研究院联合起草并正式发布市级地方标准《城市书房服务规范》（DB3303/T 010—2018），该标准规范了有关温州市"城市书房"的术语和定义、基本职能、设施设备、服务资源、服务内容、管理要求和监督与考核。该规范后经进一步修改完善，上升为省级地方标准。将地方经验以规范化手段上升为标准规范是符合生产力发展规律的政策制定方法，也是公共文化示范区"引领示范"作用的直接体现。

### 3.1.3 标准化手段推动各环节高质量发展

上海市嘉定区文化和旅游局以标准化建设为契机，在推动公共文化服务项目标准化建设的同时，还实现了岗位工作标准化、业务档案管理标准化、信息管理标准化、各类业务数据统计标准化和公共文化导向系统标识标准化，并进一步延伸到公共文化社会化项目管理标准化、公共文化数字化管理标准化、文教结合项目标准化等领域，全面提升了公共文化服务及管理的标准化水平。如嘉定区制定了与公共文化服务社会化有关的多项标准，建立了统一的程序、方法，有效推动了嘉定区公共文化服务社会化的规范运行；制定了统一的数字资源的组织标准、质量标准和加工标准，规范各方参与者的行为，以标准化手段推动数字化进程。除此之外，嘉定区文化和旅游局建立了嘉定

---

① 公共文化服务体系建设情况 [EB/OL].[2020-12-21].https://www.jiaxing.gov.cn/art/2020/12/18/art_1228967725_59049777.html.

区公共文化服务标准查询平台，使得标准的收集、组织、检索、利用更直观、更方便、更快捷，为标准的修订完善打下了基础。

建设地方公共文化服务标准体系是我国公共文化服务迈向标准化、均等化的重要一步，是我国公共文化领域"中国创造"的重要成果。其核心功能就在于以标准化手段明确地方政府在公共文化服务领域的保障责任，规范公共文化服务体系建设的各个环节，实现制度化约束和规范化指引。

标准化的目的不仅仅是构建规范化标准，实现行业发展，而是通过标准化手段最终实现公共文化的均等化目标。或者说，在实现"公平"这一目标的过程中，我国采用的是标准化手段，通过设施标准、基本公共文化服务目录、行业标准等标准化手段实现公共文化服务在全国范围的普遍均等。但是我们也应看到，公共文化服务均等化的目标是为居民提供与公共财政职能和国家财力相适应的最基本的公共产品，核心是全体公民享有基本公共服务的机会均等、结果大体均等并拥有自由选择权，重点是保障城乡居民具有相同的基本生存权和基本发展权[①]，而非绝对"平均化"。因此各地在实现均等化目标的过程中不可避免地会出现差异和特色，这与当地的政治、经济和社会发展水平息息相关，不能以区域差异来低估均等化的成果。与此同时，以标准化促进均等化不仅体现在基础性的配置方面，而且集中体现为因地制宜地完善设施所承载的服务功能，完善功能设计、功能配备，保障功能发挥。标准的制定不是一蹴而就的，应该动态调整和不断完善，如公共图书馆的建设标准、服务规范于2008年出台，而公共图书馆在过去十几年已经实现了跨越性发展，现阶段的建设标准、服务规范已经无法为公共图书馆评估定级提供参考，迫切需要总结"十三五"和"十四五"时期的建设成果，提出面向"十五五"公共文化机构高质量建设的新型建设标准和服务规范。

---

① 国务院发展研究中心课题组.民生为本：中国基本公共服务改善路径[M].北京：中国发展出版社，2012:36.

## 3.2 城乡一体化建设制度

城乡二元结构的发展造成我国的城市和乡村地区在公共文化资源、产品质量和服务水平、设施覆盖率等指标方面存在明显差距。在财政投入、建设力度和吸引能力方面，城市也远优于乡村地区。虽然近年来国家在推进城乡基本公共文化服务均等化方面做了很多努力，也取得了一些成效，但城乡二元结构仍然根深蒂固、影响广泛，公共资源城乡配置失衡问题仍然突出，公共财政的覆盖范围和力度不够，现有的投入远远不能满足农业农村发展对各种公共品的实际需要，尽管这种格局已经有所松动，但形成统一的制度安排尚需时日[1]。城乡一体化是我国"十三五"阶段的建设重点，在公共文化服务领域，城乡一体化分为公共文化资源、公共文化服务和公共文化设施的相对均衡发展。

### 3.2.1 总分馆制实现城乡公共文化资源与服务的基本均衡

2016 年，文化部等五部委联合发布的《关于推进县级文化馆公共图书馆总分馆制建设的指导意见》明确指出，总分馆制是两馆组织方式的改革，其建设主体是县级文化馆和公共图书馆，目的在于实现城乡资源和服务的均等化[2]。该文件是在吸收公共图书馆和文化馆总分馆制建设实践的基础上进行的科学设计和整体推进，第一批公共文化示范区的"苏州模式"、第二批的"嘉

---

① 国务院发展研究中心课题组.民生为本：中国基本公共服务改善路径[M].北京：中国发展出版社，2012:31-32.

② 关于推进县级文化馆图书馆总分馆制建设的指导意见[EB/OL].[2021-03-21].https://zwgk.mct.gov.cn/zfxxgkml/zcfg/gfxwj/202012/t20201204_906310.html.

兴模式"等在全国范围内引起了广泛关注，第三批的重庆市江津区和第四批的广东省中山市也创新了总分馆制的建设模式。实践证明，总分馆制能够有效调整公共图书馆和文化馆的组织方式，提升特定区域（一般以县为单位）的公共文化服务覆盖面，实现资源、服务、管理的城乡统筹，提升基层公共文化服务的均等化、专业化、规范化水平，有利于破解基层资源匮乏、资金不足、服务效能不高等实际问题。

第一种是以管理为中心的"苏州模式"。苏州市构建了内部结构统一的图书馆总分馆体系，总馆和分馆实现人、财、物的统一管理，总馆与分馆之间是上下级的指挥而非业务指导关系。苏州公共图书馆总分馆体系通过实现资源共建共享、提供基本一致的服务内容、执行统一的管理标准、制定完善的评估体系等手段，在设施统筹规划布局的基础上实现资源、服务、管理的基本均衡。公共图书馆总分馆制建设的"苏州模式"证明，实行政府主导和紧密管理是总分馆制得以顺利推行并长效运行的重要原则。

第二种是以人为纽带的"嘉兴模式"。浙江嘉兴市文化馆总分馆体系的总体架构是：以区县文化馆为总馆，以乡镇（街道）综合文化站为分馆，以村（社区）文化中心（文化礼堂）为支馆，在5县2区分别构建7个总分馆体系。在"大嘉兴"范围内，以嘉兴市文化馆为中心馆，形成中心馆—总分馆体系。嘉兴文化馆总分馆体系实现了"五个统一"：一是统一网点布局，以有限服务半径、有限覆盖面积作为单体设施设置的依据；二是统一服务标准，在总分馆体系内建立和执行统一的服务标准；三是统一数字服务，实行本地特色数字资源建设统一规划、统一标准、分散实施，数字资源采购统一规划、分散购买、全市共享，并依托嘉兴市文化馆建设综合性、一站式数字服务平台；四是统一效能评估，结合实际制定出一系列以效能为导向的评估评价标准；五是统一下派上挂，由总馆向分馆和支馆派遣业务指导人员，分馆和支馆选派工作人员到总馆挂职。"嘉兴模式"的突出特点就是以"人"为核心，通过人员的下派上挂，确保文化馆总馆和分馆在五个层面的统一，推动城乡公共文化服务供给的基本均衡。

　　第三种是以资源为核心的建设模式。昆明市（第四批）在示范区创建过程中，探索建立了以"资源"为核心的博物馆总分馆制。针对本地区初步涌现的数量众多但缺乏科学管理的乡史馆、村史馆和乡村记忆馆，昆明市探索建设了以安宁市博物馆（县级馆）为总馆，基层博物馆和村史陈列馆为分馆的县域总分馆体系。由总馆对分馆开展关于藏品展陈、文物征集与管理、人员培训和管理制度等方面的业务指导。同时建立标准体系，统一标识系统、藏品目录、服务规范、人员培训、数字服务、监督考评，加强总馆的统筹协调指导作用。分馆承担着挖掘、收集特色资源，打造主题活动，保护非遗项目，传承乡村记忆的职能，以规范化管理手段推动物证的保护、传承和研究工作，助力文博行业发展、乡村发展和公共文化发展。与此同时，昆明市将乡村物证征藏工作纳入博物馆总分馆体系，实现资源共建共享、研究下沉基层、管理规范科学、均等化优质服务抵家进户。在安宁市博物馆总分馆体系建设基础上，昆明市制定出台了《昆明市博物馆总分馆建设标准》，在全市范围内推动博物馆总分馆制建设，以标准化手段固化博物馆总分馆制的建设成果。

　　除此之外，其他公共文化示范区的创新经验也值得被关注和借鉴，如重庆市江津区（第三批）探索了以乡镇（街道）一级公共图书馆和文化馆为总馆的县域公共图书馆和文化馆总分馆制，并以"一卡通"系统打通镇、村分馆，社会力量分馆的资源；浙江省温州市（第四批）、广东省中山市（第四批）等地将社会力量建设的基层文化馆（站）和阅读点纳入总分馆制建设；内蒙古自治区鄂尔多斯市（第一批）等农牧地区城市则将流动服务作为总分馆制的基层触角，实现公共文化资源和服务的城乡均等。

　　总分馆制是公共图书馆、文化馆和博物馆建立的相对独立的行业服务体系，它打破了层级限制和区域限制，为城乡居民提供普遍均等、基本一致的公共文化产品和服务。从示范区的建设情况可以看出，现阶段我国基本建立了以政府设立的三级公共图书馆和文化馆为主体，以社会力量分馆为辅助力量，以流动服务和数字服务为重要补充的总分馆体系，并形成了自上而下的制度保障。各级各类公共图书馆和文化馆实现资源共建共享，服务均等化提供，技术平台一体化建设，将优质公共文化资源输送至基层。博物馆总分馆制已经开始探索实践，相信未来会为城乡居民提供优质均等的文博服务。

### 3.2.2 以"文化圈"实现城乡设施布局基本均衡

文化圈是以各类公共文化机构为中心，以一定通勤圈为基本范围的空间形态，也是公共文化机构设施网络的服务圈。公共文化示范区在"文化圈"建设中的重点突破就在于实现了设施布局的基本均衡、设施质量的基本均衡以及公共文化服务供给的基本均衡。

在设施布局方面，公共文化示范区在"文化圈"建设中实现了整体规划与国际标准的配合。多地公共文化示范区在公共图书馆和文化馆总分馆服务体系的基础上，将乡镇（街道）文化站、基层综合性文化服务中心、基层阅读点、社会力量服务点等公共文化设施纳入城市（地区）建设整体规划布局中，从"一盘棋"的角度去看待公共文化机构的建设规模和空间布局。与此同时，配合空间距离、可达性、服务人口等方面的国际标准，健全设施网络，并通过总分馆制等方式配套实现服务网络和功能融合。我国城乡差距较大，如能将农村地区纳入全市的整体规划，实现城市地区与乡村地区的设施和服务网络构建，保障资源下沉、服务落地，将设施覆盖面和产品、服务适用性充分考虑进来，可突破城乡地域对于基本公共文化成果享有的限制，实现人不论老幼、地不论城乡，都可以平等享有公共文化服务成果。

以上海市嘉定区为例，嘉定区针对本地区城乡设施分布不均衡、利用率差距较大、覆盖率不足等问题，绘制了本地区的公共文化设施网络图，并据此挖掘规划布局的问题和空白点，重点研究街道（乡镇）、居村社区文化活动中心布局，衔接嘉定区经济社会发展总体规划、土地利用总体规划、城乡规划以及其他相关专项规划。依据上海市《城市居住地区和居住区公共服务设施设置标准》《上海市社区文化活动中心基本配置要求》等文件要求，"按照郊区分类、均衡配置、规模适当、经济适用、节能环保等要求，根据城乡人口发展和分布，合理规划布局公共文化设施"[①]，盘活存量、集中利用，主要采取新建扩建和调整置换、共享、租赁、收购等多种形式建设社区文化活动中心。公共文化示范区创建前后，嘉定区社区文化活动中心的数量和覆盖面得到大幅提升，以社区文化活动中心与大型公共文化设施相配合的方式打造了便民、易达、可用的嘉定区文化圈，保障城乡群众共享均衡化的社区公共文化资源和服务。

公共文化示范区在设施布局方面的一个重要突破在于将设施设置标准的距离依据拓展为时间与距离双重标准，并进一步拓展为基于服务人口、距离、交通、功能、承载能力、服务对象等因素综合设计和布局公共文化设施。如鄂尔多斯市建立城镇 10 分钟文化圈、农村 2 公里文化圈和牧区 10 公里文化圈[②]，重庆市渝中区建立了 15 分钟城市文化生活圈、10 公里乡村文化生活圈，以不同标准区分城乡文化圈建设方式。公共文化示范区在对接国家政策和行业标准的同时，创新了城乡公共文化服务圈的建设模式，创新了文化服务圈的建设理念。

除了以数量增加的方式实现城乡公共文化服务的均衡发展，公共文化示范区还通过提升设施质量来实现基本均衡。其突出表现就在于基层服务点的空间布局、装潢设计和资源质量得到了明显提升。多个公共文化示范区都采取新建、改建、扩建、社会力量参建等方式建设基层公共文化设施，提升基层服务点的服务体验和效能，如广泛建设的城市书房、文化大院，从前期规

① 上海市人民政府办公厅关于本市贯彻推进基层综合性文化服务中心建设指导意见的实施意见 [EB/OL].[2021-04-29]. https://www.shanghai.gov.cn/nw39370/20200821/0001-39370_47324.html.

② IUD中国政务舆情监测中心.聚焦国家公共文化服务体系七大示范区[J].领导决策信息，2012(48)：20-23.

划建设、风格设计、功能设定、技术设计、设备安置，到建成后的运营管理，都实现了提档升级，形成了从吸引用户、培育市场、养成习惯再到大范围服务的发展轨迹。相比于较大规模的公益性公共文化机构，基层服务点发挥着"船小好调头"的优势，在保证意识形态和公益性服务性质不变的基础上提升服务能力和服务效果。

通过科学规划和合理布局"文化圈"，公共文化服务空间得以从公益性公共文化机构拓展到社会末梢。此举不仅节省了大量的公共文化设施建设成本和运行成本，也将质量相对一致的公共文化产品和服务推送到公众家门口，激发了公众兴趣，在一定程度上影响了公众的生活习惯和生活节奏，又进一步采取措施将公众从"观看者"带动成为"参与者""管理者""服务者"，发挥人民群众的主观能动性建设人民喜闻乐见的公共文化服务，将"服务圈"变成了"生活圈"，将自上而下的"服务"变成了由内而外的"生活"。

"文化圈"建设反映了公共文化机构之间的融合趋势，即通过公共文化服务体系的建设，将各级各类公共文化实体机构纳入统一规划和空间布局，实现设施的全面布局。

## 3.3　特殊人群公共文化权益保障制度

《2018年世界城市文化报告》指出，现阶段城市文化发展的重要趋势就是包容性和开放性。包容性强调所有身份均可享受，开放性则指文化产品生产和消费的主体、方式及区域不受限制。在这种趋势的影响下，各国也适度调整了文化政策，更加注重保障公民的文化权利，特殊群体参与城市文化生活的权利成为各国政府关注的重点，各国的文化政策也产生了适度倾斜。维也纳的"文化通行证"使低收入人群和流动人口可以免费进入文化机构；巴黎和布鲁塞尔为难民建设了难民快闪电影院；米兰和深圳针对社会弱势群体和低识字率人群开展广泛的阅读活动；阿姆斯特丹制定了"年龄友好型"行动计划，为城市老年居民提供文化服务[①]。由此可见，对特殊人群文化权益的关注已经成为世界城市文化建设的国际趋势。我国公共文化服务制度体系设计之初，就明确提出保障特殊人群的基本公共文化权益，2016 年颁布的《公共文化服务保障法》更是将未成年人、老年人、残疾人、流动人口、留守妇女儿童的权益保障工作上升到法律高度。公共文化示范区从项目创建伊始就开始关注公共文化服务的人群均等化问题，在针对特殊人群的制度保障、产品和服务供给、信息素养提升等方面取得了突出成效。

### 3.3.1  农民工基本文化权益保障制度

2011 年 9 月，文化部、人力资源和社会保障部、中华全国总工会联合下发了《关于进一步加强农民工文化工作的意见》，提出以公共文化服务体系为支撑，以城市基层社区、用工企业为重点，以社会力量为补充，加大政府对农民工文化工作的支持力度，逐步形成"政府主导、企业共建、社会参与"的农民工文化工作机制的总体思路[②]。这是我国第一次对农民工文化建设进行专门部署，也在很大程度上推动了公共文化示范区农民工权益保障制度的建设。2016 年颁布的《公共文化服务保障法》规定"地方各级人民政府应当根据当地实际情况，在人员流动量较大的公共场所、务工人员较为集中的区域以及留守妇女儿童较为集中的农村地区，配备必要的设施，采取多种形式，提供便利可及的公共文化服务"，将农民工文化权益保障上升到法律层面。

---

① World Cities Culture Report 2018[R/OL].[2021-11-16]. http://www.worldcitiescultur eforum. com/assets/others/181108_ WCCR_2018_Low_Res.pdf.

② 三部门下发关于进一步加强农民工文化工作的意见[EB/OL].[2021-09-26]. http://www.gov. cn/jrzg/2011/09/26/con-tent_1956306.htm.

国家统计局发布的《2019 年农民工监测调查报告》数据显示，东部地区是我国农民工主要输入地，农民工输入量约占总量的 54%[①]，因此，东部地区城市也是保障农民工基本文化权益的主阵地。公共文化示范区的制度设计研究和创新实践也反映出了上述现象。第一批示范区的浙江省宁波市鄞州区、福建省厦门市和天津市和平区等东部地区创建城市（地区）聚焦农民工基本文化权益保障制度研究，把农民工纳入城市公共文化服务体系，建立农民工文化服务的长效机制；山东省青岛市以绩效评估标准保障农民工权益；广东省东莞市广泛调动社会力量，探索建立了农民工权益保障的内生机制。除此之外，青海省格尔木市（第一批）、重庆市渝中区（第二批）等中西部地区也在政策引导下开展了农民工权益保障制度研究，为西部地区和经济欠发达地区开展农民工权益保障工作提供了借鉴。虽然各地实践各异，但其构建机制基本一致，即从社会调研入手，全面了解农民工群体的特点、信息需求、对公共文化服务的期望和参与能力等情况，着力从设施保障、产品和服务供给、参与路径等方面保障农民工的基本文化权益。

多个公共文化示范区都将农民工的文化权益作为关注重点，如东莞市面向农民工群体开展了实地调研和研究，结果发现，新莞人群体具有"三大（数量大、流动性大、差异性大）、三高（社会融入意愿高、公共服务要求高、未来发展期待高）、三低（教育程度低、平均年龄低、工资收入低）、三少（参加社交活动少、关注心理健康少、参加社会组织少）"的社会特征。青岛市对农民工进行研究发现，农民工群体以男性、中青年居多，且文化程度较低，对社会保障和法律法规的了解较少，业余生活单调。佛山市发现产业工人的文化需求呈现出以下特点：对城市文化认同感较低、文化消费处于全国居民平均水平以下、文化活动参与主动性低、文化生活侧重休闲娱乐、文化需求更多元。重庆市渝中区对农民工亚群体进行细化，发现 26—45 岁群体为

---

① 2019年农民工监测调查报告[R/OL].[2020-06-01]. http://www.stats.gov.cn/tjSj/zxfb/202004/t20200430_1742724.html.

文化消费主体，消费欲望未随工作年限和收入水平的提升而增长，希望扩大免费服务范围、丰富服务内容和方式、延长服务时间并关注多元化文化需求。由此可见，农民工普遍具有差异性大、中青年为主、文化程度低、文化需求强烈且多元等特点。针对这些基本特点，公共文化示范区在制定农民工权益保障标准、丰富公共文化设施体系建设、丰富公共文化产品和服务供给、拓展农民工参与平台和路径等方面进行了探索。

以评促建是公共文化示范区保障农民工权益的方式之一。如东莞市针对农民工群体的特点和公共文化需求，出台《东莞市公共文化服务体系示范企业考评标准》，以企业文化建设考评制度促进企业为农民工提供公共文化服务设施、产品和服务。青岛市设计了农民工公共文化服务绩效考核指标体系（见表3-1），其中包括5项一级指标、26项二级指标和31项三级指标。该指标体系以标准化手段明确了政府、公共文化机构、企业的事权和支出责任，实现农民工权益的全覆盖。该指标体系的突出优势在于其效能导向，如将文化活动室的服务半径覆盖率和农民工的参与度纳入基础设施和场所的三级指标中进行考核，将农民工文化立法、文化发展战略、农民工满意度、人均文化消费、活动参与率等纳入保障指标予以考评。

表3-1 山东省青岛市农民工公共文化服务绩效考核指标体系

| 一级指标 | 二级指标 | 三级指标 |
|---|---|---|
| 农民工公共文化服务基础设施和场所 | 图书室 | 面积、藏书量、图书借阅率、每年新增图书量 |
| | 农民工技术学校 | 面积、师资、学生流量 |
| | 文化广场 | 设施数量、设施面积、投入资金量 |
| | 文化活动室 | 面积、周围服务半径的覆盖率、周围农民工的参与度 |
| | 农民工文化产品保护 | 面积、投入资金量 |

续表

| 一级指标 | 二级指标 | 三级指标 |
|---|---|---|
| 农民工公共文化活动 | 电影 | 每年放映次数、投入资金 |
| | 展览 | 每年展览次数、投入资金量 |
| | 文化节、艺术节、高雅艺术（音乐会、话剧、歌剧） | 投入资金量、参加人次（年） |
| | 表演团体、文艺演出 | 演出场次／年 |
| | 体育比赛、健身活动 | 投入资金量、参加人次（年） |
| | 文化精英 | 数量、参与文化活动次数（年） |
| | 特色农民工文化活动 | 数量、投入资金额 |
| | 自办文化团体 | 数量、组织文化活动次数（年） |
| 农民工公共文化信息发布情况 | 电视台、电台 | 部门数量、收视率 |
| | 文化站 | 面积、周围服务半径的覆盖率、周围农民工的参与度 |
| | 文化信息资源共享 | 投入资金量、周围服务覆盖率 |
| 农民工公共文化服务质量 | 农民工书屋年内人均流通次数 | 每人每年流通次数 |
| | 文化活动室内人均活动次数 | 每人每年活动次数 |
| | 公共文化活动满意率 | 通过问卷获取 |
| | 公共文化发布及管理部门服务满意率 | 通过问卷获取 |
| | 免费的电台、电视台平均日播出时间 | 每 h（小时） |
| | 农民工文化知识普及 | 百分比 |
| | 农民工平均受教育程度 | 百分比 |

| 一级指标 | 二级指标 | 三级指标 |
|---|---|---|
| 农民工公共文化服务保障 | 资金、人才、技术等方面的保障 | 资金：财政拨款占文化事业财政拨款的比重来衡量义务教育普及率 |
| | | 人才：按照专业与技术人才的比例来衡量 |
| | | 广播电视发射转播台（站）、互联网公共信息服务点、文化信息资源共享工程的覆盖率 |
| | 组织保障 | 农民工文化立法、文化发展战略和文化政策指标数据 |
| | | 农民工满意度 |
| | 社会参与保障 | 农民工人均文化消费 |
| | | 农民工公共文化活动参与率 |

资料来源：《青岛市公共文化服务评估体系研究》。

建设农民工可及、可用的公共文化设施体系，提供农民工喜闻乐见的公共文化产品和服务，是保障农民工基本文化权益的前提和基础。广东省佛山市（第三批）针对农民工的信息需求探索建立了"企业内—产业园区—镇街"三层式圈层服务设施网络：最内圈是企业内部的公共文化设施，产业工人不出厂门即可享受相应服务；中间圈层以村级工业园、产业园区为界，提供更高水平的公共文化服务，圈层内的企业可以共享公共设施，政府也鼓励他们对外开放企业内的公共文化设施；最外圈层是镇街一级，主要是由政府和群团组织提供的公共文化设施和服务，充分发挥镇街辐射作用，服务园区和企业产业工人。圈层之间实现资源联动。圈层越小，服务供给越侧重精准化；圈层越大，服务供给越侧重均等化。佛山市的产业园区文化圈重点考虑了人口分布、服务半径、城市空间布局因素，构建了适用于城乡各类人群的公共文化设施网络。佛山市还常态化设置移动智能图书馆，开展公益电影放映等公益活动，打造"筑梦佛山"异地务工人员子女文化艺术公益夏令营、产业工人文化节（职工文化节）、狮山镇"梦工场"文体培训及综艺巡演等一批面向产业工人的公共文化服务品牌。同时针对新生代产业工人特点，提升数字化、个性化供给水平，依托"佛山文化云"开展"点单式""众筹式"公共文化服务，将"合口味"的文化活动精准送到产业工人身边，着力破解产业工人公共文化服务供需不对称的难题。

以制度手段激发农民工的内在参与动力，是示范区保障农民工文化权益的创新探索。东莞市（第一批）制定了新莞人文艺创作扶持制度，激励新莞人创作热情；建立了新莞人文艺人才入户制度，吸引文化精英推动全市文艺事业发展；推出打工文学杂志《南飞燕》，建设塘厦打工歌曲创作基地，打造新莞人文化品牌活动，推动文化等基本公共服务从户籍人口向常住人口拓展。佛山市（第三批）建设产业工人文艺团队，培养产业工人人才队伍。如在乐平镇产业社区服务中心设立了乐平镇职工夜校，搭建职工学习平台，聘请专家和名师进行授课，每周开设三场讲座、培训、活动交流。公共文化示范区通过激发农民工的内生动力，建立了农民工自我展示、自我服务、自我满足的公共文化参与机制，不断增强农民工的认同感和归属感，以公共文化帮助农民工融入城镇。

加强农民工公共文化服务工作，保障农民工享有与城市居民同等的文化权益，保障城镇公共文化服务普遍地、均等地惠及流动人口，对于提升农民工文化和道德素养、推动城镇化和现代化进程、维护社会公平正义、维持社会和谐稳定具有重要意义。公共文化示范区在农民工权益保障制度方面的重要突破就在于探索建立了政府、企业、社会组织和农民工的良好互动机制。首先通过制度建设明确了农民工的基本文化权益内容，通过标准化手段实现政府、企业、社会组织和农民工的共同参与、共建共享。同时在设施网络建设中充分考虑农民工的文化需求，以政社合作、政企合作的方式共建分馆和服务点，并积极鼓励、扶持企业投资的民办文化场馆免费开放。调动群团组织、文化单位、市场、社会、企业的参与热情实现合作,打通文化资源、设施资源、平台资源,丰富农民工公共文化产品和服务供给。通过政策手段调动农民工自主参与、自我服务、自我满足,以"种文化"代替"送文化",调动农民工参与公共文化的内生动力。

### 3.3.2　其他特殊群体基本文化权益保障的创新机制

2011 年《中共中央关于深化文化体制改革　推动社会主义文化大发展大繁荣若干重大问题的决定》首次提出"完善面向妇女、未成年人、老年人、残疾人的公共文化服务设施"①的要求。2015 年,中共中央办公厅、国务院办公厅颁发的《关于加快构建现代公共文化服务体系的意见》正式提出保障特殊群体基本文化权益,将老年人、未成年人、残疾人、农民工、农村留守妇女儿童、生活困难群众作为公共文化服务的重点对象②。2016 年颁布的《公共文化服务保障法》要求"各级人民政府应当根据未成年人、老年人、残疾人和流动人口等群体的特点与需求,提供相应的公共文化服务"③。2017 年《国家"十三五"时期文化发展改革规划纲要》将"开发和提供适合老年人、未成年人、农民工、残疾人等群体的基本公共文化产品和服务"纳入现代公共文化服务体系建设的重要内容④。通过上述政策描述可以看出,我国公共文化领域的政策语言体系中对于特殊群体的范围形成了基本共识,即包括老年人、未成年人、残疾人、流动人口、农村留守妇女儿童等具有特殊文化需求的群

---

① 中共中央关于深化文化体制改革　推动社会主义文化大发展大繁荣若干重大问题的决定 [EB/OL].[2019-08-20].https://www.gov.cn/jrzg/2011-10/25/content_1978123.htm.

② 关于加快构建现代公共文化服务体系的意见 [EB/OL].[2020-09-01].https://www.gov.cn/xinwen/2015-01/14/content_2804250.htm.

③ 中华人民共和国公共文化服务保障法 [EB/OL].[2020-09-01].http://www.npc.gov.cn/zgrdw/npc/xinwen/2016-12/25/content_2004880.htm.

④ 国家"十三五"时期文化发展改革规划纲要 [EB/OL].[2022-08-11].https://www.gov.cn/gongbao/content/2017/content_5194886.htm.

体。从特殊群体的保障范围来看，地方政府依旧是责任主体，在设施建设、公共文化产品和服务供给等方面建设基本文化权益保障制度。

公共文化示范区关于特殊群体权益保障制度的相关研究在各批次均有涉及，其中第一批的青海省格尔木市、北京市朝阳区，第二批的吉林省延边朝鲜族自治州、内蒙古自治区包头市，第三批的贵州省毕节市和第四批的上海市长宁区等地区均探索建立了特殊群体的基本文化权益保障制度。公共文化示范区除了将公共文化机构优先向特殊群体免费开放外，还创新服务内容、服务方式和服务手段，满足特殊群体多样性的文化需求，如包头市（第二批）以公共数字文化为抓手实现特殊群体的资源均等。除此之外，公共文化示范区还探索了特殊人群自我服务、自我满足的公共文化运行机制。

天津市河西区（第二批）开展特殊群体文化关爱工程，完成了"四个一"的建设目标，即建立一个特殊群体文化志愿者服务基地、成立一支残疾人艺术团、筹建一个残疾人书吧、每年举办至少一场残疾人文艺汇演。此举一方面积极鼓励街道、社区级志愿者队伍与特殊群体需求对接，提供优质的志愿帮扶，另一方面充分调动残疾人的文化参与热情和文艺创作积极性，以建设残疾人艺术团为抓手，吸引残疾人自我表现、自我服务和自我满足，以提供社会服务、实现自我价值。残疾人艺术团实现了特殊群体有尊严地提供公共文化产品而非被动接受公共文化服务的身份转型，是特殊群体文化权益保障制度的创新探索。天津市河西区还出台了《河西区特殊群体公共文化服务工作的实施意见》（津西文〔2014〕16号），从公共文化产品和服务供给、免费开放、搭建公共文化服务平台、自建文艺团等角度保障特殊群体的基本文化权益。

贵州省毕节市（第三批）以推进农村留守妇女创业就业为重点探索特殊群体基本文化权益保障创新机制。毕节市依托基层综合性文化服务中心建立妇女之家，开展以现代信息知识、农村实用技术、创业就业技能、法律维权知识等为主题的培训和讲座，组织和引导农村留守妇女读书看报、健身健体，

参与文体娱乐等活动，以"扶智"和"扶志"实现精准扶贫。毕节市还积极
发挥留守老人的余热，引导他们协助开展留守儿童的文化关爱等工作。这一
举措是在贫困地区开展公共文化代际服务的初步探索，构建了自我服务和内
部循环的良性建设机制。

现阶段，在全球范围内都强调城市文化发展的包容性和开放性趋势背景
下，我国也积极将各类特殊群体均纳入公共文化服务体系中，不仅通过制度
手段明确地方政府在保障各类人群基本文化权益方面的主体责任，还积极调
动特殊群体的生产能力，转变政府为主的传统供给模式，将生产和消费的主
动权交给人民群众，实现自下而上的制度创新与制度改革。这既是我国顺应
世界城市文化建设潮流做出的积极应对，也是我国公共文化服务领域均衡发
展制度建设的创新举措，为有效提升公共文化服务的"覆盖面"和"适用性"
贡献了中国智慧。


## 3.4  均衡发展评价体系


多年来，由于各地政府对公共文化服务的重视程度、投入力度不同，各
类社会主体的参与程度、参与范围不同，加之城乡之间长期存在的二元结构
差异，造成了城市（地区）内部也存在公共文化服务发展不均衡现象。上海
市长宁区（第四批）以示范区创建为契机，在制度设计研究过程中探索制定
了优质均衡指数工作机制，将发展指数应用于公共文化服务领域，构建优质
均衡指数模型和评估体系，定量测算公共文化服务发展的均衡程度，为公共
文化服务均衡发展提供数据支撑和决策依据。

### 3.4.1  设计和构建优质均衡指标体系

创建期间，上海市长宁区通过三个阶段完成了优质均衡指标体系的设计和构建。第一阶段，长宁区首先依托泰尔指数构建了公共文化优质均衡指数，以各街镇评估分数代入指数公式，计算长宁区不同区域、特殊人群之间的公共文化服务优质均衡指数。该指数能够在一定程度上反映各街镇公共文化建设水平，但对于参与主体（文化人才、文化专业机构、社会文化组织）的文化创新创造能力等诸多因素难以全面兼顾，也难以直接形成衡量产品和服务是否优质、管理是否到位以及价值判断相关因素的"泰尔指标"。

第二阶段，长宁区自 2019 年 10 月开启了公共文化服务优质均衡测评指标体系的构建工作。该阶段的指标设计含 5 个一级指标、15 个二级指标、45 个三级指标，其中一级指标包括整体推进、健全立体公共文化服务网络、增强公共文化服务发展动力、完善公共文化产品和服务供给以及深化公共文化服务体制机制创新等五项内容。长宁区经过局部测试后发现，该指标体系能够较全面地反映各街镇公共文化服务的综合水平，具有较强的实际可操作性。但该指标体系仅有较为一般的评价功能，不具备预警能力，尤其是难以将实际存在的复杂问题比较敏锐和直接地反映在数据变化上。基于此，长宁区开始了第三阶段的指标体系构建探索。

第三阶段，长宁区结合公共文化示范区创建实践，结合公共文化特色化发展特点和国家推动公共文化高质量发展的目标导向，再度调整制定了长宁区公共文化服务优质均衡指数体系。该体系采取多阶分层要素的"指标树"结构，分为四个层级，包括一级指标 3 个，二级指标 7 个，分别为三级指标 19 个，四级指标 40 个（见表 3-2）。

表 3-2  上海市长宁区公共文化服务优质均衡指数体系

| 一级指标 | 二级指标 | 三级指标 | 四级指标 |
|---|---|---|---|
| A1 一般指标 | B1 公共文化投入 | C1 财政投入 | D1 文化事业费 |
| | | | D2 专项资金 |
| | | C2 人才投入 | D3 公共文化从业人员数 |
| | | | D4 文化志愿者人数 |
| | | C3 设施投入 | D5 公共文化设施面积 |
| | B2 公共文化服务能力 | C4 基本服务提供能力 | D6 公共文化服务项目数量 |
| | | | D7 图书馆公共文化服务供给 |
| | | | D8 公共文化活动数量 |
| | | | D9 品牌活动 / 特色项目 |
| | | C5 特殊群体服务能力 | D10 特殊群体服务项目 |
| | | | D11 特殊群体活动数量 |
| | | C6 品牌活动 / 特色项目 | D12 品牌活动数量 |
| | | | D13 特色项目数量 |
| | B3 公共文化参与 | C7 特定地区群众参与比例 | D14 街镇群众参与比例 |
| | | | D15 社区群众参与比例 |
| | | C8 各类人群参与 | D16 各类人群参与 |
| | | C9 特殊群体参与 | D17 老年人参与 |
| | | | D18 青少年参与 |
| | | | D19 残障人士参与 |

续表

| 一级指标 | 二级指标 | 三级指标 | 四级指标 |
|---|---|---|---|
| A2 核心指标 | B4 公共文化服务创新 | C10 机制创新 | D20 文教结合机制 |
| | | | D21 社会力量参与机制 |
| | | | D22 政府购买服务机制 |
| | | C11 项目创新 | D23 项目创新数量 |
| | | C12 品牌影响力 | D24 市内知名品牌数量 |
| | | | D25 国内知名品牌数量 |
| | | | D26 国际知名品牌数量 |
| | B5 公共文化提高效能 | C13 公众知晓率 | D27 信息传播渠道 |
| | | | D28 文化云公众访问量 |
| | | C14 公众到访率 | D29 公共图书馆到馆率 |
| | | | D30 公共文化活动公众参与率 |
| | | C15 场地设施利用率 | D31 场地设施百度标注率 |
| | | | D32 场地设施公众远程预约率 |
| | | C16 公众满意度 | D33 服务项目匹配度 |
| | | | D34 场地设施服务满意度 |
| A3 特色指标 | B6 公共文化国际化 | C17 国际性服务项目 | D35 国际性服务项目总量 |
| | | | D36 街镇社区国际性服务项目覆盖率 |
| | | C18 国际人群参与 | D37 国际人群参与率 |
| | | | D38 不同国别人士参与覆盖面 |
| | B7 公共文化服务区域 | C19 区域服务创新 | D39 面向长三角区域服务项目数量 |
| | | | D40 长三角各地区服务覆盖面 |

资料来源:《优质均衡、精准高效、服务区域:上海市长宁区新时代公共文化服务高质量发展研究》。

在对四级指标进行核算时,长宁区采取指标赋值的方式保证指标体系的科学性、客观性、发展性、整体性和可行性,通过指数值部分主题或类别抽取分析，实现分行政区划、分区域、分人群三类组间"优质均衡"发展指数分析。在赋值设置过程中，每个指标项均设置"优秀"标准线，为客观说明不同区域、街镇、特殊人群的公共文化服务均衡发展状况。划定标准为：如某区域、街镇、特殊人群达到"优秀"标准线的指标项超过总指标项数的80%，且不存在"未达标"指标项，则认定该区域、街镇、特殊人群的公共文化服务达到优质发展水平。

长宁区通过科学手段构建了优质均衡指标体系，建立了覆盖全面、模型统一、方法一致、结果可比的公共文化服务均等化水平监测体系，并定期公布监测结果，引导督促各级政府和公共文化机构提升服务质量。

### 3.4.2 制度化落实优质均衡指数工作机制

优质均衡指数工作机制的基本运行方式是：开展周期性监测，分析监测结果，之后做出判断，提前进行预警，并提供公共文化服务均衡化发展的相关信息，为各地政府提前干预、各级公共文化机构"对症下药"提供依据，从而及时采取针对性的措施，有效缩小人群、区域和区域内场馆之间的差距。优质均衡指数工作机制是促进公共文化服务优质均衡发展的一种科学工具和有效手段，长宁区依托优质均衡指数构建了"1+5"工作机制。其中的"1"即1个优质均衡指数，"5"即数据统计机制、分析预警机制、动态调整机制、绩效评估机制、年度报告机制。各子机制之间互相衔接，互相制约，形成了一个有效的作用闭环。优质均衡指数工作机制如图3-1所示。

其中，数据统计机制进行数据的收集和统计分析，是优质均衡指数工作机制运行的前期和基础工作阶段，重点研究解决数据统计口径不一、数据收集困难、数据无法反映客观情况等难题，定期通过第三方收集指标数据，为其后的其他机制运行提供数据支持。分析预警机制主要进行预警的分析和预警的发布，及时发现工作中的问题并发布预警，帮助各单位（部门）及时发现和解决问题。动态调整机制根据指数监测的相关结果，及时评判工作得失，适时进行工作的动态调整，优化调整公共文化服务工作内容，保障公共文化服务的持续改进。绩效评估机制通过量化评估手段，计算出不同行政区划、不同人群、不同文化场馆的均衡指数数值，作为各单位（部门）工作责任落实绩效考核的重要依据。年度报告机制主要进行年报发布，为工作调整、绩效评估提供信息支撑。

优质均衡指数工作机制能够精确测量和统计公共文化服务均衡发展状况，以科技手段实现精准统计和检测，发现短板指导重点；以标准化指标实现不同区域、不同人群、不同文化场所的资源优化配置；以动态管理机制有效指导政策、资金、技术、人员的倾斜程度，优化地方政府治理能力和服务效能。长宁区根据评估结果精准定位公共文化服务均衡化发展中的问题点位，并给出相应的问题解决方案，通过完善资源调配机制和工作动态调整机制，有效解决公共文化服务发展中的痛点问题和难点问题，补齐短板，更好地实现本区公共文化服务优质、均衡发展。

健全的优质均衡指数工作机制是保障公民文化权益的有效途径，其根本目标是有效整合文化资源，进行有效配置和再分配，实现社会效益最大化、公共服务最优化。公共文化服务优质均衡指数通过测量不均衡关键指标，倒逼公共文化资源的配置和分配进行完善，促进公共文化服务均衡协调发展，保障公民的基本文化权益。长宁区建立优质均衡指数工作机制为解决地区公共文化服务发展不均衡问题提供了解决思路和借鉴模式。优质均衡指数工作机制探索建立了新的"文化治理"模式，以品质要求全面量化的方式，实现了对公共文化服务高质量发展的有效促进，实质性地提升了城市文化治理能力。进而言之，长宁区从地区之间、机构之间、人群之间综合均衡切入，建立以"优质均衡"为导向的理论模型和测算机制，综合运用定量和定性的分析方法建立公共文化均衡发展测评体系，一定程度上也弥补了国内外相关领域空白，进一步丰富了公共文化服务高质量发展的理论与实践。

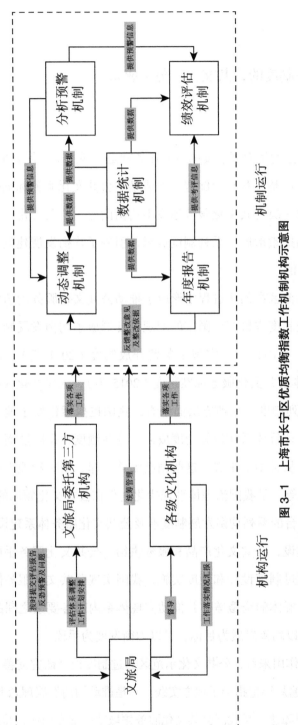

**图 3-1 上海市长宁区优质均衡指数工作机制机构示意图**

资料来源:《优质均衡、精准高效、服务区域:上海市长宁区新时代公共文化服务高质量发展研究》。

## 3.5 均衡发展制度的公共文化示范区成果

公共文化服务均衡发展制度的主要任务就是"保基本、促公平"，其建设意义在于抓好资源整合和有效配置，形成基本公共文化服务标准化、均等化建设合力，有效解决公共文化服务建设不均衡问题。公共文化示范区在均衡发展制度方面的探索形成了系列制度成果，引领了均衡发展建设实践，也具有突出的理论价值。

公共文化示范区在创建过程中形成了推动公共文化服务均衡发展的系列制度成果，这些制度成果配合国家的宏观制度形成了均衡发展制度体系。从中央层面来看，我国设计、实施了免费开放制度（2011 年）、总分馆制度（2011 年）、基本公共文化服务标准制度（2015 年），人民文化权益保障制度（2019 年）等系列制度。从地方层面来看，我国也探索创新了地方标准体系建设、均衡发展评价体系建设等制度成果。这些制度从国际层面来看具有突出的中国特色。从类型上来看，这些制度涵盖法律、中央和地方层面的规章制度、标准规范等，是我国治理体系现代化进程在公共文化领域的集中反映。示范区制定、出台的系列均衡发展制度涉及公共文化服务体系建设的各方面，包括设施网络建设，公共文化产品和服务供给，公共文化服务手段、管理和运营机制等。通过制度设计和制度实施，我国实现公共文化服务体系对各区域、各行业、各群体的全覆盖，并推动实现体系内部各要素之间的和谐互动和互相影响，既以均衡发展为目标，又以均衡发展为手段。

从实践指导作用来看，公共文化示范区通过制度设计研究完善了均衡发展制度，探索了普遍规律也指导了地方实践。一是推动均衡发展理念上升为法律。《公共文化服务保障法》是我国公共文化服务领域第一部专门法，其第五条、九条、十五条、十七条、二十条、二十八条、三十六条等明确将基本公共文化服务标准化制度、公共文化设施标准化建设制度、"文化圈"建设的科学布局原则和特殊人群保障制度等纳入法律条文，实现了人民群众基本文化权益和基本文化需求从行政性维护到法律性保障的跨越，实现了公共文化服务"从可多可少、可急可缓的随机状态到标准化、均等化、专业化发展"[①] 的跨越。二是以标准化手段推动公共文化服务高质量发展。高质量发展首先要体现在公共文化服务普遍均等、惠及全民的水平提升上[②]。通过标准化手段解决均等化问题，有利于解决现阶段公共文化服务的粗放问题，实现供需精准对接和公共文化服务的高质量发展，从而保证基本公共文化服务的全民共享。三是明确了新一轮公共文化服务标准制定的基本原则。即以推动高质量发展为核心目标，实现公共文化服务供给"应有尽有"，确保服务内容的项目化与指标化，将"保基本促公平"与维护地方文化特色相结合。同时，需明确各级政府在公共文化服务中的事权和支出责任，做到承诺必达。这些原则与文化和旅游部、国家发展和改革委员会、财政部2021年联合发布的《关于推动公共文化服务高质量发展的意见》高度契合。该意见特别强调，要"深入推进公共文化服务标准化建设""在保障国家基本标准落实到位的基础上，推动各省（区、市）结合本地区实际制定地方标准，地（市）、县（区）制定目录""要加强事前论证和风险评估，控制在财政承受范围以内，不得脱离实际盲目攀高，确保财力有保障、服务可持续""进一步完善公共图书馆、文化馆（站）和村（社区）综合性文化服务中心等建设和服务标准规范，健全公共数字文化标准规范体系，根据工作实际，适当提升有关指标，发挥引导作用""建立健全科学规范的评估标准体系，进一步完善评估定级结果运用机制，鼓励地方通过经费分配、项目安排等方式，加大奖优力度"[③]。公

---

① 李娟，傅利平.公共文化服务水平综合评价研究[M].北京：经济科学出版社,2017:166-169.

② 李国新.公共文化服务高质量发展的总体蓝图和行动指南[N].中国文化报,2021-03-24(2).

③ 关于推动公共文化服务高质量发展的意见[EB/OL].[2021-04-12].https://www.gov.cn/zhengce/zhengceku/2021-03/23/content_5595153.htm.

共文化示范区所制定的一系列均衡发展制度，为"十四五"时期公共文化服务的高质量发展提供了实践指导和行动框架。

理论价值层面，示范区探索建立的一系列均衡发展制度明确了公共文化服务均等化的基本出发点、重要原则和建设目标。①均衡发展制度的基本出发点是维护人民的基本文化权益，保基本促公平，实现文化成果的全民共享。人不分老幼，地不分东西，都可以享受到改革开放的成果，从人人可享有到人人可享优，从满足基本文化需求到满足多样化、个性化的文化需求。均衡发展制度是我国社会主义制度优越性在公共文化领域的集中体现。不同于西方重点关注弱势群体文化享有的文化制度，我国的公共文化均衡发展制度将所有公民都纳入公共文化服务体系。②均衡发展制度的重要原则是机会均等而非结果均等。公共文化服务均等化是指每个社会成员在自然、社会或教育方面的不利条件均可在公共文化服务中得到补偿。社会成员，不论其种族、民族、性别、宗教信仰、经济地位和政治地位等方面有何不同，都可有同等享受公共文化服务的机会。这里的均等是指"机会"均等，而不是"结果"均等。主要表现为：每个社会成员都享有同等的机会接受基本公共文化服务，即公益性的公共文化产品和服务，多以符合地区经济社会发展水平的标准化手段予以保障；每个社会成员都享有同等的机会接受符合其发展能力的公共文化服务，即个性化的公共文化服务内容，多表现为优惠型公共文化服务内容；向特殊人群提供符合其需求的公共文化产品和服务。③均衡发展制度的建设目标为保障权益，而非保障效果。在个人受教育水平、收入水平等因素的影响下，不同地区公众对于公共文化服务的需求不同。即使是同一个区域的公众，其对于本地区公共文化产品和服务的需求也千差万别。因此，我国的均衡发展制度并非强调所有人接受公共文化产品和服务后的获得感和满足感相同，而是强调"以文化人"，在现阶段突出公共文化服务的全覆盖，以普遍、均等的公共文化产品和服务直达基层，普遍提升公众文化素养。

# 4 社会力量参与制度：形成政府、市场、社会共同参与的格局

2006 年 10 月，党的十六届六中全会提出"鼓励社会力量捐助和兴办公益性文化事业，加快建立覆盖全社会的公共文化服务体系"①，明确了社会力量在公共文化服务体系建设中的重要作用。2007 年 8 月，中共中央办公厅、国务院办公厅出台的《关于加强公共文化服务体系建设的若干意见》要求建立"以政府投入为主、社会力量积极参与的稳定的公共文化服务投入机制"②。2011 年 10 月，党的十七届六中全会将社会力量的参与方式拓展为"兴办实体、资助项目、赞助活动、提供设施等"③。2013 年 11 月，党的十八届三中全会首次提出"引入竞争机制，推动公共文化服务社会化发展""培育文化非营利组织"④ 等重大理论观点，为构建现代公共文化服务体系指明了方向。2015 年中共中央办公厅、国务院办公厅出台《关于加快构建现代公共文化服务体

---

① 中共中央关于构建社会主义和谐社会若干重大问题的决定[EB/OL].[2021-02-01].https://www.gov.cn/gongbao/content/2006/content_453176.htm.

② 关于加强公共文化服务体系建设的若干意见[EB/OL].[2024-09-27].https://www.gstianzhu.gov.cn/art/2024/4/29/art_7073_1301651.html.

③ 中共中央关于深化文化体制改革　推动社会主义文化大发展大繁荣若干重大问题的决定[EB/OL].[2021-02-01].https://www.gov.cn/jrzg/2011-10/25/content_1978123.htm.

④ 中共中央关于全面深化改革若干重大问题的决定[EB/OL].[2021-02-01].https://www.gov.cn/jrzg/2013-11/15/content_2528179.htm.

系的意见》，对于社会力量参与方式作出了明确规定，细化了社会力量参与公共文化服务的各项制度[①]。

从社会力量参与公共文化服务体系建设的政策路线可以看出，中央政府早在公共文化服务体系建设之初就意识到社会力量参与的重要性，但对于参与主体、参与方式、参与范围等细节问题尚未进行科学设计。党的十七届六中全会提出"引导和鼓励社会力量通过兴办实体、资助项目、赞助活动、提供设施等形式参与公共文化服务"[②]，明确了"政府主导、社会力量参与"的基本原则，而后逐渐明晰了社会力量的参与主体、参与方式等，并在政策和实践中厘清了政府、市场和社会的责任。在中央宏观政策的指导下，甘肃省、湖南省、安徽省等多地配套出台了本地的政策文件，如《加快构建现代公共文化服务体系的实施意见》《关于政府向社会力量购买公共文化服务的实施意见》等，共同构建了自上而下的社会力量参与制度体系。

各公共文化示范区在宏观政策、法律法规和地方政策的引导下进行了广泛探索，从民营经济发达、社会资本雄厚的东部地区到社会力量相对薄弱、依靠财政扶持的中西部贫困地区，都在探索如何调动社会力量建设公共文化服务体系。从第一批创建城市（地区）重点关注地引入社会资本、开展文化志愿服务，到第二批和第三批创建城市（地区）进一步扩大社会力量参与的范围，社会化管理运营、文化产业、政府购买、文化类社会组织培育机制等制度成果在东部地区广泛出现，再到第四批创建城市（地区）将社会力量引入文旅融合、公共数字服务等新兴领域，探索出针对社会力量的效能评估机制，示范区在制度设计研究的指导下制定了一系列鼓励和引导社会力量参与的制度，在优化政府购买机制、社会化管理运营制度和文化志愿服务制度的

---

① 关于加快构建现代公共文化服务体系的意见 [EB/OL]. [2021-02-01].https://www.gov.cn/xinwen/2015-01/14/content_2804250.htm.

② 中共中央关于深化文化体制改革推动社会主义文化大发展大繁荣若干重大问题的决定 [EB/OL].[2021-02-01]. https://www.gov.cn/jrzg/2011-10/25/content_1978202.htm.

建设和完善方面取得了明显突破。

## 4.1 政府购买公共文化服务制度

政府购买公共文化服务，简称为政府购买服务，即"政府将由自身承担的为社会发展和人民日常生活提供的公共文化服务事项交给有资质的社会组织来完成，并定期按照市场标准签订提供服务产品的合约，由该社会组织提供公共文化服务产品，政府按照一定的标准，对履约情况进行评估并支付服务费用"[①] 的供给方式。政府购买服务是公共文化服务引入市场机制、激发活力、增强动力、推动形成政府市场社会共同参与格局的重要方式，也是目前我国公共文化服务社会化发展的主要形式[②]。从近年来各地实践来看，政府出资向以企业为主的社会组织购买服务或产品、委托管理运营是现阶段社会力量参与公共文化服务的主要方式。据北京大学国家现代公共文化研究中心调研，截至 2018 年，全国近 76% 的地市级政府、63% 的县市级政府购买公共文化服务，购买内容包括公共文化产品和服务、公共文化设施的管理运营以及公共文化服务岗位。2018 年，全国各级地方政府用于购买公共文化服务的总投入已达 38 亿元，政府购买在公共文化服务社会化发展方面已经显示出了优势。

从四批公共文化示范区制度设计研究来看，公共文化服务的政府购买呈现出承接主体相对稳定、购买内容范围扩大、购买方式不断丰富、购买流程逐步规范的发展趋势。公共文化服务领域的承接主体主要包括企业和社会组

---

① 文化部公共文化司，国家公共文化服务体系建设专家委员会. 2013 中国公共文化发展报告：国家公共文化服务体系制度设计研究 [M]. 北京：北京师范大学出版社，2013:16.

② 李国新. 制度改革创新促进公共文化服务高质量发展——析《公共文化领域中央与地方财政事权和支出责任划分改革方案》[J]. 图书馆建设，2020(4):6-9.

织，政府购买的内容从初期的购买资源、活动拓展到购买服务场地、文化产品、公共文化服务和项目、运营管理、公益性岗位等。购买方式也拓展为采购、租赁、委托、承包、特许经营、战略合作、资助、补贴、贴息等。购买流程逐渐规范，更加重视政府购买的事前调研、信息采集、过程管理和绩效评估，普遍出台了向社会力量购买公共文化服务的指导意见和购买目录，确定年度购买的具体项目并编制相应预算，建立购买价格或财政补贴的动态调整机制。公共文化示范区在落地和健全政府购买机制的过程中，创造性地将经济领域的采购大会和孵化机制引入公共文化领域，并通过评估和监管机制保障政府购买的实际效益，有效转变了政府购买的流程，提升了政府购买的效能。

### 4.1.1 "文采会"创新政府购买供需对接机制

公共文化产品服务采购会，简称"文采会"。2018 年，文化和旅游部组建后，改称为公共文化和旅游产品服务采购会，沿袭惯例依旧简称为"文采会"。"文采会"是解决公共文化供需对接的创新形式，是突破政府购买体制机制的重要尝试。2017 年，上海市浦东新区在示范区创建完成之后，根据制度设计研究中对政府购买服务的创新设计，举办了首届"文采会"，将文化产品的供需双方聚集到开放平台，变单向展览为双向沟通。2019 年 3 月，上海市长宁区在示范区创建期间举办了"上海市及长三角地区公共文化和旅游产品与服务采购大会"，实现了"文采会"的跨区域举办。2020 年 8 月，受新冠疫情影响，文化和旅游部公共服务司与全国公共文化发展中心联合举办公共文化和旅游产品的"云上文采会"。这是在公共文化示范区创新实践基础上推出的更大范围、更大规模、更广覆盖面的线上模式，是示范区经验在全国范围内被认可和推广。

公共文化领域的"文采会"创新了政府购买的供需对接机制：

一是实现文化产品与服务的现场展示。浦东新区"文采会"以文艺展演、视频播放、推介会等多种形式展示供给方的文化产品和项目。长宁区"文采会"通过现场展演、固定展示、App 推广等方式展示所提供的文化产品。诸多参展单位在展位装饰、服务和产品设计方面都融入了地域特色文化，将地方旅游资源、非遗资源等融入公共文化和旅游产品销售中，探索文化和旅游的产业化融合方式。"云上文采会"设置了今日文采、文采云播、云上课堂、云上逛展、电子会刊、活动专题等栏目，以文字、图片、视频（含直播、录播、短视频）等多种形式呈现文化产品和服务内容。"文采会"通过文化产品和服务的现场展示机制实现了线上线下结合、动态静态结合，打破了先购买后体验的传统模式，更直观、更真实地展示文化产品和服务效果，也更易让采购方和需求方产生认同感。

二是推动"互联网 + 公共文化"采购。浦东新区配合"文采会"打造了公共文化服务采购 App[1]，信息透明、选择多样、交易便捷，可以称得上"文化淘宝"。长宁区结合大数据平台"智慧墙"、微信小程序"文化云彩"、国家公共文化云"文采会"专题栏目等平台，全方位、立体化、即时性地展示"文采会"的实时数据，利用现代信息技术打造民众的"文化超市"。"云上文采会"则依托国家公共文化云作为线上主平台和网络传播渠道，面向各地各级公共文化和旅游行政部门、单位和机构等需求方进行公共文化服务产品推介，按照服务商"星级"评定机制，招募参展商进行遴选，并根据评级进行展示区分，形成推荐清单。"互联网+公共文化"的政府采购机制打破了时间、地域和行业限制，实现了公共文化和旅游产品及服务供需双方的精准对接。

三是建立政府购买的公众参与机制。浦东新区和长宁区探索建立了"文采会"公众观察员机制[2]，由普通市民在现场观摩各类展示、欣赏文艺演出的

---

[1]　司春杰, 刘思弘 . 浦东"文采会"：公共文化供给侧改革创新样本 [J]. 浦东开发, 2017 (3)：42-45.

[2]　刘思弘, 司春杰 . 永不落幕的文化"大观园"——浦东首届"文采会"侧记 [J]. 浦东开发, 2017 (3)：46-51.

同时，与采购方、供应方面对面沟通，表达各自的文化需求，并通过参与问卷调查等方式评分反馈。这一举措既能为政府的公共文化产品采购提供数据支撑，也便于内容供应方把握市场需求，不断完善、创新产品和服务。

四是实现政府购买的区域联动。长宁区举办了"上海市及长三角地区公共文化和旅游产品与服务采购大会"，首次实现跨区域举办、市区联手、长三角地区联动，是公共文化及旅游产品供给侧改革的全新尝试，推动了长三角地区文化、体育和旅游长效合作。"云上文采会"则实现了全国范围内公共文化和旅游资源的共享。

之所以说"文采会"创新了政府购买的供需对接机制，是因为"文采会"突破了传统的展销会、推介会等以展为主的单向模式，将政府购买的多个相关方聚集到同一个平台进行开放交流。政府购买的供应方不仅包括事业单位、专业院团、企业和社会组织，还将群众自发组建文艺团队纳入体系。供应内容除了文艺演出、展览展示、培训讲座、文化活动、数字公共文化服务等传统类目，也拓展到了各类新兴文化创意产品、小众艺术、基层自创文化品牌和项目。供应方通过"文采会"的开放性平台了解市场需求和规模，寻求到更多的市场机遇。文化机构、公众、企业等需求方通过现场参观、网上观看等渠道，观摩了解可供选择的产品和服务内容，并将需求和兴趣反馈给内容采购方，以"用脚投票"的方式提升政府采购的效率。以政府为代表的采购方在开放平台对比、遴选后，根据需求方反馈信息确定采购的种类、内容、形式、数量，并根据实际情况确定供给地点、范围等，针对性地满足各类人群的文化需求。"文采会"通过开放性平台实现了多方共赢。

需要注意的是，虽然"文采会"在很大程度上提升了政府购买的效率和效果，但也暴露出了政府购买体制的弊端。从实际情况看，参与"文采会"的需求方主体是公共文化机构，但根据财政部、中央编办出台的《关于做好事业单位政府购买服务改革工作的意见》，公共图书馆、文化馆属于承担公共文化等基本公益服务，不能或不宜由市场配置资源的公益一类事业单位，既不属于政府购买服务的购买主体，也不属于承接主体，不得承接政府购买服务[①]。因此，从理论上说，公共图书馆、文化馆等公共文化机构不能直接采购或承接公共文化产品或服务，而必须通过政府招标的程序实施购买。《中华人民共和国政府采购法》（2014年修正）规定，在政府招标采购中，符合专业条件的供应商或者对招标文件做实质响应的供应商不足三家的，应予废标（第36条）[②]。上述规定给"文采会"带来了矛盾：首先，"文采会"的参与主体是公共文化机构，但公共文化机构并不能作为采购主体；其次，"文采会"的初衷是供需对接，但供需方"对接"后，并不能进行真正意义上的"采购"；再次，"供应商不足三家应予废标"的规定，实际上增加了供需对接转变为现实购买行为的难度。事实上，"文采会"的建设初衷与法定政府采购流程脱节，这就大大削弱了"文采会"的应有功能。上海浦东新区为破解这一矛盾进行了尝试，直接邀请财政局参与"文采会"，并规定政府认可公共文化机构在浦东"文采会"上采购的产品和服务，但仅限于浦东新区政府管辖的公共文化机构，虽然适用范围有限，但此举也为破解政府购买的体制难题做出了示范区引领，提供了示范区智慧。

### 4.1.2 孵化机制提升政府购买精准度

2015年，文化部、财政部、新闻出版广电总局、体育总局出台了《关于做好政府向社会力量购买公共文化服务工作的意见》，并以附件形式公布了《政府向社会力量购买公共文化服务指导性目录》。该意见规定，政府购买的公共文化服务主要包括公益性文化体育产品的创作与传播，公益性文化体育

---

① 关于做好事业单位政府购买服务改革工作的意见[EB/OL].[2021-02-03]. http://www.ccgp. gov.cn/gpsr/zcfg/201710/t20171009_8948699.htm.

② 中华人民共和国政府采购法（2014年修正）[EB/OL].[2021-02-03].https://fgw.beijing.gov.cn/ fgwzwgk/zcgk/flfggz/fl/202004/t20200415_1804498.htm.

活动的组织与承办，中华优秀传统文化与民族民间传统体育的保护、传承与展示，公共文化体育设施的运营和管理，民办文化体育机构提供的免费或低收费服务等内容[①]。政策出台之初，政府购买的主要是市场中已经存在的成熟的公共文化产品和服务。随着政府购买范围的扩大，承接主体发展不完善、供给产品和服务同质化严重、用户知晓度认可度低等问题逐步显现，一定程度上影响了政府购买的效能。为解决上述问题，公共文化示范区探索出"孵化机制＋政府购买"的链条拓展机制，通过公益创投、孵化基地建设、鼓励性政策等手段培育当地社会组织，由社会组织面向本地文化需求开发公共文化产品和服务，地方政府通过政府购买方式将优质、成熟的公共文化成果纳入公共文化服务供给体系，丰富公众的公共文化生活，有效提升政府购买的精准度。

2015 年 7 月，浦东新区文化艺术指导中心成立了"浦东新区公共文化服务社会组织孵化基地"，吸引具备专业资质且自愿接受孵化的社会组织参与。孵化基地向入驻社会组织提供政策培训、业务培训、技能培训、活动培训、场景培训、礼仪培训等，帮助其全面掌握现代公共文化服务的各项标准和要求。社会组织孵化合格后获得资质证书，并被纳入"浦东合格社会文化服务主体推荐目录"[②]，成为文体场馆开展政府购买的优选组织。与此同时，上海市浦东新区通过《浦东新区公共文化服务社会组织孵化基地建设指导意见》等文件，为培育、孵化、购买社会组织提供制度支撑[③]。浦东新区在此基础上将政府购买公共文化服务的项目、资金向孵化合格的文化类社会组织倾斜，由其提供更符合市民需求的公共文化产品和服务，并参与社区文化活动中心内

---

[①] 关于做好政府向社会力量购买公共文化服务工作的意见[EB/OL].[2021-02-03].https://www.gov.cn/gongbao/content/2015/content_2868466.htm.

[②] 曹之光.5 家公共文化社会组织入驻区级孵化基地 [N].浦东时报，2016-03-31(3).

[③] 公共服务司.上海浦东新区创建国家公共文化服务体系示范区工作专报第 7 期 [EB/OL][2021-02-10]. https：//www.mct.gov.cn/whzx/zxgz/gjggwhfwtxsfqcjgz/201603/t20160329_797071.htm.

的设施管理运营，进一步满足市民多样化的文化需求。孵化过程多为1年左右，而孵化合格的企业和社会组织能有效提升基层公共文化机构的服务质量和管理效能，并能广泛吸收本地人才参与公益性文化事业。该举措产出效能远高于投入成本，可成为政府购买机制的又一改革手段。

现阶段我国政府购买的资金总量呈逐年上涨趋势，而承接主体仍处于发展的初级阶段，数量不足且专业服务能力有限，加之我国尚未形成完善的社会化承接主体专业资质的认定或评价标准，导致公共文化服务承接市场发展滞后，无法满足需求。正是基于这一背景，公共文化示范区探索建立的以孵化为前置条件的政府购买机制才具有特殊价值。第一，地方政府能够在承接主体的培育阶段就引入服务标准和规范，在建设过程中开展政策导向的培训引导，并通过资质考核确保社会组织的服务水平，这就为公共文化承接主体资质标准的建立提供了经验。第二，由于公共文化服务具有天然的地域性特征（文化内容的地域性、文化团队的地域性、可支配的文化资源地域性等），不易实现全国范围的大流通，"孵化—购买"机制就是以政府精准扶持方式培养本土承接主体，开发和设计地方特色文化产品和服务，既满足了本地用户需求，又推动了地方优秀传统文化的传承，打造了地方特色文化品牌。第三，通过对孵化社会组织的等级评定，直接面向社会和市场推出了一批具有承接资质和承接能力的社会组织，通过增加竞争力的方式丰富了市场供给，拓宽了政府购买的内容和范围，形成了政府—市场—社会良性互动的社会力量参与机制。

### 4.1.3　监管与评估机制保障政府购买效果

我国坚持政府主导下的社会力量参与制度。政府通过购买机制为社会力量参与公共文化服务提供资金和制度保障，其角色也从原来的直接提供者转变为购买者、规划者、监督者。这一角色的转变要求政府更加重视监督和评价的科学性和效益性。完善政府购买的监管和评估机制是充分发挥有限财政支出实现资金配置和管理效益最大化的关键环节，是一个远比单纯增加投入更有难度也更为复杂的问题。北京大学国家现代公共文化研究中心调研发现，大多数实施政府购买的地方文化行政主管部门对社会化承接组织采取了一定的监管与评估措施。政府定期对项目的运营状况进行评估考核，检验承接方的运营能力，以此作为资金支付依据，并确定是否继续和承接方合作。在政府购买的评估考核阶段，地方政府或文化行政主管部门依旧是责任主体，虽将群众满意度等评估指标纳入了考评体系，但群众并不参与续约决策。因此，自上而下的监管与评估机制依旧是公共文化示范区广泛采用的模式。常见的监管与评估机制，如第二批的山东省烟台市将市民政局、文化广电新闻出版局作为评估主体，以专家委员会和群众网上投票相结合的方式对政府购买的文化类社会组织和企业单位进行综合评价；第二批的江苏省无锡市新区由区级主管部门组成考评组，采用指标考核与满意度测评相结合的方法评估承接主体；第三批的河北省沧州市设置项目评估小组或者第三方专业评估机构，依据当地《政府购买公共文化绩效评估实施办法（试行）》对购买的公共文化服务项目进行评估。

值得一提的是，第四批的北京市石景山区在打破传统政府购买监管机制、建立立体化监管和评估机制方面作出了创新探索。该区在创建初期就通过政府购买机制实现了全区范围内基层公共文化机构的社会化管理运营。由于其体量大、范围广，又受到新冠疫情对线下服务的影响，如何科学开展对承接主体的绩效评估成为石景山区面临的挑战。在此背景下，石景山区在制度设计研究中重点探索了多元参与的监管与评估机制，研发、制定了石景山区基层公共文化设施社会化运营服务绩效评价指标体系，将场馆管理、基本服务项目、公众知晓率与满意度、综合管理能力、服务效能升级程度、创新示范价值、社会反响等效能指标纳入其中，并据此实施内部和外部评估兼顾、线上和线下评估结合的考评方式，以制度手段保障了政府购买的效果。

一是采用自上而下的政府监管、评估机制。石景山区建立了区文化和旅游局统筹协调，街道办事处和社区居委会配合监管，区级相关部门协同管理的立体化监管机制。区文化和旅游局制定面向全区基层公共文化设施社会化运营的绩效评价指标体系，统一组织实施绩效评价工作；街道综合文化中心原有工作人员负责经费监管和日常工作监管，社区居委会负责对社区综合文化室社会化运营情况进行日常监督管理，并引导社区居民、驻地单位、企业和社会组织等参与对社区文化室社会化运营情况的监督管理；区发改委、财政局等部门在运营资金监督等方面，结合各自职责范围开展协同管理。自上而下的政府监管和评估机制能够实现政府购买公共文化服务的阳光操作，提高政府公信度和为民办实事的能力。

二是开展自下而上的群众和第三方评估机制。石景山区文化和旅游局委托第三方机构每月进行明查、暗访以及活动统计，每半年开展一次公众知晓率和满意度调查，全部实行量化计分，将之作为年终绩效评价的重要依据。在年度社会化运营综合性绩效评价工作中，由区财政局聘请相关会计师事务所对社会化运营费用进行财务审计，确保社会化运营团队各项运营服务和活动合法、合规、合理。将群众、第三方机构、社会组织等纳入评估体系，本质上是将公共文化服务的评判权力从责任主体转向了服务主体，增加了社会化运营绩效评价机制的透明性与公正性。石景山区实施的多元主体参与评价、实时评价与效果评价相结合的评价方式是地方政府从"办"文化向"管"文化转型的重要尝试，也是政府治理理念转变的重要表现。

三是实施线上线下配合的监测评价机制。针对新冠疫情防控期间公共文化服务的特点，石景山区设计了基层公共文化设施社会化运营线上服务考核指标，从"两化（服务方式多样化、服务渠道多元化）、两性（创新性、时代性）、两力（服务力、影响力）"六个维度进行测量，全面了解新冠疫情防控期间承接主体的线上公共文化服务状况及特色。

四是大数据动态监测机制。石景山区开发设计大数据平台，以数据大屏和移动端领导驾驶舱等功能为载体，直观地展示了街道综合文化中心社会化运营的考核相关指标，包括进馆人数统计、活动数量统计、图书流转率等，大大减轻了统计工作量。线下采集与线上统计数据双向对比增加了数据准确度与可信度。与此同时，大数据平台开设效能指标管理、效能追溯等两大模块，既可以开展效能指标智慧化管理和动态调整，又能实时反映各场馆的效能分值及效能变化情况。平台另设的对比分析、视频分析、活动分析、图书分析等统计功能，对比展示各场馆相关数据指标情况，使公共文化管理者直观掌握各类公共文化数据。石景山区将大数据技术应用到政府购买公共文化服务的监管与测评中，促使社会化运营承接主体持续提高服务水平和质量，同时提升政府监管的客观性、科学性和全面性。

石景山区的"智慧监管＋效能考核"机制，既实现了全过程规范化的绩效评价，又可根据应急状况动态调整；既实现了政府主导，又将社会主体纳入考评机制实时反馈；既实现了监管倒逼，又指明了发展路径，为社会化管理运营的政府监管体系完善提供了建设路径和示范经验。

政府购买机制意味着公共文化服务提供主体和供给方式的变革，对政府、公共文化机构的管理理念、方式和能力提出了新的要求[1]。2020年国务院办公厅发布的《公共文化领域中央与地方财政事权和支出责任划分改革方案》明确将政府购买列为公共文化服务能力建设的重要内容之一，要求打破政府大包大揽、公益性文化单位行业垄断的旧格局，构建政府主导、公益性文化单位为骨干，全社会通过公平竞争机制参与公共文化资源建设、产品生产和服务提供的新格局[2]。通过政府购买公共文化产品和服务的手段满足群众需求，是把公共文化供给从政府的"内循环"转变为市场的"大循环"，提高政府购买服务的引导性杠杆作用，鼓励优质社会力量参与，保护先进意识形态成果，

---

① 李国新. 制度改革创新促进公共文化服务高质量发展——析《公共文化领域中央与地方财政事权和支出责任划分改革方案》[J]. 图书馆建设, 2020(4):6-9.

② 公共文化领域中央与地方财政事权和支出责任划分改革方案[EB/OL]. [2020-09-01].https://www.gov.cn/gongbao/content/2020/content_5525090.htm.

淘汰落后消极的产品和服务，进而从满足人民群众需求的角度出发，引导公众欣赏积极、向上的公共文化产品和服务，培养社会公众的文化素养，实现公众过上美好生活的新期待[①]。

公共文化示范区创建实践表明，现阶段政府购买公共文化服务已经取得了突出成绩，但也面临着不少体制机制上的挑战。主要包括：一是体制机制限制。如政府购买需通过系列招标流程和多部门的协同配合，但这一过程也引发了机构"陪标"、低价中标、"文采会"可看不可买等问题。二是承接主体的问题。现阶段公共文化服务主要由企业和公益性社会组织承接，部分公共文化示范区试水了个人承接者参与公共文化服务，但总体来说还是普遍存在承接主体数量不多、质量欠佳的问题。三是政府购买的长效机制问题。政府购买行为是周期性的，在引入竞争机制的同时，要求有立竿见影的效果。因此，承接主体更倾向于提供成熟的、大众喜闻乐见的公共文化产品和服务，而非创新的、浸润型的公共文化产品和服务。长此以往，必然会导致政府购买的公共文化产品和服务吸引力不足、公共文化机构服务效能下降。特别是政府购买普遍存在低价中标的情况，优质承接主体和优质服务也被排除在政府购买的行列之外。在未来发展过程中，还需要政府在体制突破、引入机制、监管能力、激励效果等方面进一步完善，努力解决社会力量参与的营利性与公益性之间的矛盾问题，在公共文化领域探索政府购买机制的改革与创新。

## 4.2  社会化管理运营制度

公共文化机构的社会化管理运营制度主要是由当地政府或行政部门提供

---

① 国务院办公厅转发文化部等部门关于做好政府向社会力量购买公共文化服务工作意见的通知 [EB/OL].[2020-05-11]. http://www.gov.cn/zhengce/content/2015-05/11/content_9723.htm.

公共服务拨款，支撑企业或社会组织开展公共文化机构的管理、运营和服务的相关制度。我国的社会化管理运营制度，与西方国家公共服务中的文化托管制度类似。但由于中西方政治体制、市场机制等存在较大差异，我国的社会化管理运营在政府地位、承接主体、考评机制方面存在明显的中国特色。公共文化示范区在建设社会化管理运营制度过程中既参考了国际经验，也充分发挥出我国文化管理体制的特色，探索出整体委托运营、多方合作运营、群众自治等多种模式。

### 4.2.1　公共文化机构整体委托运营模式

公共文化机构整体委托运营是指公共文化机构将全部（或大部分）管理和服务通过契约形式，在一定期限内委托给外部团体执行，政府根据契约进行考核，并根据评估结果确定后续合作。近年来，公共文化设施社会化管理运营的模式在我国发展较快。据调研，截至 2018 年底，全国约有 9216 个村（社区）文化中心由社会力量管理运营，其中乡镇文化站（文化中心）约为700 个，公共图书馆为 634 个，文化馆（群众艺术馆）数量最少，全国仅有99 家。这一现象说明在政府职能转变、编制精减的大环境下，基层政府通过政府购买形式将各类公共文化机构整体外包给企业和社会组织管理运营已成为常态。

企业本身具有较强的管理规范性、服务专业性、运营产业化、人员统一化等特点，是公共文化机构社会化管理运营的最主要力量。从公共文化示范区创建实践来看，市场上既有像北京保利剧院管理有限公司（以下简称保利公司）、艾迪讯电子科技有限公司等成熟企业在全国范围内开展连锁式承接管理，也存在大量本土化企业如全中（江苏）文化发展有限公司等承接本地基层公共文化机构管理。在初期的探索实践中，企业本身的营利性和公共文化的公益性一度成为制约公共文化设施社会化管理运营的瓶颈。公共文化机构免费开放和"优惠服务"界限的不明晰也为企业提供了灰色地带，加大了政府监管的难度。示范区创建实践既揭露了问题，也提供了解决路径。烟台大剧院的"三位一体"承接模式就在探索免费与优惠的边界问题上给出了答案。

山东省烟台市（第二批）于 2009 年 9 月通过政府购买的方式，委托保利公司管理和运营烟台大剧院。烟台市政府作为主办方和出资方，对烟台大剧院的管理运营行使监督管理权。监管内容主要包括意识形态导向正确、剧院公益性质不变、节目质量优良、财务管理规范、国有资产保值增值等。同时成立烟台大剧院监督管理办公室，对剧院运营进行全过程监管。保利公司作为运营方，根据契约规定开展"三位一体"服务模式，通过"院线＋公益＋社会经营"的方式实现社会效益和经济效益共赢。一是提供经济适用的院线演出。烟台大剧院推出高雅艺术经济适用票，以低于市场的价格供给普通观众，并采取"禁止包场、控制团购"的散票推广模式维护公共文化服务的公平均等。二是提供全民共享的公益演出，面向社会大众开展普惠性活动，还特设农民工和青少年艺术专场，充分体现出公共文化服务的公益性、均等性；三是适当补充社会经营，以市场需求为导向引进企业庆典、综艺演出、明星演唱会、音乐会等门类，有效对接企业和社会需求，加快本地文化市场发展。

烟台大剧院的"三位一体"运营模式，既有效普及了高雅艺术，又扩大了烟台本地艺术院团和艺术形式的影响力；既推动了企业运营理念升华，又培育了观众群，促进了文化消费，实现了社会效益与经济效益共赢。烟台大剧院的建设实践还推动了烟台市文化设施委托运营和政府购买公共文化服务的全面铺开，为公共文化设施的运营提供了管理范本，回答了社会力量参与公共文化后如何有效服务群众的问题，具有较强的创新价值。2015 年示范区验收之际，烟台市在总结大剧院模式的基础上出台了《关于做好政府向社会力量购买公共文化服务工作的意见》，为社会力量参与公共文化服务提供了有力的政策支持。

与企业不同，社会组织虽然管理相对松散，专业性和组织性不及企业，但其突出的社会效益导向与公共文化服务的公益性十分契合，加之其来源于大众并面向大众，服务内容、方式和手段也更受群众欢迎，因此成为基层公共文化机构整体外包的主要承接主体之一。南京市江宁区等多个示范区都通过政府购买方式将社会组织引入街道文体中心，由社会组织开展日常管理和服务供给工作，取得了良好的社会效益。广东省中山市（第四批）创新采取"零费用"引入社会组织管理运营中山书房的模式，也为厘清免费和优惠服务的界限提交了一份示范性答卷。

中山市将政府投资建设的得能湖中山书房"零费用"委托给中山市火炬开发区阅读协会（以下简称阅读协会）进行管理运营。阅读协会在民政局注册、工商局登记，为规范化文化类社会组织。中山火炬高技术产业开发区图书馆提供托管书房场地并拥有所有权，对阅读协会的管理工作进行监督检查，并提出意见或建议；开展必要的业务培训，定期配置、更新图书，保养维护机器、设备，并为托管书房内的吧台提供办理卫生许可证、营业执照等所需证照的便利。阅读协会则全面负责书房的管理工作，自行承担全部开支（员工工资福利、税、费等），保证托管书房的正常开放，按要求完成藏书整理、上架等工作，并开展阅读推广、活动策划等服务。对于阅读协会提供的超出合同范围内的其他服务，则通过政府购买的方式予以支持。中山市得能湖中山书房的"零费用"托管模式，有效解决了基层公共文化设施人手不足的问题，又通过扩大对阅读协会的扶持力度，解决了阅读协会造血不足的问题，培育和促进了阅读协会的发展，形成了公共文化设施的场馆建设、管理、运营的良性循环。该模式中，阅读协会可利用书房吧台开展茶点、简餐售卖等经营性服务，并对其经营行为及产品安全性负全部的经济和法律责任。这就在公益性基础上探索了社会组织的盈利模式。有研究者根据《中华人民共和国民法总则》对非营利法人的规定，提出公共文化机构对于获取利润收益并不是排斥的，只要不向"出资人""分配利润"即可，并认为《中华人民共和国民法总则》为公共文化机构进行以公益为目标的优惠有偿服务提供了法理

依据 [1] 。

现阶段，公共文化机构的整体委托运营模式已经在全国范围内开展得如火如荼，同时也暴露出明显的机制问题，如承接主体的人才队伍建设及承接主体的权责划分问题。人才队伍建设方面，图书馆学、艺术学、博物馆学等相关专业人才更倾向于选择图书馆、文化馆等"铁饭碗"，企业和社会组织对此类专业人才吸引力不足。企业多以盈利为目的，有限的薪金仅能招聘到缺乏专业技能的普通人员，其流动性大、创新能力低、工作热情不高，直接影响了公共文化机构的建设稳定性。承接主体的权责划分方面，公共文化机构的整体委托运营模式也存在政府"一包了之"，将所有的责任都转嫁到企业或社会组织身上的现象；也存在"管得过紧"，对承接主体实施行政化管理的问题。公共文化示范区在解决相关问题的过程中，也探索出开展调研、完善契约、加强监管等机制，但尚未形成通行全国的普遍经验，还需要政府部门、公共文化机构和承接主体协调共建。政府需要将工作内容转移到制定目标、编制规划、提出要求、评估与监管等方面来，制定完善的政策体系，为社会力量参与提供制度保障；基层公共文化机构主要提供专业人才，提出标准规范，发挥其创新能力和执行能力；承接主体则需遵守契约精神，在市场竞争中严守公共文化服务的公益性原则，以制度为保障，实现三方共赢。

## 4.2.2　公共文化机构多方合作运营模式

除了将公共文化设施整体委托给社会力量管理运营，公共文化示范区在创建期间还结合实际工作探索建立了多股社会力量共同参与管理运营的模式，有效规避了政府购买"一包了之"的"甩包袱"问题。湖南省株洲市（第三批）通过多元社会主体共同参与的方式打通了"建—管—用—育"链条，在

---

① 祁述裕.国家文化治理现代化研究 [M].北京：社会科学文献出版社，2019：155-156.

设施共建、资源共享、管理合力等方面形成了政府、市场和社会的良性互动机制。

设施共建方面，株洲市的"韵动书屋"项目由政府、企业共同推进。文化行政部门牵头落实《公共文化服务保障法》对"新建、改建、扩建居民住宅区，应当按照有关规定、标准，规划和建设配套的公共文化设施"（第十六条）的要求，通过出台政策文件和建设标准指导书屋建设；为社区、酒店、物业等社会机构提供场地，并承担物业费和水电费；湖南韵动文化体育产业发展有限责任公司（以下简称韵动公司）提供每个书屋10万元的经费投入，并负责书屋的选点、装修及运营。

资源共享方面，株洲市图书馆、韵动公司、社区和社会共同建设馆藏资源，其中市图书馆提供约2/3的书籍，并负责书籍的配送和更新，其余1/3馆藏由韵动公司、小区和社会共同捐赠，所有图书均纳入公共图书馆总分馆流通体系。韵动公司还邀请有资质的培训机构在书屋开展公益培训，扩大实现书屋的社会效益。

合作管理方面，韵动公司作为主要管理和服务力量，遵照统一的服务规范和管理制度开展阅读服务和艺术普及，推动书屋与"韵动株洲"云平台对接，开展数字化、一体化管理。韵动公司招募业主成为志愿者，以每个书屋2—3名志愿者的规模开展日常管理、环境维护与阅读活动，配套建立了志愿者管理机制和激励机制，利用公司资源提供文体服务的奖励，激发志愿者的参与热情。除此之外，每个书屋还设有理事会，由韵动公司、株洲市图书馆、小区物业公司、业主和志愿者等利益相关方组成，共同保障书屋管理和运行工作。现阶段，"株洲书房"已在荷塘星城小区、华天大酒店、Fitime健身会所等地建成十余处示范点。其多方合作共管的经验为其他地区建设城市书房、探索基层公共文化设施社会化管理运营机制都提供了思路。

### 4.2.3　基层公共文化机构的群众自治模式

基层公共文化机构的群众自治不仅仅是群众发挥主观能动性实现自我价值的表现，更是群众从"被领导、被服务"到"自领导、自服务"的一种意识层面的转变，是与社会和经济发展保持一致的文化进步。公共文化示范区通过探索开展公共文化机构的群众自治，调动起基层群众的积极性和参与性，实现了人人"被服务"到人人"可服务"的转变。

#### 4.2.3.1　城市社区公共文化建设的民主参与机制

北京市朝阳区在城市社区中建立了以"文化居委会"为代表的民主化参与机制。该机制始于朝阳区堡头地区文化中心，后逐步扩展到朝阳全区，并在全国范围内引起了广泛关注。"文化居委会"通过组织建设、机制建设和创新培训等一系列举措，实现了居民在公共文化领域的自我管理和自我服务，成为社会治理理论在公共文化领域的创新实践。

一是建立基层文化自治组织，拓展了社会治理主体。"文化居委会"有完善的组织架构和清晰的工作步骤，其成员由社区居民代表组成，鼓励公众自主参与公共文化服务，自我管理公共文化设施，实现群众自我管理、自我服务、自我教育、自我监督。朝阳区还以专职文化人员为核心，指导社区志愿者完成活动组织安排、内部管理服务等工作，丰富基层文化治理的参与主体。

二是建立群众议事机制，拓宽了民众参与社会治理的路径。科学民主的群众决策机制是实现群众自我管理的基础。"文化居委会"借鉴罗伯特议事规则 [①] 制定了《议事规则十条》，根据平衡、制约、多数、辩论、集体的意志自

---

① 《罗伯特议事规则》（*Robert's Rules of Order*）是美国将领亨利·马丁·罗伯特（Henry Martyn Robert）在 1876 年出版的关于议事程序的经典著作，经过不断修订完善，现已成为被广泛应用的组织管理、会议组织的实用手册，被广泛应用于各类组织和团体的会议管理中，包括企业董事会、行业协会、学术联盟、社区组织等。罗伯特议事规则能够促进成员之间的有效沟通与合作，保障决策的科学性和民主性。

由等五方面原则，合理设置提出议事事项、听取和发表意见、提出动议及表决等环节，从流程上畅通了民众参与公共文化服务的路径。

三是创新培训方式，提升民众的管理能力。经过系列探索，"文化居委会"逐步形成了以议事规则为核心内容，以剧本为载体，以社区人员为参与主体，以舞台为展示平台的新型培训方式。"文化居委会"通过编排以议事规则为内容的话剧，社区人员亲自组织、设计、参与文化活动，宣传推广议事规则，以民众喜闻乐见的文化互动方式完成培训任务，有效提升了社区人员的管理能力和文化素养。

朝阳区的"文化居委会"机制实现了朝阳区公共文化建设从关注文化福利，到满足文化权益，再到实施文化治理的跨越。居民既是公共文化服务的受益者，又是直接提供者和管理者。这一机制切实解决了公共文化设施使用率低和群众满意度低的问题，形成了基层公共文化服务共建共享的良好局面。

### 4.2.3.2　农村文化礼堂的理事会负责制

2013年，浙江省在全省广泛开展农村文化礼堂建设，发挥基层综合性文化中心的作用，打造村民的精神家园。第三批的台州市在黄岩区探索出"农村文化礼堂理事会负责制"，在选举机制、议事机制和公共文化供给机制方面实现了突破。农村文化礼堂理事会负责制成为基层文化阵地践行科学管理和民主自治的重要实践。

选举机制方面，黄岩区在院桥镇繁荣村开展试点，成立首个文化礼堂理事会之后，建立健全了理事会组织体系，在全村范围内选举产生了理事长、副理事长、理事、监事会成员等。除两委班子成员外，其余均由有文艺特长和奉献精神的群众组成，成员结构尽量体现村民对公共文化的自治管理。随着试点经验逐步发展，台州市的农村文化礼堂理事会成员结构逐步形成以下四种类型：一是村委成员主体型，理事会以村两委成员为主体；二是政府部门引导型，理事会与政府相关部门结对共建；三是志愿义工引领型，理事会与社工组织结对共建；四是社会贤达合作型，理事会与本地企业和乡贤能人结对共建。

议事机制方面，文化礼堂理事会坚持民主集中制的议事原则，对文化礼堂规章制定、经费收支、队伍管理、场馆维护、活动组织等事项进行"一事一议"，由理事会讨论协商后投票表决。重大事务先由理事会提出意见，再交村民代表大会决议。2016年11月，黄岩区文化广电新闻出版局组织具有法人资格的11家文化礼堂成立了文化礼堂理事会轮值联盟，每季度召开文化礼堂管理经验交流会，分享成功经验解决具体问题，提升理事会的决策能力和管理能力。

公共文化供给机制方面，理事会统筹协调文化资源的调配、文化活动的开展，健全民意表达和监督机制，引导社区居民和村民参与公共文化服务项目规划、建设、管理和监督，维护群众的文化选择权、参与权和自主权。

农村文化礼堂理事会负责制，是村民自治的民主化决策机制，实现了村民对公共文化活动的自我组织与自我管理，使农村公共文化活动的开展更具统筹性，管理工作更具规范性。同时，对于整合社会各方力量，发挥热心人士、民营企业家、文化能人、村干部、志愿者等各方力量的作用，促进文化礼堂管理社会化具有积极意义。

### 4.2.3.3  文化大院的农民自治模式

文化大院是农村文化能人利用自家庭院或村集体闲置房屋建成的文化体育活动场所，如四川省南充市的文化大院、安徽省的文化乐园、内蒙古自治区鄂尔多斯市的家庭文化户、云南省曲靖市的农民文化户等。文化大院总体来说是由农民自发建设、自主组织、自愿参与，以自我服务、自我管理、自我满足的方式开展公共文化产品和服务的生产和供给。

第四批的宁夏回族自治区固原市以示范区创建为契机，在原有实践基础上总结提炼文化大院建设经验，打造了类型多样、效能突出的主题文化大院，逐步形成了"有引领、有场地、有活动、有团队、有成效"的建设机制。这一建设机制成为贫困地区、民族地区、农村地区探索文化阵地建设和文化产品供给的样板。固原市文化大院主要由文化能人和文化爱好者引领。他们利用自家闲置场地组织开展文艺演出、书法绘画、非遗展示、读书看报、舞蹈健身等文化娱乐活动，编排乡村文艺节目，组织村民参与，极大地丰富了当地村民的日常生活。在文化大院建设过程中还形成了一批农村文化团队，有效激发了基层文化的发展活力，提升了乡村文化的"造血"功能。固原市已先后建设和发展了文艺戏曲表演型、非遗传承型、民俗展示型、农耕文化体验型、红色文化传播型、文明实践型、乡村旅游型等各类文化大院256家，通过村民自治模式拓宽了农村文化建设的途径，有效弥补了公共文化服务供给不足、不平衡的难题，文化大院成为基层公共文化服务体系建设的重要组成部分。

第一批的内蒙古自治区的鄂尔多斯市以家庭文化户为抓手，解决了农村牧区的公共文化建设问题。家庭文化户是指以农牧区家庭为单位，由牧民自愿自主进行文化投入、增加文化设施设备、开展自娱自乐文化活动、为周围群众提供一定文化服务的家庭。鄂尔多斯市在家庭文化户建设过程中形成了"自我供给、自我服务、自我创作、自我满足"的建设模式。其中不少家庭户在政府补贴资金有限的情况下主动增加文化投入，改善家庭文化活动条件，配备报刊、书籍、乐器和娱乐器具等，基本实现了硬件设施和公共文化资源的自我供给。家庭文化户自发组织各类文化活动，如农牧民演唱会、诗歌会、敖包盛会、马奶节等，丰富了公共文化产品和服务供给。部分文化户还自主编辑牧民小报，推广科技项目，举办专题文化活动，为周围牧民提供公益性文化服务。现阶段鄂尔多斯市已形成娱乐型、知识型、科技型、文艺型、收藏型、养马型等多种类型的特色家庭文化户。这些家庭文化户已成为活跃偏僻农牧区群众文化生活和生产的小型文化中心。家庭文化户是在政府财政资金有限的情况下，农牧民自发形成的自我供给模式。这一模式不仅焕发了人民群众的文化自觉，改变了农牧民落后的生活和生产方式，也有效扩大了基层文化设施的覆盖面，丰富了基层公共文化产品和服务供给，推动了全市公共文化服务体系结构和机制的变革 ①。

群众自治模式是我国政治管理在微观层面的一次变革。它强调发挥群众自我管理、自我服务、自我满足的优势开展基层治理，实现"民知、民智、民治"的有机协调和统一。基层的群众长期处于"被动服务"位置，也由此滋生了供需对接偏差和意识形态僵化等问题。而基层群众又是公共文化服务体系的终端，提升其获得感和满足感是公共文化服务体系建设的终极目标。基层公共文化机构的群众自治模式有效激发了人民群众的参与热情和内生动力，充分发挥人民的智慧去解决人民的问题、保障人民的权益，使公共文化建设在基层实现自我发展、自我服务和自我繁荣。此外，群众自治模式是我国文化治理理念在基层的落地实施。由民知到民智，变民智为民治，人民群众成为公共文化设施、服务、资源、活动的提供者，也成为基层公共文化服务制度建设的贡献者，地方政府则由直接管理者和提供者变为服务者。充分挖掘并正确认识人民智慧和地方智慧，并通过制度手段进行正确引导和保障，便可为公共文化服务制度建设补充新鲜有益的血液。示范区建设实践证明，人民智慧和地方智慧在公共文化示范区制度体系建设过程中发挥着举足轻重的作用。

## 4.3 文化志愿服务制度

文化志愿者是公共文化服务的重要提供主体之一，文化志愿服务是社会力量参与公共文化服务的重要方式之一。个人或社会组织以文化志愿者的身份参与公共文化服务体系建设，是群众自主参与、自我服务、自我实现、自我满足的新方式。2004 年文化部等单位发布的《关于公益性文化设施向未成

①　文化部公共文化司,国家公共文化服务体系建设专家委员会.2013中国公共文化发展报告：国家公共文化服务体系制度设计研究 [M].北京：北京师范大学出版社, 2013:204.

年人免费开放的实施意见》要求各级各类公益性文化设施"要根据自身具体情况，采取聘请专业人员、招募志愿者等多种方式建立专兼职结合的讲解员和辅导员队伍。鼓励思想品德高，专业学识丰富，热心青少年教育，了解未成年人心理特点和需求的有志之士加入辅导员队伍。也可结合本单位实际，招募大、中学生加入讲解员队伍。要加强培训，不断提高辅导员、讲解员的思想素质和业务水平，充分发挥文化志愿者的积极作用"①。这是文化志愿者首次出现在我国文化政策体系中。2007年中共中央办公厅、国务院办公厅颁布的《关于加强公共文化服务体系建设的若干意见》将文化志愿服务上升到国家政策高度，鼓励离退休文艺工作者、艺术院校学生和其他热心公益事业的各界人士为社区和乡村提供志愿文化服务②。2015年中共中央办公厅、国务院办公厅印发的《关于加快构建现代公共文化服务体系的意见》将文化志愿服务列为增强公共文化服务发展动力的重要手段，明确指出要构建文化志愿服务体系、探索特色文化志愿服务模式、完善文化志愿者管理机制、提升文化志愿者的专业性和服务能力③，为我国文化志愿服务制度的规范化建设指明了方向。2016年《公共文化服务保障法》进一步将文化志愿服务上升到法律高度，明确了地方政府和公共文化设施管理单位的主体责任，鼓励公民、法人和其他组织参与文化志愿服务④。同年《文化志愿服务管理办法》出台，明确规定了文化志愿者的参与条件、享有的权利和应履行的义务，明确了文化志愿服务的内容、管理流程、保障机制⑤，开启了文化志愿服务的制度化、标准

---

① 关于公益性文化设施向未成年人免费开放的实施意见[EB/OL].[2020-08-26]. https://zwgk.mct.gov.cn/zfxxgkml/zcfg/gfxwj/202012/t20201204_906057.html.

② 关于加强公共文化服务体系建设的若干意见[EB/OL].[2024-09-27].https://www.gstianzhu.gov.cn/art/2024/4/29/art_7073_1301651.html.

③ 关于加快构建现代公共文化服务体系的意见[EB/OL].[2019-09-01].https://www.gov.cn/xinwen/2015-01/14/content_2804250.htm.

④ 中华人民共和国公共文化服务保障法[EB/OL].[2020-09-11].http://www.npc.gov.cn/zgrdw/npc/xinwen/2016-12/25/content_2004880.htm.

⑤ 文化志愿服务管理办法[EB/OL].[2021-08-02].https://zwgk.mct.gov.cn/zfxxgkml/zcfg/gfxwj/202012/t20201204_906303.html.

化建设历程。通过上述政策分析可以看出，我国已经初步建立了文化志愿服务政策体系，文化志愿服务正呈现出专业化、规范化、体系化建设的趋势。

第一批示范区中，浙江省宁波市鄞州区、安徽省马鞍山市、福建省厦门市都以文化志愿者和文化志愿服务作为主要研究对象开展制度设计研究。第二批共有 15 个示范区将文化志愿服务纳入制度设计研究。虽然数量增多，但专业志愿服务已从主要研究对象下移成为社会力量参与的重要形式之一，这说明文化志愿者已成为公共文化重要供给主体，且已基本形成了相对统一的管理和服务模式。第三批共计 11 个示范区在社会力量参与制度研究中涉及文化志愿服务相关内容，并开始出现专业化、规范化等指示性关键词。第四批的文化志愿服务研究数量进一步下降，但与文旅融合、文化扶贫、新时代文明实践等时代特色关键词共现频次较高。这说明文化志愿服务已经渗透到公共文化服务的各个环节，并随着公共文化服务体系的建设不断创新。综合来看，打造专业化的文化志愿者队伍、科学孵化志愿服务项目和构建规范化管理机制，是公共文化示范区在文化志愿服务制度建设中积累的宝贵经验。

### 4.3.1 专业化文化志愿者队伍建设模式

文化志愿者是指那些不以物质报酬为目的，利用自己的时间、文艺技能等自愿为社会和他人提供公益性文化艺术服务和帮助的人，其突出特点是公益性、专业性、技能性、非营利性和自愿性。2011 年，党的十七届六中全会提出"壮大文化志愿者队伍，鼓励专业文化工作者和社会各界人士参与基层文化建设和群众文化活动"[①] 的要求，区分了文化志愿者与普通志愿者的性质，将文化志愿者的专业性和技能性上升到国家政策高度。各示范区也在文化志愿者队伍建设中突出专业性要求。第一批宁波市鄞州区将高校文体教师、文

---

① 中共中央关于深化文化体制改革　推动社会主义文化大发展大繁荣若干重大问题的决定 [EB/OL]．[2021-04-11].https://www.gov.cn/jrzg/2011-10/25/content_1978123.htm.

艺特长生、公共文化机构的专业服务人员、各类文化爱好者纳入文化志愿者队伍，形成了专业型文化志愿者指导、特长型文化志愿者骨干、辅助型文化志愿者参与的良好格局。第二批北京市东城区招募了中国煤矿文工团、中国铁路文工团等多支专业化志愿团队参加社区公共文化服务工作，指导社区群众文化活动，为辖区百姓提供高品质的公共文化产品。第三批内蒙古自治区呼和浩特市、西藏自治区拉萨市等地在创建期间出台了规范文化志愿服务工作的专项文件，鼓励公共文化机构招募在文化管理和群众文化工作方面具有一种或多种专业特长的文化志愿者，提供艺术培训、文化活动和文艺演出等服务。这一发展过程证明，在文化志愿服务中凸显志愿者的文化技能和艺术特长已经从单个案例发展为普遍共识，从理念转化为制度。

除了在招募阶段吸纳有专业背景的文化志愿者和文化志愿团队，北京市东城区还通过"双轨培训机制"开展文化志愿者专业化队伍建设，有效提升了文化志愿者和文化志愿团队的专业化水平。针对文化志愿者的专业技能培训，旨在提升志愿者个人的文化和艺术素养，推动其从自娱自乐向社会服务转化。如聘请民间手工艺老师，教授文化志愿者编织彩绳手链、双联结等，鼓励文化志愿者运用相关技能和作品开展公共文化服务。针对文化志愿者团队负责人的培训，旨在帮助志愿者熟悉服务标准和规范，提升管理能力和服务水平。其培训内容包括群众文化辅导、志愿者通用知识及授课方法、公共安全与突发事件应急处理、媒体宣传与沟通技巧、志愿服务通用礼仪、志愿者理论基础知识等管理知识。

通过招募、培训等方式加强文化志愿者或文化志愿团体的专业性不仅是文化志愿服务的方式变革，更是服务理念的升华。不同于普通志愿者提供个人时间、体力完成公益性服务的方式，文化志愿者是在公共文化服务领域发挥个人专业知识、技能、经验和社会资源等优势，提供更精准、更高质量的公共文化产品和服务，其工作在一定程度上缓解了公共文化机构专业人才不足的问题，也有利于构建良好的社会文化氛围。文化志愿者的数量和质量也是衡量社会和谐程度的重要指标。公共文化示范区的制度设计研究显示，各地对于文化志愿者队伍的建设已经逐步从单一的数量指标转变到数量和质量兼顾、服务内容和服务效能并重的阶段。这也为其他公共服务领域提供了参考。

### 4.3.2　文化志愿服务项目孵化机制

建立健全文化志愿服务的供需对接机制是实现文化志愿队伍从重视数量转向重视质量的关键步骤，也是实现我国文化志愿服务转型发展的必由之路。江苏省张家港市（第一批）着眼于供给方在主体和服务方面的拓展，结合基层综合性文化服务中心开展文化类社会组织和文化志愿者的孵化工作，有效对接基层社区和农村的文化需求。河北省沧州市（第三批）着眼于供给双方的对接路径，通过"文化沧州云"，设置文化志愿服务政策信息、文化志愿服务动态、文化志愿者招募登记管理、文化志愿预约服务等模块，建立沧州市文化志愿者数字资源库，实现文化志愿服务的供需对接。

广东省中山市（第四批）文化馆聚焦文化志愿服务内容本身，将文化志愿服务的供需对接上升到制度层面，为文化志愿服务制度建设贡献了示范区智慧。一是成立专门管理机构，加强文化志愿者队伍建设。2016 年，中山市文化馆组建中山文化志愿者学院（以下简称学院），由文化馆馆长担任学院院长。市文化馆负责统筹学院的日常管理工作，并搭建文化志愿者"总队—分队"组织体系，负责开展文化志愿者组织、管理、培训和交流工作，开展文化志愿服务研究和服务项目孵化工作等。针对注册登记的文化志愿者，学院建立了"岗前培训—通用培训—专业培训"系统培训机制，根据各个文化志愿者的业务水平和岗位适应需求，将专业培训分为初级培训、中级培训和高级培训，让文化志愿者通过系统培训了解和认同文化志愿服务理念，掌握岗位技能和文艺技能。文化志愿者学院通过培养志愿人才，有效提升了文化志愿者的服务理念、服务精神、服务规范、服务技能和服务水平，推动了文化志愿服务的规范化、专业化建设进程。

二是成立项目孵化基地，提供平台支撑。文化志愿者总队依托学院建立文化志愿服务项目孵化基地，为中山文化志愿者分队及社会文化公益组织机构创新和培育文化志愿服务项目提供平台和扶持，为有创意、有效益、有前景的文化志愿项目提供业务指导、策划咨询、管理提升、人才培训等服务。

三是建立完善的孵化机制，开展规范化管理。文化志愿者总队建立了"项目设计—项目孵化—项目实施"的三阶段孵化工作流程，委托学院开展项目征集、专家评审、业务指导等工作，对优质项目将给予一定的资源支持和资金扶持。项目完成孵化后，总队将根据项目的适应范围和效益前景，通过政府购买、资助实施、公益创投、对接推荐等方式推动项目落地。"达达熊荒岛图书馆""72小时书店""赛先生课堂"等多个品牌文化志愿服务项目均是通过该机制建设完成的。

文化志愿服务项目的孵化具有突出的公益性和非营利性，不仅面向规范化团队，也面向文化志愿者个人，其最终目标兼顾社会效益和经济效益，成果转化也突破了政府购买的单一模式。文化志愿服务项目孵化机制实现了文化志愿服务从短期、单次的时效性服务向系统化、规范化的长效性机制转变，推动了文化志愿者从"单兵作战"到"正规军"的建设进程，放宽了文化志愿者的成长和发展空间。由被动对接公共文化机构需求到主动满足公众需求的转变，也使文化志愿服务项目孵化机制成为公共文化领域未来发展的重要趋势之一。

### 4.3.3 文化志愿服务的规范化管理模式

如何对文化志愿者进行统一的规范化、制度化管理，是文化志愿服务制度建设面临的挑战之一。一方面，文化志愿者队伍以自发组织为主，结构较为松散，人员也极不稳定，管理难度较大；另一方面，文化志愿者的领导机构不一，建设主体不同，如宣传、文化、教育、体育、卫生、民政乃至镇街与社区都有自己的志愿者队伍，这就造成管理部门重叠、各自为政的问题。为解决上述问题，福建省厦门市（第一批）建立了文化志愿服务的规范化管理模式，提升了文化志愿者的服务水平，理顺了不同管理主体的职责，优化了文化志愿服务的供需对接机制，丰富了我国文化志愿服务制度建设成果。

一是建立了文化志愿者的长效培养机制。厦门青年民族乐团是厦门市文化馆的特色文化志愿服务项目。该乐团由厦门市各艺术院校的教师、学生及社会各界民乐爱好者组建，以院团的形式开展文化志愿活动，并在长期发展过程中形成了专业化文化志愿者队伍建设的内生机制：首先，利用文化馆这一群众文化艺术活动平台，帮助民乐爱好者学习提升，为他们加入志愿者团队提供机会；其次，乐团的院校艺术专业教师不断吸引优秀学生加入，成为乐团的新生力量；再次，将乐团打造成厦门大学、集美大学等院校艺术专业学生的实习基地，优秀学生成为志愿服务的传承力量。

二是建立跨行业的一体化管理机制。厦门市为了解决文化志愿者管理部门重叠的问题，由市文化广电新闻出版局设立文化志愿者工作办公室，具体协调图书馆、博物馆、美术馆、文化馆、文化站、文化活动室（中心）、影剧院、音乐厅等公共文化机构的志愿者及其志愿服务活动；设法理顺各个部门的文化志愿者招募、培训与管理工作；建立各区、镇（街）、村（居）文化志愿者组织机构三级网络及公共文化服务单位文化志愿者组织机构；督促各级组织机构配备工作负责人，保障文化志愿服务各项工作有序顺利进行。除此之外，厦门市党政部门还将文化志愿者队伍建设纳入工作安排，通过制度手段建立文化志愿者管理体系，完善了文化志愿服务机制，形成了"政府引导、分层组织、自我管理、提升自我"的厦门模式。

三是建立文化志愿者的供需对接机制。厦门市开通了文化志愿者网站，由文化志愿者进行管理，设置网站栏目、更新内容、发布信息，实现文化志愿者的自身服务、自我满足、自我管理。该网站有效整合了文化志愿服务的供方和需方，一方面公开发布各文化志愿者队伍的服务情况，为需求方寻找所需服务和团队提供参考，另一方面公开明确供需双方的权利与义务，确保文化志愿服务有序、合规、有效开展。

除此之外，其他示范区在文化志愿服务的规范化管理方面也进行了广泛探索和创新。江苏省南京市江宁区（第三批）在创建期间制定《江宁区文广局"及时雨"文化志愿者服务大队章程》，明确了总则、服务对象和内容、机构、志愿者条件和入队程序、志愿者的权利和义务、志愿者的招募和培训、志愿者监督和管理、组织机构和领导及附则共九个部分，为文化志愿服务的专业化、制度化管理提供了制度保障。吉林省吉林市（第三批）完善并落实了文化志愿服务联席会议、政府采购、考核奖励、教育培训、宣传推广和社会保障六大机制，还创新性地在文化志愿者协会建立了理事会，通过法人治理实现文化志愿者协会的科学运营。安徽省马鞍山市（第一批）成立市文化志愿者协会，并在市文化馆设置秘书处，统筹协调具体工作，在此基础上健全了文化志愿者组织机构，形成了四级文化志愿服务网络体系。

我国文化志愿服务制度建设具有突出的中国特点。一是强调政府主导。由各级政府或相关管理机构制定、出台文化志愿服务相关政策，突出公共文化机构对于文化志愿者团队的管理职能。二是文化志愿服务的市场对接能力不足。这一方面是由于我国志愿服务发展历史短，未形成普遍社会意识，另一方面也是由于文化志愿服务机制不完善，文化志愿者主观能动性不足，缺乏主动对接市场需求的驱动力。三是专业化趋势加强。文化志愿服务进入了从初级体力劳动向高级技能服务转变的阶段，并深入到公共文化各领域发挥作用。四是制度性特征明显。我国已经基本形成了自上而下的文化志愿服务制度体系，类型涉及综合性及专项性法律法规、宏观政策、部门规章、地方政策等类型。以制度体系推动文化志愿服务开展是我国文化志愿服务的突出特色。

## 4.4 社会力量参与制度的公共文化示范区成果

经过各地不断的探索创新，我国公共文化领域社会力量参与制度渐成体系，既合理吸收了现代西方国家政府治理的一些有效做法，又总结提炼了我国各地的实践经验，具有鲜明的中国特色。公共文化示范区在社会力量参与制度的创新与完善方面做出了积极探索，为其他地区社会力量参与实践提供了指导借鉴，也为我国公共文化服务体系建设贡献了理论成果。

### 4.4.1 形成了系列制度成果

从制度建设过程来看，公共文化示范区明确了"政府主导，社会力量参与"的制度建设原则，在社会力量参与制度建设方面取得了丰硕成果。对比西方国家的公共文化制度体系建设模式可以发现，英国、美国等国家都是由政府制定主要的文化政策和发展规划，由社会力量作为中央和地方的中介机构开展具体的执行、管理和监督工作，并为基层和社区提供公共文化产品和服务。我国的社会力量参与制度，是在国家、地方政府相关法律法规和政策制度保障下开始的，对参与主体、参与方式、参与范围和评估模式等方面都具有比较明确的规定，是在宏观调控和市场竞争的双重影响下开展的探索。特别是现阶段，我国仍处于社会主义初期阶段，法律体系和市场机制还在逐步完善中，社会力量参与的制度环境尚未形成，社会主体发展还不完善，承接主体的竞争力、供给能力、应对市场的快速调整能力等仍显不足。面对这些现实问题和挑战，我国没有盲目学习西方，大幅度引入社会力量参与管理、运营和服务，而是提前设计社会力量参与的内容、范围和方式。此举既为社会力量留足发挥空间，也将社会力量参与放到规则的笼子里进行规范，并逐步、逐层地放开公共服务领域，以制度手段保障保证社会力量参与的理性与良性竞争。公共文化示范区的社会力量参与制度建设过程证明，只有将个人、社会组织、企业等主体的利益诉求也通过合法手段反映到制度设计和制度成果中，推动市场和社会力量以一种良性互动的方式加入文化治理体系，才能有效激发社会活力和公共文化的内生动力。

从制度演变过程来看，四批公共文化示范区的社会力量参与制度建设呈现出三个主要趋势：一是从政府引导向主动参与转变。从前期在政策鼓励下小范围试水发展到积极探索政社多方合作，实现经济效益和社会效益共赢。二是从政策引领向多领域辐射转变。社会力量参与的范围涉及设施建设、产品和服务供给、平台建设等各个领域，还创新出文采会、志愿项目孵化等机制。社会力量的主动性、参与性、创新性得到充分发挥。三是参与范围从公共文化机构向全社会覆盖。社会力量在初期主要依托公共文化机构开展服务，随着社会力量参与制度的完善，逐步发展为政社合作开展个性化服务、独立开展针对性服务、在多领域面向特殊人群提供产品和服务的多维模式。公共文化示范区社会力量从小到大、从被动到主动、从内向外的发展历程也是社会力量参与制度的演变过程。创新实践和创新机制是创新制度的主要来源，创新制度也保障了创新实践的长效开展与成果共享。

从制度成果的内容和形式来看，公共文化示范区进一步完善了我国公共文化领域的社会力量参与制度。在内容层面，公共文化示范区确立的社会力量参与制度包括政府购买公共文化服务制度、社会化管理运营制度、文化志愿服务制度、文化类社会组织培育制度、绩效评估与监管制度等与宏观政策相统一的制度成果，除此之外还探索了捐赠者冠名制度、税收优惠制度等创新性制度成果。在形式层面，公共文化示范区的社会力量参与制度向上对接国家法律法规和宏观政策，向下指导社会力量参与公共文化服务体系建设实践，形成了以地方性法规、地方政策、标准规范、评估指标体系等为主体的政策体系，并形成了一系列鼓励社会力量参与的创新机制。

公共文化示范区社会力量参与制度的一大突破就是探索了公共文化服务"公益性"与"营利性"相统一的创新路径。一是通过基本公共文化服务标准制度明确公共文化产品和服务的覆盖范围，厘清公益性产品和营利性产品的界限，实现公共文化服务领域的市场化竞争；二是通过政府购买等手段，将社会力量提供的产品和服务转化为公益性产品和服务，以免费或优惠收费的方式提供给公众；三是鼓励非营利性社会力量广泛开展公益性公共文化服务，丰富公共文化产品和服务供给。在社会化管理运营制度的建设过程中，公共文化示范区建立的"公益性"与"营利性"的制度统一就具有特殊意义。现阶段我国基层公共文化机构的社会化管理运营模式发展并不成熟，存在一系列的问题，其中最突出的就是赢利问题。公共文化机构的主要承接主体是社会组织和企业，两者都需要一定的营利来维持自身机构的持续发展，这就与公共文化服务的公益性要求存在矛盾。现阶段的操作就是政府将本来用于管理、运营公共文化机构的财政资金拿出来，通过招标和契约形式委托社会组织和企业完成全部或部分服务内容。其出发点是好的，但在执行过程中难免会引发两种结果：一是企业为了持续中标不断优化管理和服务水平，通过降低边际成本提升营利比例；二是企业为了扩大营利比例，不断降低人员收入、降低服务成本，最终导致政府和人民利益受到损害。尤其是在承接主体的专业性不足、监督管理机制不健全、企业对本地文化了解不全面不深入的情况下，第二种结果更容易出现。因此，示范区除了通过完善契约内容保障社会化管理运营的实际效果外，还通过提升承接主体的专业性、推动承接主体的在地性、提升健全监督管理机制等激发内生动力的方式，优化基层公共文化机构社会化管理运营的服务效能，并以系列制度成果保障社会化管理运营的各项工作合规、合法、合情、合理。因此，公共文化示范区通过政府购买保证承接主体的营利性，通过制度手段确保公共文化服务的公益性，实现社会力量参与的制度引领、标准规范、权责清晰、发展可持续，形成政府主导、社会力量参与、市场力量协调共赢的新格局。

### 4.4.2 丰富了公共文化服务体系的理论成果

公共文化示范区的社会力量参与制度最大的成效就是探索了如何打破体制机制束缚，为市场松绑助力，以市场化进程推动公共文化服务的稳步发展。意识到这一突破，就可以理解公共文化示范区社会力量参与制度的理论价值。西方的治理理论、多中心供给理论等都建立在一个相对完善的市场机制的基础上，并隐含了一个假定，即政府能够根据政策目标积极作为并纠正市场失灵。这些理论为我们提供了一种建设的思路和路径，对于我国的政府转型是有积极的指导意义的，但这些理论并不完全适用于我国现阶段公共服务的实际情况。我国现行的行政制度是成长于计划经济泥土中的，我国的企业、社会组织、个人等社会力量真正成长和发展的时间不长，也与西方自由市场环境下的成长模式不同，因此我国的社会力量参与制度在社会主义初级阶段不会出现像西方那样蓬勃的状态。这也就意味着，我国在社会力量参与制度的探索中，社会力量依旧是在政府管理下的社会力量，无法与地方政府处于平等的竞争地位，但可以与行政事业单位，如图书馆、博物馆、文化馆等居于同等地位。因此示范区在广泛探索中形成的社会力量参与制度也具有突出的中国特色，既吸收了治理理论中适合中国国情的理念，又在实践中深化了法制化引领的特征，形成了政府购买主导下的多中心供给理论，丰富了公民参与理论的内涵。具体表现如下：

一是强化了文化治理理论的法制化引领特征。治理理论源于 20 世纪 70到 80 年代，是西方国家为应对"市场失灵"与"政府失灵"等公共管理危机而提出的新型管理理念。在西方国家，"治理"包含多中心、网络治理以及谈判、协商与合作等要素，在社会管理上表现为减少政府直接管理、多层级治理、由社会组织或私营企业承担公共服务、创建包含不同利益相关者的政策

网络等特征<sup>①</sup>。我国的社会治理并非照搬西方模式，而是符合中国社会发展的
规律的。中华人民共和国成立以来，我国国家治理理论经历了从"计划管理"
到"社会管理"再到"社会治理"的三次重大理论飞跃。党的十八大以来，
中央政府从顶层设计构建了国家治理体系。党的十八大将我国的社会管理模
式概括为"党委领导、政府负责、社会协同、公众参与、法治保障"。党的
十八届三中全会首次提出了党委领导、政府主导、社会各方参与，实现政府
治理和社会自我调节、居民自治良性互动的系统治理机制与方式，标志着我
国国家治理理论从计划管理、社会管理跃升到社会治理。党的十八届四中全
会提出"提高社会治理法治化水平"，党的十八届五中全会提出"推进社会治
理精细化"，党的十九大明确"打造共建共治共享的社会治理格局"<sup>②</sup>。在中国
特色社会主义环境下发展起来的文化治理理论，其核心就是在文化建设中坚
持政府主导和社会力量参与，构建政府治理、社会参与、居民自治的文化治
理机制。

公共文化示范区社会力量参与制度的建设实践证明，以法律手段实现文
化治理将成为未来社会力量参与的重要趋势，建立完备的文化法律法规体系
是开展文化治理的必要手段。法制化引领就是国家的法律体系保障，通过
"制定和落实法规、政策，规划管理经济社会事务，最大限度减少政府对市场
活动的直接干预，加强事中事后监管，真正管住管好那些市场管不了或者管
不好的事，切实提高政府管理科学化水平"<sup>③</sup>。公共文化示范区的社会力量参与
制度在社会治理理论的基础上实现了"共建、共享、共治"的突破。"共建"
就是参与主体的拓展，"共享"就是服务范围和服务对象的扩展，"共治"就
是各方参与主体的能动性拓展。"共治"强化了"群众自治"理念在公共文化

---

① 国务院发展研究中心公共管理与人力资源研究所"我国社会治理创新发展研究"课题组.我
国社会治理的制度与实践创新 [M].北京：中国发展出版社，2018:67.

② 国务院发展研究中心公共管理与人力资源研究所"我国社会治理创新发展研究"课题组.我
国社会治理的制度与实践创新 [M].北京：中国发展出版社，2018:92.

③ 牛占华.优化政府组织结构 [N].经济日报，2019-12-09(3).

服务领域的广泛传播，强化了"自我创造、自我服务、自我提升"的治理理念在公共文化服务领域的落地。"共享"的参与主体不仅包括本地区的常住人口，还包括流动性较强的外来务工人员，和"全域旅游"推动下数量巨大的国内外游客。各级各类公共文化设施是面向所有人提供可便捷获取的基本服务。

公共文化示范区的社会力量参与制度，在设施建设、产品和服务提供、资金建设等多方面探索了多元主体参与的创新路径，将一元建设主体拓展为多元建设主体，从一元化的管理体制拓展为多元化参与体制，从自上而下的指令体制发展为上下贯通的民主建设体制。虽然社会力量参与制度源于西方国家，且形成了较为成熟的运行机制，但示范区创建城市（地区）在社会力量参与制度与本地化结合的过程中，并未全盘照搬，而是充分考虑实际情况，探索出中国特色的社会力量参与模式，实现了政府、社会、市场在社会主义文化体制内的共存、共荣、共发展。这对于我国现代文化治理体系来说，是一大制度创新。

二是形成了政府购买主导下的多中心供给理论。为调整国家、社会、市场的边界问题，西方国家于20世纪90年代提出了治理理论。美国经济学家埃莉诺·奥斯特罗姆在英国学者迈克尔博兰尼"多中心"概念的基础上进一步研究，提出了"多中心治理理论"。其核心要点是公共物品的特殊性决定了政府应是其主要的供给者，但政府也会由于某种利益关系的原因而出现"政府失灵"问题。在公共物品的生产中，存在着消费者、生产者和中间者三个角色，政府要从公共物品主要提供者的角色转变为制度设计者、政策制定者、市场管理行为的中间者角色[1]。这一理论鼓励企事业单位、非营利组织等成为多元供给主体，引入市场机制和竞争机制，实现资源的优化配置和服务质量的提升。现阶段大部分西方国家采用的是上述模式，如英国的"一臂之距"

---

① 王志刚.多中心治理理论的起源、发展与演变[J].东南大学学报（哲学社会科学版）,2009(S2):35-37.

和美国的"提供便利者"都是利用中间机构进行具体管理，而政府充当制度设计者、政策制定者的角色。这种模式并不适用于我国。首先，该模式与我国的政治建设传统不一致；其次，我国现阶段还未发展出较成型的中间组织；再次，公共文化建设在我国还有一个重要的任务就是意识形态保持的问题。因此，现阶段依旧是政府充当公共文化产品和服务的主要提供者。

通过公共文化示范区的实践可以看出，我国的地方政府已经在公共文化领域广泛引入了市场机制和社会力量，鼓励企事业单位、社会组织、个人等开展公共文化产品和服务的供给，并在此基础上通过"有限供给"的方式约束社会力量的自由主义和随意供给下产生的低质、泛滥、低俗公共文化产品。一方面通过简化行政审批流程"敞开大门"，另一方面通过法律法规和政策文件"规范行为"，此外还尝试采用多种评估方式有序实现"优胜劣汰"，从而推动多元主体在良性竞争中提升整体服务效能。

对于供给主体"多中心"的倾向，公共文化示范区在实践过程中并没有落入理论上的"去中心化"，而是创造性地践行了"政府主导、社会力量参与"的公共文化建设机制，保障党和政府在意识形态、制度体系等方面的主导性，调动地方党委、政府开展公共文化建设的积极性，引导社会和公众广泛参与公共文化服务，实现多中心、多主体的协同共建。政府通过购买服务等方式保证公共文化产品和服务的多元供给。公共文化产品和服务的供给主体既是市场机制下的优化选择，也是政府服务体制机制的主动改革。政府部门与社会力量之间、企业与企业之间、企业与社会组织之间、其他供给主体之间，均存在着广泛的竞争，公众具有"用脚投票"的权利。这就将公益性事业单位、企业、社会组织、个人等供给主体放到了平等的竞争平台上，从而激励多元供给主体自愿、自觉、自发地提升服务能力，也由此带来更具平等性的竞争环境。这一竞争环境，需要中央政府和地方政府予以制度保障，从而在一定程度上避免企业与政府的"寻租"行为、企业的"逐利"行为和政府的"一包了之"行为等。

三是丰富了包容性、开放性趋势下的公民参与理论。《2018年世界城市文化报告》指出，现阶段城市文化发展的重要特征就是包容性和开放性。包容性强调所有身份的人均可享受，开放性则指文化产品生产和消费的主体、方式及区域不受限制①。在现阶段全球城市文化建设呈现包容性和开放性的趋势下，我国也积极开展社会力量参与制度的创新和突破，丰富了"开放性"和"包容性"在公共文化领域的内涵。其中，开放性不仅包括政府资源、社会资源、市场资源甚至个人资源的开放共享（如佛山的邻里文化家项目就是开放了家庭藏书资源），还包括公共文化产品和服务生产、公共文化机构的管理运营以及公共文化服务的监管与评估群众参与的全链条开放。包容性不仅指所有身份的人均可享受，也包含"覆盖面"和"适用性"的双重原则。因此，在国内、国外双重趋势影响下，我国社会力量参与制度拓展了公民参与理论的内涵。

公民既是公共文化产品和服务的供给主体，又是供给对象。社会力量参与制度的完善为社会力量广泛参与到公共文化服务体系建设提供了制度保障。公民既可享受各类公共文化机构提供的服务，又可自主生产和提供公共文化产品和服务，获得更强的参与感、获得感和满足感；既可以个人身份参与，也可以组织和团队形式参与；可以自由方式参与，也可以组织化方式参与；可以短期单次方式参与，也可以长期、体系化方式参与。

在我国公共文化服务体系建设中，政府是公共文化服务的责任主体和供给主体。市场主体和社会力量的参与引入了竞争机制，拓宽了供给主体，丰富了供给方式，提升了公共文化服务效能。社会力量参与制度在实践中实现了政府、市场、社会三者之间平等、合作、协商的合作关系，共同构建现代公共文化服务体系。社会力量参与制度坚持"政府主导"，推动实现政府职能转型，使政府从"管理型"发展为"服务型"。社会力量参与制度引入市场竞争机制，将政府、市场和社会放到同一个平台上开展公平竞争，通过优胜劣

---

① World Cities Culture Report 2018[R/OL].[2019-11-16]. http://www.worldcitiescultureforum. com/assets/others/181108WCCR_2018_Low_Res.pdf.

汰机制调动市场活力，提升整体服务水平。社会力量参与制度降低了社会力量参与公共服务的准入门槛，使社会力量成为公共文化服务供给的重要力量，一定程度上削减了政府的"官僚性"，市场的"趋利性"，增加了社会的"公益性"，激发了公共文化服务的内生动力，促进了政府、市场、社会三者相辅相成、和谐互惠。

周黎安曾在研究中指出，改革开放以来很多针对中国的研究都呈现出一个"悖论"，即很多经济学或政治学的典型模型并不适用于中国国情，或者说用中国的建设实际去验证经典模型往往会出现错误①。俞可平也指出，在理解中国政治时"既不能简单地用西方的政治分析工具和概念来解释现实的政治进程，也不能完全无视政治学的普遍公理，自说自话地论述中国的政治发展"②。虽然上述研究集中在经济学和政治学领域，但也为我国公共文化服务体系研究和制度体系建设敲响了警钟。特别是在理论分析、理论探讨的过程中，我们不能以观察到的现象去印证经典理论的正确性，而应该学会深入地分析问题、解决问题的能力，将脚扎到中国的土地中进行客观观察和系统分析。这也需要我们坚持制度自信和文化自信，要确信不同的不一定是坏的，那些非理性现象也可能是世界发展的另一种规律。

---

① 周黎安.转型中的地方政府：官员激励与治理[M].2版.上海：格致出版社，2017:16.
② 俞可平.通过关键词次理解中国政治[M]//俞可平.偏爱学问.上海：上海交通大学出版社，2016:5.

# 5 公共数字文化制度：公共文化服务与科技融合

智能手机的普及、智慧城市的建设、城市公共 Wi-Fi 和 5G 网络信号的全面覆盖为公共文化服务提供了技术基础，互联网和自媒体的快速发展为公共文化服务提供了新型传播方式，信息用户思维模式、行为模式和信息需求的变化要求公共文化服务做出新变革，以满足新需求。新冠疫情等社会因素的影响也推动数字化服务成为当前公共文化服务的主要形式。信息社会的全面发展为公共文化服务体系建设提供了新平台、新阵地，拓展了公共文化服务的新方式，满足了人民群众对美好生活的新向往、新需求。

公共数字文化服务，是指利用信息技术优化公共文化设施网络、提升公共文化资源供给水平、拓展公共文化服务内容和方式，结合网站、微博、微信等多渠道运营传播手段，构建立体、一站式的公共文化信息传播与共享体系。公共数字文化制度就是保障公共文化机构顺利开展公共数字文化服务的规范化制度成果。2002 年，文化部、财政部发布《关于实施全国文化信息资源共享工程的通知》，在全国范围内开展文化信息资源共享工程[1]，为我国公

---

[1]　关于实施全国文化信息资源共享工程的通知[EB/OL].[2019-06-17].https://www.pkulaw.com/chl/7f73ab02a4a88e35bdfb.html?keyword=%E5%85%A8%E5%9B%BD%E6%96%87%E5%8C%96%E4%BF%A1%E6%81%AF%E8%B5%84%E6%BA%90%E5%85%B1%E4%BA%AB%E5%B7%A5%E7%A8%8B&way=listView.

共数字文化资源建设提供了政策支撑。2011年，文化部、财政部出台的《关于进一步加强公共数字文化建设的指导意见》首次提出"公共数字文化"概念，并指出公共数字文化建设是"数字化、信息化、网络化环境下文化建设的新平台、新阵地，是利用信息技术拓展公共文化服务能力和传播范围的重要途径"①，为公共数字文化建设提供了顶层设计。2015年，中共中央办公厅、国务院办公厅发布的《关于加快构建现代公共文化服务体系的意见》提出，要推进公共文化服务与科技融合发展，加快推进公共文化服务数字化建设，构建标准统一、互联互通的公共数字文化服务网络②，将公共数字文化建设的范围进一步扩大到服务网络层面。这是实现公共文化服务提供方式变革、构建现代公共文化服务体系的必然要求。《公共文化服务保障法》在法律层面明确了各级政府对公共数字文化建设和服务的保障要求，并通过法律明确了公共数字文化在资源建设、平台建设、设施建设等方面的任务，进一步完善了公共数字文化制度的类型和内容③。2017年发布的《文化部"十三五"时期公共数字文化建设规划》提出："到2020年，基本建成与现代公共文化服务体系相适应的开放兼容、内容丰富、传输快捷、运行高效的公共数字文化服务体系"的建设目标。2019年4月，文化和旅游部办公厅发布的《公共数字文化工程融合创新发展实施方案》将目标进一步阐述为"到2020年底，基本建成统一的工程标准规范体系，实现工程平台有效整合、资源共建共享、管理统筹规范、服务便捷高效，社会力量参与机制更加健全，服务效能显著提升"④，以政策手段明确了公共数字文化的建设路径和建设方向。总体来看，中央层

---

① 关于进一步加强公共数字文化建设的指导意见[EB/OL]. [2019-08-19].https://zwgk.mct.gov.cn/zfxxgkml/zcfg/gfxwj/202012/t20201204_906206.html.

② 关于加快构建现代公共文化服务体系的意见[EB/OL]. [2019-08-19].https://www.gov.cn/xinwen/2015-01/14/content_2804250.htm.

③ 中华人民共和国公共文化服务保障法[EB/OL]. [2019-09-11].http://www.npc.gov.cn/zgrdw/npc/xinwen/2016-12/25/content_2004880.htm.

④ 公共数字文化工程融合创新发展实施方案[EB/OL]. [2021-03-11].https://zwgk.mct.gov.cn/zfxxgkml/ggfw/202012/t20201205_916616.html.

面的顶层设计明确了公共数字文化的建设目标、建设路径、责任主体、主要任务等内容，重点强调了构建公共数字文化设施网络，加强公共数字文化平台建设，创新公共数字文化服务手段等内容。

公共文化示范区关于公共数字文化建设方面实践在先，在一定程度上推动了国家层面相关制度成果的制定和出台，又在宏观政策的引导下不断创新公共数字文化建设模式，通过制度设计和制度成果完善了公共数字文化制度体系。纵向来看，第一批的北京市朝阳区、天津市和平区、江苏省苏州市、广东省东莞市等地均在制度设计研究中建立了公共数字文化制度，鼓励公共文化机构采用数字化设备和数字化服务模式开展服务。第二批和第三批示范区制度设计研究的重点开始转移到数字化平台、数字化服务和数字化管理层面，数字化应用的范围越来越广泛，创新性越来越突出，社会合作趋势也越来越明显。第四批示范区从数字化向智慧化转变的趋势明显，围绕智慧平台的建立，大数据、区块链等高新技术的组合应用，数字场馆的智慧化管理与运营等主题形成了系列制度成果。横向来看，公共数字文化制度设计研究成果在东部（20个）、中部（18个）、西部（18个）分布基本均衡，公共数字文化制度建设的重要性在全国范围内都得到了认可。但具体而言，东、中、西部的研究重点存在一定差异，东部地区多探索以数字化手段开展创新服务，中西部地区多以数字化手段实现资源下沉和公共文化服务均等化建设。

公共数字文化的服务内容与服务手段更新迭代快，但其作为公共文化服务体系的重要组成部分已经越来越受到公共文化示范区的重视。为了保证公共文化与科技融合发展始终保持正确方向、正确节奏和正确步骤，众多公共文化示范区出台了系列政策文件保障公共数字文化成果，逐步在公共文化服务领域形成了具有统一认知的公共数字文化制度。

## 5.1　公共文化数字资源建设制度

随着国家对公共数字文化的重视和互联网的快速发展，公共数字文化资源的数量实现了快速增长。公共文化示范区向上对接"国家数字文化网"的各类资源，向外对接电视、互联网等开放资源，并在此基础上以公共文化机构为龙头，以满足民众数字文化需求为目标，以地方特色文化资源为建设重点，推进了公共文化数字资源建设机制。公共文化示范区的公共文化数字资源建设成果分为以下四种类型：一是以公共文化机构为主体，实现线下公共文化资源的线上呈现，如公共图书馆特色馆藏的数字化、博物馆馆藏的 VR 开发、文化馆艺术培训录课等。各地在此类实践中的做法具有较强的趋同性，本书不做重点讨论。二是深挖本地特色自建数字化文化资源，如以文字、音频、视频等形式展现民族文化、宗教文化、红色文化、非物质文化遗产等并形成各类数据库。三是独立制作艺术慕课、精品课程等自建教育性视频数据库。四是跨行业、跨机构、跨地区整合各类文化资源，构建主题性、区域性、知识性数字资源库。公共文化示范区的数字资源建设实践有效拓展了数字资源内容，创新了数字资源建设模式，实现了公众获取公共文化资源便利化、多样化的目标，为"三网融合"[①]背景下公共数字文化资源的建设提供了经验。

### 5.1.1　特色文化数据库建设模式

四批验收标准均对数字资源的体量和数量做出了明确指导。其中第一批

---

① "三网融合"指推进电信网、广播电视网和互联网融合发展，实现三网互联互通、资源共享，为用户提供话音、数据和广播电视等多种服务。参考来源：温家宝主持国务院常务会　决定加快推进三网融合 [EB/OL].[2025-02-17].https://www.gov.cn/ldhd/2010-01/13/content_1509622.htm.

验收标准提出"依托全国文化信息资源共享工程和国家数字图书馆工程，市一级建设3个以上地方特色数字资源库"，在此阶段公共数字文化资源的建设主体仅为市一级公共图书馆；第二批验收标准在此基础上提出"图书馆可用数字资源市级不低于20TB，县级不低于3TB"，对公共图书馆数字资源的体量做出明确规定。第三批和第四批验收标准相比于前两批来说出现了明显的变化：一是将公共数字资源的建设主体拓展到市级公共图书馆、文化馆和博物馆；二是要求"市级公共图书馆建成4个地方特色数字资源库，市级文化馆建成3个地方特色数字资源库，市级博物馆建成2个地方特色资源数据库"才能分别达到优秀级别；三是大幅度提高数字资源体量，即"图书馆可用数字资源东部地区市级不低于30TB，县级不低于4TB，中部地区市级不低于25TB，县级不低于3TB，西部地区市级不低于20TB，县级不低于2TB"。数字资源库的数量、类型、体量的增加，一方面说明公共文化机构数字化服务能力的快速提升，另一方面也证明单纯的馆藏资源数字化已经无法满足用户需求，公共数字文化的快速发展要求公共文化机构提升数字资源的搜集、整合、组织和提供能力，从简单的数字化操作转变为具备数字资源的生产与服务能力。公共文化示范区在特色文化数据库建设过程中创新建立了以地方政府和公共文化机构为主导的自建数据库模式、政社合作自建数据库模式以及跨机构、跨行业融合文化资源的数据库建设模式。

为了完成"规定动作"，公共文化示范区普遍以地方政府为主导，以公共文化机构为龙头建设特色文化数据库。如新疆维吾尔自治区克拉玛依市（第二批）在建成"克拉玛依特色文化视频资源库""克拉玛依文体活动赛事视频资源库"和"克拉玛依文艺演出视频资源库"的基础上，继续开发"油城记忆""克拉玛依石油工业特色文化""多民族特色文化""文化艺术原创"等资源库，基本形成了克拉玛依市本地数字文化资源的采集、整理与服务体系①。

---

① 文化和旅游部全国公共文化发展中心组.公共数字文化创新服务案例选编[M].北京：北京师范大学出版社，2019：60-61.

广东省佛山市（第三批）为加快推进数字图书馆建设和地方文献保护，建成了"粤读城事——佛山民间传说故事音频资料"等五个数据库。江西省九江市（第三批）依托数字图书馆建设工程建成了"九江记忆特色库""九江红色文化专题库""鄱阳湖地域文化特色库"等多个特色资源库。公共文化数字资源的建设有效提升了各地挖掘、收集、保存特色文化的意识，推动了各地公共数字文化发展进程。

内蒙古自治区包头市（第二批）采用政社合作的方式自建特色文化数据库。针对本地区文化资源分布区域广、艺术院团数字资源不足、基层单位缺乏专业人才等情况，包头市采用政府购买的方式在文化信息中心建立了专业的数字资源加工制作团队，负责包头市各类文化演出、讲座、培训视频的采选、加工，文化纪录片、宣传片的组织、策划、制作以及各类音视频文化资源的剪辑、编目、加工和典藏。同时组织公共文化机构中具有公共数字文化建设经验的工作人员，参照《国家图书馆数字资源对象管理规范》等相关文件，制定包头市数字资源加工标准，规范数字资源的对象数据、元数据格式，并规定了数字资源的加工流程、数量等具体工作，实现了自建数据库的规范化、体系化运行。

包头市在自建数字资源的基础上，建立了公共文化数字资源的跨行业整合机制。一是整合国家各类文化惠民工程软硬件平台，统筹规划现有软硬件资源、服务平台和网络，搭建一体化的服务门户群和骨干网络设施，打破数字资源供给壁垒，通过单点登录等方式解决资源网络限制，通过移动互联网、OTT互联网电视完善供给渠道，保障市民随时随地可以使用数字资源和服务。二是利用元数据仓储、联合检索系统等手段，全面整合现有各级各类公共文化服务单位的数字资源，制定数字资源建设统一标准，完成各类纸质资源的数字化，为各项线下公共文化服务建立线上供给渠道，使公共数字文化资源形成有机整体。三是以包头市图书馆联盟为依托，利用文化虚拟网，整合包头地区高等院校各类资源库，实现文化、旅游、教育、科技等数字资源聚集领域内资源库的统一检索和服务联动，为市民提供一站式的数字资源服务解决方案。四是通过政策扶持和平台保障，完善包头文化"云平台"支撑职能，为市民和社会团体参与数字资源建设和服务创造有利环境，逐步形成公共数字文化社会服务网络，带动公共数字文化资源可持续发展。

数据库建设是传承地方特色文化、实现城乡和区域公共文化服务供给均等化的重要手段。就现阶段的建设实践来看，其保存意义大于使用意义，特别是对于保存非物质文化遗产和地方特色民风、民俗，打造特色文化村镇具有重要意义。

### 5.1.2　全民艺术普及慕课自建模式

2012 年，慕课（Massive Open Online Courses，MOOC）在国内的广泛流行也为文化馆系统带来了创新服务的新平台。公共文化示范区依托慕课平台，自建了全民艺术知识普及、欣赏普及、技能普及、活动普及等方面的艺术普及慕课资源。第一批示范区四川省成都市文化馆建设的文化天府平台，是四川省文化系统的在线管理云平台。其"在线学习"板块主要有视频播放和展演功能，无互动功能。第一批示范区江苏省苏州市公共文化中心（以下简称中心）主导建设的"江苏公共文化云"慕课学习板块是目前文化馆系统建设较完善的慕课平台，该平台现有慕课课程 167 门，由江苏省各文化馆协同建设，课程内容涵盖美术、摄影、书法、戏曲、曲艺、音乐、舞蹈、艺术赏析、非遗、广场舞等类别，设置评价、笔记和讨论等功能。其慕课制作具有突出的规范性和地方性，为公共文化机构开展慕课资源建设提供了借鉴，主要表现在以下三个方面。

一是明确的责任分工机制。中心通过政府购买方式与企业合作开展慕课的拍摄及制作，由中心负责主题筛选、教师联系、课程审阅和宣传推广，委托专业团队开展课程拍摄、制作以及平台建设，课程的运营环节则由中心与授课教师共同负责。课程管理上，后台运营由中心工作人员负责，作业批改由授课老师及助教负责，技术修改调试由慕课平台的承建单位负责。单门慕课从确定选题到平台上线历时约 2 个月。二是以地方特色文化为主题。中心主要着眼于苏州特色传统文化的保护传承、教育普及和创新发展，精选吴门古琴、粉画等一批特色课程资源进行数字化采集。此类慕课既是文化爱好者的指导课程，又是宣传苏州文化和艺术传统的媒介。三是规范化的课程设计。单门慕课设 10 节课，每节课 10 分钟左右，有效对接信息化时代用户的碎片化信息需求。

全民艺术普及慕课是文化馆利用现代信息技术，引导公众参与文化艺术普及活动、提高文化艺术群众覆盖率的创新形式，是互联网时代各级文化馆资源建设、服务创新的重要突破口。从公共文化示范区的实践来看，我国公共文化机构慕课建设仍处于初级阶段，普遍存在建设主体数量不足、慕课质量参差不齐、缺乏统一的标准和规范、教学过程不规范、课程交互性差、用户参与率低、课程更新频率低等问题。这也为我国公共文化机构开展慕课建设和慕课研究提供了问题导向。在开展公共数字文化服务的过程中，公共文化机构要重点提升公共数字文化资源的自建能力，加强数字资源的标准化与规范化，强化与用户需求的对接，充分发挥公共数字文化的优势，推动区域、城乡和人群公共文化产品和服务供给的均等化。

### 5.1.3 数字资源的供需对接机制

数字资源的供需精准对接是保障公民基本文化权益均等、扩大公共数字文化服务覆盖面的关键步骤。在城市地区或经济基础较好的乡村地区，公共数字文化服务设施网络相对完善，数字资源的传播媒介较丰富，各公共文化示范区的做法趋同性较高。相比之下，数字资源的供需对接机制在边疆地区、民族地区更具有特殊意义。此类区域的示范区在优化数字资源的供需对接机制，以数字资源推动公共文化服务均等化建设方面也作出了创新性探索。

吉林省延边朝鲜族自治州（第二批）在示范区创建期间，聚焦少数民族文字、语言、文化、民俗，重点对接群众各类信息需求，在公共文化数字资源建设和供给方面建立了创新机制。一是以朝鲜族风俗民情为题材建设朝鲜语视频资源，激发朝鲜族民众的兴趣，提高朝鲜族民俗艺术的传播效率。二是充分利用全省农业资源建设优势，建设农业种植、养殖方面的视频资源，引领广大农民劳动致富。三是配备与大众生活、学校基础教育密切相关的百科类、科普类、法律类知识资源及影视作品、综艺节目等，提升朝鲜族民众的信息素养。四是充分考虑延边地区的边疆特性，综合采用网络、移动终端等新兴媒介和光盘等传统媒介开展数字信息资源的推广和普及。与此同时，延边朝鲜族自治州在数字文化资源建设过程中还坚持遵循建设标准，规范译制流程，注重版权保护。

内蒙古自治区包头市（第二批）则以区域划分人群，建立了数字资源供给的"同心圆"模型。包头市以与中心城区结合程度的疏密作为分类标准，将包头市公共数字文化服务体系分为中心城区型、外围城镇型和农村牧区型三个类型，据此区分数字资源的供给内容和供给方式，实现数字资源的供需对接。其中，中心城区型公共数字文化服务体系覆盖市五区（昆区、青山、东河、九原、稀土高新技术产业开发）的基层居民，针对其居民文化水平较高、公共数字资源较为集中的特点，依托大数据和云计算技术建设公共数字服务平台，除提供内容丰富、类型多样的基础数字资源外，还开展知识性、社交性和娱乐性较强的数字项目，以满足居民的个性化需求。外围城镇型公共数字文化服务体系覆盖石拐区、白云鄂博矿区、土右旗、固阳县和达茂旗的中心镇的基层居民。他们对公共数字文化有一定认识，对于民族特色数字资源和实用性数字资源的需求较高。因此，向他们提供的数字资源在娱乐性的基础较为注重工具性。农村牧区型公共数字文化服务体系主要覆盖固阳县、达茂旗、土右旗的偏远乡镇（苏木）与行政村（嘎查）等地的基层居民。这一区域公共文化基础设施建设薄弱，居民以纯农牧业人口（农民和牧民）为主，居住分散，现代化水平较低。因此在此类地区以配送印刷媒体、媒体终端和数字媒体等多种载体的方式供给公共文化资源，供给内容以基础数字知识内容以及精品文化节目、民俗作品等民族特色突出的多语种类资源为主。

通过上述创建实践可以看出，数字资源建设机制重在实现传统文化的挖掘与保护，数字资源的供需对接机制是实现传统文化和优秀资源传承的关键步骤。延边朝鲜族自治州和包头市等探索了民族地区、边疆地区在财政资金有限的情况下，通过数字资源建设与供给实现各类群体的基本文化权益均等的方式。数字资源的供需对接机制充分考虑不同区域、不同群体的文化需求，重点建设、精准对接，将提升公众的文化素养和科学素养放到同等重要的位置，让数字资源发挥其社会效益，成为社会教育的重要窗口，成为"以文化人"的重要方式。

公共数字文化的蓬勃发展得益于数字文化资源外溢性功能，主要表现为资源复制的零成本和快捷性，其所产生的边际效用能够发挥到极致。各种移动接收终端的重复使用性和适用性，使用户更倾向于使用电子载体获取信息。公共文化产品和服务内容的非排他性享受，是外溢性功能得以有效发挥的基础。数字资源的重要优势就在于复制成本低、传播速度快、覆盖范围广且内容不受损，因此成为实现公共文化产品和服务区域均等、城乡均等和群体均等的重要手段。

依托互联网开展数字资源建设和保存，对于保存公共文化建设成果、传承中华优秀传统文化、实现全民艺术普及和文化素养提升都具有重要意义。公共数字文化资源建设不仅是服务内容和手段的变革，更是改变公共文化机构思维方式、工作方式、服务方式、管理方式的重要动力，是实现公共文化机构功能转型、服务再造的重要途径。示范区数字资源建设实践也提醒我们，要充分注意数字文化资源的版权保护问题，一方面注意聚合资源的版权情况，重视数字文化资源加工来源环节的版权管理，防范侵权行为，制定相应的加工规范。另一方面要注意自建资源的版权保护，利用数字资源保护技术对各类数字资源的复制和传播进行有效限制，加大各级监管和审核力度，避免侵权及违法事件的发生，并对侵权及违法事件进行及时处理。公共文化示范区的数字资源建设实践也将数字资源的标准化和规范化建设引入公共文化研究领域。数字文化资源的内容建设致力于实现惠及全民，需要在遵守法律法规和行业规范的基础上保证公益性、普惠性。

## 5.2 公共文化云平台建设制度

数字服务平台，是指借助互联网以及相关的数字技术打造的，可以集中发布、展示和共享文化资源，以方便群众访问、检索、浏览和体验的在线公共文化服务平台，如门户网站、集成平台、云服务等①。公共文化示范区的数字服务平台建设经历了从公共文化机构开设独立网站，到建立供需对接平台，再到建设"一站式"服务平台和智慧化管理平台的过程，实现了从小范围到全覆盖，从单体式到一站式，从资源建设到全面建设，从数字化服务到数字化管理的转变。

公共文化云平台是全社会共建共享的文化资源平台，是公共文化产品和服务的展示平台。它是动态满足用户个性化需求的对接平台，是优化公共文化服务效能的管理平台，通过资源、用户、服务的多维连接，形成了一个突破物理空间、身份阶层、行业机构的公共文化服务网络，缓解了公共文化基础设施建设的压力，实现了区域公共文化服务数据的即时共享，有利于保障

---

① 文化和旅游部全国公共文化发展中心组.公共数字文化创新服务案例选编[M].北京：北京师范大学出版社，2019：63.

全体公民共同享有公共文化建设成果。现阶段，各公共文化示范区普遍建成了自己的公共文化云平台，与国家公共文化云平台对接，构建自上而下的一体化公共文化云平台体系，实现全国范围内文化和旅游资源的共享和服务对接。

### 5.2.1 示范区公共文化云平台数据统计与分析

#### 5.2.1.1 数据来源及分析方法

第三批的上海市嘉定区于2014年12月上线了"文化嘉定云"，这被认为是我国首个公共文化云平台。第二批示范区中的新疆维吾尔自治区克拉玛依市、上海市浦东新区、河南省洛阳市等地也都探索了本地公共文化云平台的建设路径。2017年11月，国家公共文化云平台正式开通，构建了上下联通的公共文化服务云网络。第三批和第四批示范区的制度设计研究中普遍涉及公共文化云平台建设内容，在平台名称、主要建设主体、服务功能等方面基本形成共识，也出现了网站、手机App、微信公众号等多载体建设的云平台。本节以各批次示范区制度设计研究报告为线索，以国家公共文化云官方网站、文化和旅游部网站、各公共文化示范区文化和旅游局网站、手机应用市场、微信公众号等为主要检索平台和数据来源，梳理创建期间及后续建设期间设计、运营的公共文化云平台，深入挖掘各平台功能及服务项目，全面呈现示范区公共文化云平台的建设现状。截至2021年3月1日，共计79个示范区建立了公共文化云平台（详见附录3），其中第一批15个，第二批16个，第三批28个，第四批19个。需要说明的是，虽然部分公共文化示范区在多个平台上设置了文化云，但文化云的服务功能基本一致，本书在服务功能分析中将各平台功能汇总，不做重复统计。

#### 5.2.1.2 云平台服务功能统计与分析

笔者对现有投入使用的79个云平台的服务功能进行挖掘、归类、统计和对比，根据其性质大致将服务功能划分为信息发布、数字资源、数字平台、数字化服务、数字化管理五大类，具体情况见表 5-1。

**表 5-1 示范区公共文化云平台功能统计概况**

| 服务内容 | | 平台数量／个 |
|---|---|---|
| 信息发布 | 文旅资讯 | 69 |
| 数字资源 | 视听资源 | 39 |
| | 特色资源库 | 31 |
| | 旅游资源 | 29 |
| 数字平台 | 文化场馆 | 63 |
| | 文旅地图 | 38 |
| | 数字展馆 | 22 |
| 数字化服务 | 预约预订（活动、场地） | 55 |
| | 培训辅导 | 54 |
| | 非遗传承 | 41 |
| | 文化消费 | 18 |
| 数字化管理 | 志愿服务 | 40 |
| | 文化社团 | 32 |
| | 评价反馈 | 17 |

信息发布主要是发布各类文旅资讯，包括政策解读、文化和旅游资讯动态、活动预告、开闭馆信息、抗疫动态等信息，88% 的云平台都具备该功能。

数字资源主要包括视听资源、特色资源库、旅游资源。其中部分云平台直接设置阅读资源板块，相关服务直接链接到公共图书馆页面，故不作单独提取。需要注意的是，视听资源已经成为云平台重要的资源内容，其中包括听书资源、全民艺术普及慕课资源、精品文艺作品资源，还包括用户或文艺团队的自建视听资源，部分云平台还提供了直播功能，支持用户在线接受培训和辅导。整体来说，云平台的资源聚合性特征十分突出。

数字平台主要包括各类文化场馆、文旅地图和数字展馆。其中文旅地图将空间地理技术与平台网站直接相连，用户可通过文旅地图直接访问公共文化机构和旅游景点的官方网站。部分示范区云平台还横向聚合了旅游平台、体育平台的内容。例如："天府文化云"就聚合了文创、出版、教育、旅游等相关产业，实现特色文化产业全业态聚合和融合式发展；"文化@海淀"平台可以直接跳转到体育场馆官方平台，提供体育场馆的预订服务。

数字化服务是云平台的核心服务内容。现阶段示范区公共文化云平台主要提供文化活动预约、场地预订、培训辅导、非遗传承、文化消费等服务功能。部分云平台提供"文化点单"的供需对接入口，但数量较少且菜单内容单一，因此本节不单独设类。其中可供预约的文化活动包括阅读活动、文艺活动、展览展示、线下游览、艺术普及活动等。文化消费服务功能日益得到重视。如"文化苏州云"直接聚合了各类公共文化机构和文化企业的创意产品，设置地方特色突出的文创商城板块，提供商品分类、商品检索、商品购买、评价等服务，直接促进了文化消费，也间接带动了文化旅游。"文化浦东云"则设置"文采会"界面，直接对接"文采会"各项功能，打造公共文化和旅游公共服务的线上文化超市。"佛山文化云"的"文化点单"功能、"铜陵文化云"的"文化超市"、"济源公共文化"的"百姓点单"等板块均可实现用户信息需求的搜集和对接，并鼓励用户成为菜单供给者，提升供需对接的精准性和大众性。

数字化管理主要是利用大数据等技术实现用户信息的聚合和管理。现阶段公共文化云平台数字化管理内容主要包括志愿服务、文化社团、评价反馈等。"天府文化云"特设了"天府圈"板块，实现用户的自由评价、讨论与反馈，打造贴近民众需求的文化交流平台。"张掖文化云"平台设置"数据中心"板块，提供各区县的平台访问量、资源建设总量、用户注册量、活动报名量、志愿服务时间等数据的汇总和折线图展示，成为数据呈现的一个样板。

　　个性化服务是各公共文化示范区立足于本地特色文化，配合公共文化和旅游公共服务事业建设项目，在云平台上开设地方特色文化服务板块和特色文化项目服务板块，充分体现地方性、时代性和示范性。所有公共文化示范区都在云平台开设了个性化服务，但内容类别各不相同，如部分公共文化示范区在云平台设置了"文化扶贫"和"抗疫服务"等时代特征突出的服务内容。如"北辰文旅云"设置对口扶贫服务板块、"文化沧州云"设置"文化扶贫"板块。"佛山文化云""晋中文旅云"等平台针对新冠疫情发布了防疫知识、健身指南等服务内容。天津市滨海新区结合示范区创建工作在"文化随行"平台设置"滨海新区文化消费联盟"板块，与滨海新区文化品牌建设工作相结合，整合滨海新区文化创意产业资源，推动文化跨界融合，带动滨海新区文化消费。上海市长宁区配合示范区的"长三角合作机制"建设相关平台，实现长三角地区公共文化资源和旅游公共服务资源的共建共享。

　　笔者在对云平台进行调研的过程中还发现了两个有意思的现象。一是部分示范区未设立独立的云平台，而是通过成为省级文化云平台的地方板块提供服务内容。如河南省"百姓文化云"设置了许昌板块、济源板块、郑州板块等，实现了省内各地市公共文化资源的聚合。其中许昌市无独立设置的云平台，仅通过"百姓文化云"平台提供公共文化服务。贵州省贵阳市则通过"多彩贵州文化云"的贵阳板块提供云平台的各项服务内容。这一现象也引发我们进一步的思考：公共文化资源的整合范围是否越大越好？公共文化云平台的最佳建设主体应该是省一级还是地市一级地方政府？另一个有意思的现象是，多个公共文化示范区在建设云平台的过程中都选择了PC端、WAP端口、App、微信公众号和微信小程序等多种途径。其中第三批和第四批示范区为了达到验收标准，多采用App和微信公众号两种主要方式建设公共文化云平台。这体现了公共文化示范区创建对于地方公共文化服务数字化建设进程的巨大推动作用，也从侧面反映了公共文化服务平台建设的变迁。公共文化平台建设从原来的网站为主逐步转变为移动终端的普及与升级，公共文化服务平台也越来越亲民化、大众化、便捷化。通过云平台打通"最后一公里"成为公共文化服务均等化、标准化建设的必由之路。

### 5.2.1.3 公共文化云平台建设主体分析

公共文化云平台多由同行政等级的文化行政管理部门和公共文化机构主导，通过政府购买等形式委托给科技研发企业建设与运营，版权归政府部门所有。也有部分云平台由社会力量直接研发、运营与管理，如"浦东文化云"由上海浦东文化传媒有限公司主导建设并运营管理。笔者在调研中仅发现南京市江宁区（第三批）由地方政府主导云平台的建设，"江宁文化云"的版权主体为江宁区人民政府。各公共文化示范区云平台版权主体见图 5-1。

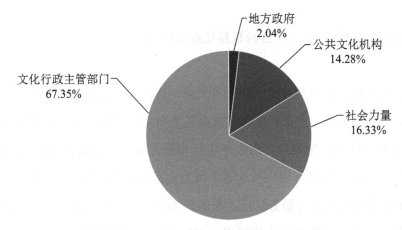

**图 5-1　示范区公共文化云平台版权主体比重图**

通过数据对比可以看出，由地方政府、文化行政主管部门和公共文化机构主导建设的云平台约占总数的 85%，充分证明政府部门在公共文化云平台建设中的主体地位。政府部门已经意识到文化平台建设和版权所有的重要性，从根本上保持了云平台的公益性。特别是对于利用云平台实现文化消费服务的地方来说，由政府部门主导能够在很大程度上强化平台的意识形态管理，保证公共文化服务的公益性。通过云平台，政府部门可以充分利用互联网技术、大数据分析和物联网技术实现服务效能监测和群众评价反馈。此举创新了政府监管、社会力量运营的新模式。

调研发现，各地的云平台建设多采用本地科技研发公司。如永州和株洲云平台的技术支撑主体均为湖南韵动文化体育产业发展有限责任公司，"大连文化云"的承办主体为大连文化产业集团有限公司。以"株洲云"平台为例，该平台是典型的政府和社会资本合作（Public-Private-Partnership，PPP）模式。项目的前期投入由湖南韵动文化体育产业发展有限责任公司全权负责，株洲市文体广电新闻出版局根据公司所提供的公共服务项目进行政府采购。社会化运行有效解决了公共服务平台建设前期资金不足和后期维护投入的问题，是公共文化服务与文化产业发展互融互动的尝试。

### 5.2.2 公共文化云平台的智慧化建设模式

公共文化云平台具有突出的技术优势：其融合了地图空间技术、大数据技术、物联网技术、人工智能等，贯通各平台用户资源，实现信息搜集、整理和反馈，精准匹配公共文化服务项目和服务场馆，实现智慧化供需对接；通过地图空间技术和可视化技术等手段直观展示公共文化场馆、体育场馆、旅游景点等文化和旅游服务场所，提供智能路线设计与规划，为用户提供个性化服务；通过高新技术构建了用户交互平台，实现公共文化机构与用户、用户与用户之间的直接沟通与交流，将公共文化云平台打造成人民身边的智慧助手。

东部地区在数字化、智能化和智慧化方面有着天然优势，在公共文化云平台的建设模式上也起到了较强的引领作用。"文化嘉定云"是上海市嘉定区在全国率先建成的基层公共文化数字服务平台。该平台自 2014 年 1 月上线，已逐步发展为包括文化活动、场馆预订、文化众筹、文化社团、网上书房、文化 e 家、数字展馆七大服务板块的公共文化数字服务平台。其智慧化建设机制为各地公共文化云平台建设提供了借鉴。

一是数据资源的一站式聚合与智慧化呈现。云平台建设的基础任务就是实现"大文化"背景下的公共文化资源聚合。"文化嘉定云"横向整合了各类公共文化机构资源，还联合教育、工会、共青团、妇联、体育、旅游等其他政府相关部门，对接大量文化类社会组织、社会团体、文化爱好者组织的文娱活动，进一步拓展区域公共文化服务的服务范围。"文化嘉定云"建立了文化 e 家、网上书房、数字展馆等特色数字服务库，以多样化、多途径、智慧化、多媒体的方式呈现数据资源。其中文化 e 家以中华优秀传统文化为核心，内容包括凸显区域特色的艺术普及、群文展示、少儿艺术、影视作品等数字资源；网上书房则实现云平台与专业数据库的对接，市民通过绑定读者证即可在家中免费查阅海量资源；数字展馆通过 3D 建模或高精数字化的方式实现嘉定博物馆、竹刻博物馆等七大文化场馆及精品藏品的虚拟展现，用户足不出户就可以观赏文化景点与文物馆藏。

二是技术支撑实现云平台的智慧化管理。①依托社会力量提供技术支撑。"文化嘉定云"是一个综合性、跨学科的项目。为兼顾专业性和公益性，嘉定区采用政府主导，多家企业或社会团体共同参与的方式建设云平台，由上海创图网络科技股份有限公司、上海恩典网络科技有限公司等多家公司提供信息网络技术支持。②流程再造实现部门协作。"文化嘉定云"以公众需求为导向，突破了原有依据机构职能划分的职能体系，将公共文化服务按主题和受众分类，形成"参加活动""预订场馆""社团活动"等主题式服务板块，并在此框架下构建了以服务内容为核心的三层级服务结构，将传统业务流程的串联模式变成并联模式，有效提高了办事效率。③技术倒逼各文化单位统一管理方式。"文化嘉定云"将各文化事业单位提供的文化服务集合到同一平台进行全程展现和全面对比，形成了各地区、各机构之间的竞争状态，倒逼各文化事业单位提升服务质量和服务效率，变革管理方式。为了配合"文化嘉定云"的管理运营，各单位制定、完善了微观层面的标准化工作制度，以制度成果保障管理的规范性与科学性，使文化活动的组织规划性更强、工作流程更规范、工作人员职责更明确。

三是数据分析技术指导"云平台"的智慧化服务。上海市嘉定区与第三方公司北京零点有数数据科技股份有限公司合作，依据"文化嘉定云"运维数据，开展专业大数据分析研究，为公共文化产品和服务的生产、场馆的运作和管理、公共文化供需精准对接提供科学指导。①活动统计数据分析，从参与方式、活动类型、活动场馆、活动热度等维度分析市民对于文化活动的态度与兴趣，为文化事业单位设计、组织活动提供依据。②场馆统计数据分析，精确统计每一间文化活动室的使用率，定期针对各单位文化活动、文化场馆的运作情况形成报告，为单位决策者调整场馆运作提供决策支持。③用户信息数据统计分析，统计"文化嘉定云"用户的级别、年龄层次等数据，分析用户线上行为，通过数据揭示市民的核心诉求，方便组织者有针对性地组织符合大众需求的公共文化活动。通过大数据统计与分析技术的应用，单位决策者调整场馆运作的依据，从以前的"经验"变为可分析的"数据"，这无疑提升了决策的科学程度。

"文化嘉定云"的智慧化特征渗透到了资源建设、数字化服务和数字化管理各环节，也直观地反映在云平台的信息搜集、信息分析和信息利用全链条中。"文化嘉定云"通过新一代信息技术收集获取地方政府、公共文化机构、企业和社会组织无法收集的大数据资源，通过科学的数据分析揭示公共文化服务规律和特点。分析结果直接用以指导公共文化机构供给模式的调整，向前可指导生产环节，让公共文化产品供给者和生产者按需生产、精准生产，从而节约成本、提升效率，向后又可识别、预测用户的文化需求，采用科学的路径将最适宜的公共文化产品和服务提供给用户端。简单来说，云平台就是通过现代数字网络技术实现供应端和需求端的高质量精准对接，为公共文化服务特别是基层公共文化服务的精准服务、效能提升铺平道路。

### 5.2.3 公共文化云平台的融合化建设模式

公共文化示范区云平台的融合化建设模式突出表现在三个方面：一是实现了跨机构、跨行业、跨层级的数字资源一站式聚合。从横向角度来看，不仅整合各类公共文化机构，还实现了跨行业的资源整合和服务融合；从纵向角度来看，整合了市（区、县）的公共文化资源和旅游资源。二是实现了各类数字化服务的聚合，如通过订单式、菜单式、抢单式服务，一站式检索、预订各类公共文化机构的服务项目。一体化整合了手机、PC、iPad 等设备和微信、QQ、其他 App 等平台的用户信息，实现了用户需求、使用情况的一站式搜集、统计、分析和反馈，助力各类数字化服务和管理的一站式完成。三是实现了文旅融合、文体融合、文化产业和文化事业的融合。由于实现了文化和旅游在组织体系上的融合，部分公共文化云平台更名为文旅云，聚合了公共文化资源、体育资源和旅游资源。如"文旅廊坊"推介和宣传特色饮食、民俗文化、名胜古迹、景区景点等旅游资讯，提供酒店住宿、休闲娱乐、旅行社等商业性订购服务，配合生成电子地图，指导用户规划旅行路线。文化产业和文化事业的融合也是公共文化云平台的建设重点，约23%的"云平台"提供文化产业相关内容，具体包括文创产品开发、展示和购买服务，文化消费卡的设计和购买，文化产业项目孵化、招商与建设等内容。这些已成为文化产业参与公共文化服务体系建设的重要方式。

湖南省永州市（第四批）在示范区创建期间建立的"永州公共文旅云"平台打破了行业限制，实现了三个层次的融合建设。该平台一是实现了公共文化机构在云平台的融合，这是云平台的基础功能。二是实现了公共文化相关行业的融合，包括文化、体育、旅游、广电等的跨行业融合建设。场馆聚合方面，在该平台的"文旅地图"中囊括了全市 539 个文旅场馆，涵盖文化场馆、体育场馆、旅游景点、酒店民宿、社会场馆和乡镇综合文化站，实现了公共文化与旅游场所的有机融合。资源融合方面，除了提供全民阅读、群文活动、博物品牌、美术作品等公共文化机构主导品牌，该平台还聚合了景区品牌、体育品牌和广电品牌，实现了各类资源和活动的一站式聚合。三是实现了文化企业、文化组织和团队、个人用户在云平台的融合。永州市与韵动文化体育产业发展有限责任公司合作建设"永州公共文旅云"平台，由文化企业提供技术支持与管理运营；平台与京东旅行合作提供酒店预订、票务预订和场馆预订等旅游服务，实现全网数据的聚合。该平台提供文旅团队和文旅项目孵化服务，为文化团队提供建设、展示、合作平台，现阶段已成功孵化出永州市雨儿公益促进会、永州市硬笔书法家协会等 11 个文化团队。该平台设置"文化永州"板块，邀请市民通过读、画、游、拍、写等方式记录永州文化，一方面为普通民众提供了作品展示平台，另一方面也实现了用户之间的交流、沟通。

"文化苏州云"是苏州市在示范区后续建设中重点打造的惠民项目，该平台的突出特色在于探索了文旅融合，以及文化事业和文化产业融合的线上路径。在文旅融合方面，"文化苏州云"一站式打通了公共文化和旅游资源，一方面提供"云上繁星奖"群众文艺作品、全民艺术普及课程等视听资源，推介文物名录、文化名家、非遗项目等相关内容，提供公共文化机构和文旅场所的预订服务和讲座、展览、全民阅读等文化活动的预约服务。在公共文化活动和旅游活动界面，明确标注活动的费用、地点及时间，已经完成的活动则显示好评率，实现用户反馈的一站式搜集与呈现。"文化苏州云"特设"君到苏州"界面，聚合各类旅游资源，包括活动日历、景点门票、酒店住宿、夜游苏州、一卡游苏州、场馆预约、非遗专卖、剧场演出、文创特产、电影购票等类目，同时支持限时特惠等市场性抢购模式，推荐精品线路。提供旅游助手，包括街巷美食、语音导览、游记攻略等。提供苏康码、找厕所、找停车场、安全服务、文物查询等配套公共服务。提供文旅地图，详细标注景点、场馆、文物等距离情况。在文化事业和文化产业融合方面，重点探索了文旅消费功能的优化。"文化苏州云"设置文旅消费商家列表，其中包括苏州博物馆、中国昆曲博物馆等公共文化机构和文化企业，标注其文创商品的特色、类型和数量，一站式汇聚了各类文旅商品供应者。商品类型包括生活及消费卡、美食、非遗文创、服饰、图书等物品消费，也包括文娱演出、艺术培训、文化展览等服务型消费，还包括旅游票务、电影票务、民宿等旅游消费。

除了自主开发公共文化云平台，公共文化示范区也出现了利用公共传播平台扩大公共文化服务内容的尝试。如广东省中山市文化馆与广东广电网络中山分公司等合作开展服务，让文化艺术精品通过有线电视网、有线数字高清互动电视走进家家户户。同时积极利用以微信、抖音为代表的公共传播新媒体平台，拓宽文化资讯传播渠道，创新公共文化服务传播的新业态、新方式、新机制。此举也为财政支撑能力不足的地区提供了借鉴。除了自建和合作共建公共文化云平台，各地还可以广泛利用已经形成服务网络的其他行业或领域的数字平台拓展服务阵地，打造新媒体传播矩阵。

从示范区建设经验可以看出，公共文化云平台能够一体化融合公共文化机构、其他相关部门、社会力量等多主体供给的公共文化产品和服务，打破行业限制和区域限制，实现公共文化产品和服务的共建共享。云平台不仅体现了服务内容和服务手段的变革，更体现了服务理念和治理理念的变革，是行业融合、文旅融合、文化事业和文化产业融合的创新方式和路径，也必将为公共文化服务带来更大的冲击和更多的机遇。

公共文化云平台运用文化与科技深度融合、线上与线下结合的模式，实现了横向拓展、纵向延伸、资源共享、平台整合，有效拓展了公共文化产品和服务供给，有效对接了群众的基本文化需求。示范区通过制度手段保障资源的纵向层级贯通和横向机构贯通，是构建公共数字文化网络体系的关键步骤；在制度层面打通公共文化产品和服务的"最后一公里"，是取得长效成果的关键。多个公共文化示范区都在制度设计研究中涉及云平台的设计路径和建设方式，也在研究成果的指导下建成了特色突出、服务完善的云平台。但笔者在调研中也发现，公共文化示范区制度设计研究的成果在转化为具备服务功能的云平台的过程中，也出现了一系列问题。如克拉玛依市在公共文化示范区制度设计中详细探讨了云平台的建设路径和功能设计，但实际上示范区创建完成后该平台并未如期上线。这是公共文化示范区制度设计与现实对接时出现的一个问题，也对示范区后续建设的监督考核制度提出了进一步要求。

## 5.3　公共数字文化的创新服务机制

公共文化示范区积极采用数字化服务手段提升服务效能，服务手段从最开始使用官方网站，到利用微信、微博、抖音等成熟平台，再到自主开发公共文化云平台、研发移动终端、打造线下互动体验空间等，呈多维发展态势。公共文化机构的数字化服务方式不断创新，服务能力也不断提升。现阶段，公共文化示范区已经普遍采用线上线下相融合的服务模式开展数字化服务，在资源下沉、研发媒体终端、打造线下实体空间方面进行了创新，取得了可供借鉴的公共数字文化建设经验。

### 5.3.1　创新数字化服务手段，实现优质资源下沉

为解决贫困地区阅读难的问题，推动公共文化服务均等化发展，公共文化示范区在小投入实现高效能的路径上进行了积极探索。甘肃省白银市（第三批）景泰县依托互联网和新媒体开展乡村"飞阅计划"，通过云屏阅读机、数字阅读手机客户端、"全民阅读"数字平台等现代化手段推动数字资

源下沉镇村，以"扶智"推动乡村振兴。该创新实践后由甘肃省文化和旅游厅主导，在全省范围内推行。这种一次性投入资金少、维护费用少的数字化阅读推广模式既可以减轻经济欠发达地区的财政压力，又能满足镇村居民的阅读需求，是公共文化服务花小钱办大事、以新技术解决大问题的创新经验，是贫困地区落实公共文化服务普遍均等、惠及全民原则的有效举措。现阶段，甘肃省文化和旅游厅将乡村"飞阅计划"作为县级图书馆总分馆制建设的一项重要内容，由省文化和旅游厅筹措前期设备采购经费，县级财政补助设备维护和资源更新经费，县级图书馆负责管理维护，在全省逐步推广实施①。

新冠疫情的出现和持续也倒逼公共文化机构创新服务方式。公共图书馆普遍以网站、微信、云平台等为阵地，开展了阅读推广服务、资源建设、信息服务等服务内容，突破地域、区域、人群限制，实现了"服务不打烊"，用数字化服务手段打通"最后一公里"。第四批示范区的市级图书馆普遍提供了"抗疫"服务。一是依托移动服务平台，提供一站式资源供给，开展新冠疫情相关书目推荐及电子书下载服务，并在馆员下沉基层开展志愿服务的同时将优质电子书二维码粘贴到住宅区宣传板，入户指导市民如何领取和阅读。二是推出了"疫情防控公益知识库"，收录了新冠病毒的最新知识，配备电子图书、数字期刊、视频讲座等专题，供各地用户免登录使用，充分体现了公益性。三是采用快递送书、设立线下阅读点、开展线下阅读推广活动等方式推广阅读，多个示范区都开展了"你选书我买单"类型的新书阅读服务，这类服务多与出版社或书店合作，以线上购书线下邮寄的方式保障公民的阅读权利。新冠疫情防控期间示范区公共图书馆的各项举措实现了数字化服务手段的立体化发展，以数字化平台为支撑，探索创新各类数字化服务手段，在资源建设、资源供给、资源应用各环节实现"无接触"信息服务、"零距离"

---

① 甘肃将实施"飞阅计划"为农村群众免费提供数字阅读[EB/OL].[2019-07-23]. http://www.gs.chinanews.com/news/2019/07-23/320096.shtml.

资源提供、"无障碍"资源使用，也为国际公共图书馆数字化服务建设提供了借鉴。

### 5.3.2　研发服务载体和媒体终端，推动城乡均等化建设

针对贫困地区、农村地区存在的网络覆盖率低、数字化服务覆盖率低等问题，公共文化示范区与社会力量合作，采用"数字文化一体机"、小型无线发射装置、远程实时辅导系统、专用视听设备等技术手段，大量、快捷、精准、低成本地传送公共文化产品和服务，并且在相当广阔的领域实现产品远程更新、服务实时同步、需求和评价即时反馈。

内蒙古自治区包头市（第二批）由本市文化信息中心的技术部门自行设计生产了拥有自主知识产权的"资源盒"终端一体设备，配合数字资源接收存储等功能，发放到农村牧区文化站，实现公共数字文化服务"人人通"。资源盒可实现放电影、看戏剧、听音乐、听评书、歌舞伴奏等功能，同时具有无线 Wi-Fi 功能，可为移动设备提供丰富的数字资源，用户可使用移动设备下载各类有声读物、电子书、视频资源。资源盒在发放前已存储大量数字资源，发放后工作人员定期上门更新扩容，可保证资源使用不受网络及交通影响。资源盒体积适中，重量轻便，且无须与任何设备相连，设备内的各功能模块间在出厂时就已调整至匹配状态，既节约了人力，又避免了设备在接驳过程中的损坏。资源盒有全天候的防尘抗震与恒温保护，适合基层文化站的工作环境。除此之外，包头市还为农牧民研制了一款特制机顶盒。该机顶盒支持 SD 卡、移动硬盘，即插即用，可将现有的电视、音响等作为数字资源覆盖设备的一部分，直接播放 SD 卡或移动硬盘里的音频、视频文件。同时该机顶盒还支持 FM 调频收音，可收听广播电台或固定频率电台信号，能够基本满足农牧民在家庭中对于公共数字文化资源的需求。

湖南省株洲市（第三批）运用政府购买公共文化服务机制，联合社会力

量开发数字一体机"扶贫宝"。该一体机集电影放映、文艺演出、文化辅导、书报刊借阅、群文活动、展览讲座、课外读物、课外辅导等内容于一体，为贫困地区家庭和孩子提供基本公共文化服务产品。株洲市通过免费向贫困地区家庭及学龄孩子提供"扶贫宝"，重点保障了特殊群体的基本文化权益，创新了文化扶贫的新模式。

公共文化示范区通过研发服务载体和媒体终端创新了数字服务手段，推动免费优质资源下沉基层。这些设备的突出特色在于成本低、配置方便，适合经济欠发达地区广泛采用。数字化服务载体和媒体终端实现了公共文化服务在基层的"全覆盖"，一方面突破了时间、地域和人群的限制，实现了人人通；另一方面通过聚合多类服务内容，如公共文化、金融服务、科技服务、信息服务、商品流通、党员远程教育等，实现了基层公共服务"一站式"提供，有效提升了服务效能，推动了公共文化服务均等化建设进程。

### 5.3.3　打造数字化实体空间，助力智慧城市建设

2014年国家发展和改革委员会、工业和信息化部等八部委印发的《关于促进智慧城市健康发展的指导意见》明确指出，智慧城市是"运用物联网、云计算、大数据、空间地理信息集成等新一代信息技术，促进城市规划、建设、管理和服务智慧化的新理念和新模式"，而加快建设智能化基础设施，加强"数字图书馆、数字档案馆、数字博物馆等公益设施建设"就是公共文化服务领域助力智慧城市建设的关键步骤[①]。第一批示范区在创建期间就已经开展了实体空间的数字化升级建设。随着信息技术的更新迭代和国家顶层设计的调整，示范区也在线下体验空间、数字文化广场、高新技术应用等领域做出了探索，逐步实现了公共文化数字资源供给，公共文化机构、平台的数字

---

① 关于促进智慧城市健康发展的指导意见[EB/OL].[2019-08-11].https://www.ndrc.gov.cn/xxgk/zcfb/tz/201408/W020190905508594562648.pdf.

化管理和数字化服务，基本建成了覆盖全国的公共数字文化服务网络，为智慧城市建设贡献了经验。

### 5.3.3.1　电子阅览室提档升级，推动城市智慧化进程

电子阅览室的传统建设方式是在公共图书馆或文化馆、基层综合性文化服务中心设置独立空间，配备数台计算机，提供馆藏数字资源的访问和公开领域的网站访问服务，其设立之初是为了满足有数字化信息需求但无计算机等终端设备的用户。随着计算机、智能手机、无线网络的普及，用户对公共空间的电子阅览室需求越来越少，加上计算机更新迭代快、更新和维护成本高，不少电子阅览室设备老化，导致利用率降低，成为公共文化机构的摆设。为了改变这一现状，部分公共图书馆将电子阅览室升级为共享空间，通过有线网络加无线网络、线上服务加线下服务的方式实现转型。虽然现阶段电子阅览室已经成为改革的重点，但广东省东莞市（第一批）曾在推进基层公共电子阅览室建设过程中探索的创新性经验依旧值得借鉴。其亮点如下：

一是建立了标准化、规范化建设机制。东莞市建立一系列制度、标准与规范，也为我国公共电子阅览室的标准化、规范化发展提供了借鉴和参考。二是建立服务空间优化机制。对公共电子阅览室的环境装饰、标识系统、家具布置、设备配置、服务方式等进行人性化的整体设计，打破了当前公共电子阅览室普遍存在的单一、呆板形象，植入 Wi-Fi、全媒体、手持阅读等创新元素，力求用有限的投资创造公共电子阅览室新颖的视觉环境和人性化的服务环境。三是建立多终端服务机制。通过有线和无线网络的集成，提供台式电脑、平板电脑、智能手机等多种数字阅读方式，构建了多终端、立体化的数字文化服务空间，还支持用户自带笔记本电脑、平板电脑、手机等设备，将数字阅读、移动阅读、全媒体等新科技融入文化服务中，树立了公共电子阅览室服务新形象，打造了公共电子阅览室"连锁店"式的公共数字文化服

务品牌[①]。

虽然现阶段电子阅览室已经不再是各地公共文化机构的建设重点，但东莞市以标准化、人性化、立体化方式建立连锁式基层电子阅览室，其经验值得各地基层综合性文化服务中心、城市书房、乡村书房等基层公共文化设施新空间借鉴。

5.3.3.2　线下体验空间建设，实现虚拟与现实的有机结合

线下体验空间是公共文化设施通过数字投影技术、数字成像技术、动作感应捕捉技术等数字技术的运用，营造现实和虚拟相融合的场景，可以让公众获得新奇有趣的交互式体验[②]。2014年，安徽省马鞍山市（第一批）在示范区创建成功后，根据后续建设规划启动了数字文化馆建设工作，并于2015年11月正式对公众免费开放。马鞍山市成为我国最早开始数字文化馆建设的城市之一，开启了我国数字文化馆建设的发展之路。

江苏省苏州市公共文化中心打造了大型数字互动墙和名人馆时光隧道。大型数字互动墙是文化中心以凸显实体空间的创新体验为目的，依托免费的无线网络环境，在苏州美术馆内建成的重要项目。大型数字互动墙由16块高清液晶屏分上下两层拼接而成，可供8人同时使用。大型数字互动墙凭借墙体中部上方安装的"雷达眼"以及多点触控等技术，实现与观众的双向多功能互动。名人馆时光隧道以47位名人为展示对象，采用传统与现代相结合的多种艺术表现手法，通过纱幔投影、LED拼接显示系统、仿真投影系统、投影成像互动演示系统等技术的应用，营造了集知识性、欣赏性、教育性、趣味性、参与性于一体的实体展馆[③]。

---

① 文化和旅游部全国公共文化发展中心组.公共数字文化创新服务案例选编[M].北京：北京师范大学出版社，2019：50-53.

② 文化和旅游部全国公共文化发展中心组.公共数字文化创新服务案例选编[M].北京：北京师范大学出版社，2019：131-132.

③ 文化和旅游部全国公共文化发展中心组.公共数字文化创新服务案例选编[M].北京：北京师范大学出版社，2019：135-136.

海南省保亭县（第二批）打造实体数字文化艺术服务交互体验空间，设置舞蹈教学体验区、书法教学体验区、音乐教学体验区、摄影教学体验区、互动拍照体验区、上网冲浪休闲区等 11 个互动体验区，展示了独具保亭地方特色的民族文化元素项目。保亭黎苗族文化找茬、保亭知识问答、竹竿舞、诗词填空等项目均实现了人与电脑的互动。该空间将学习文化和休闲娱乐融为一体，实现了寓教于乐的文化教育意义，使广大市民真实地感受互联网信息化时代数字文化活动的乐趣和互动体验的魅力，同时也为来保亭旅游的游客提供了体验保亭特色文化的平台。

笔者在参加北京市第五次文化馆评估复评工作实地验收工作时发现，北京市各文化馆均配备了数字化设备，提供 VR 虚拟体验等多种服务，但这些设备普遍使用率不高。究其原因，一方面是设备使用过程中需额外配备工作人员指导使用，增加了人力成本，另一方面是设备后期维护费用过高，对于经费主要来源于财政投入的文化馆来说，也成为难以为继的负担，这在一定程度上限制了文化馆投入和开放数字化设备的热情。这一现象并非文化馆特有的，图书馆等其他类型公共文化机构中也存在"给了马不给草料"的问题，突出表现就是在项目创建期间给予专项经费实现了设施设备的达标，但后续使用效能无法保障，引发了有设备无服务、有空间无体验的问题。《公共图书馆法》第四条规定"加大对政府设立的公共图书馆的投入，将所需经费列入本级政府预算，并及时、足额拨付"[1]。其中"足额"就是经费的提供能够支持硬件设施正常运营、文献资源定期更新、服务全面提供、活动顺利开展，重点解决项目齐全、"有马有草料"的问题[2]。这也从法律层面为其他公共文化机构提升数字化设备的应用效率和服务效能提供了指导和参考。除此之外，文

---

① 中华人民共和国公共图书馆法[EB/OL].[2021-03-11].https://zwgk.mct.gov.cn/zfxxgkml/zcfg/fl/202012/t20201204_905426.html.

② 刘晓东.我国《公共图书馆法》的重要突破：明确设立公共图书馆的基本条件[J].图书馆学研究，2019(24)：34-37,50.

化体验空间也存在信息技术更新快、设备费用高、迭代频率低、服务内容单一等问题，无法对用户形成持久的吸引力。这也提醒其他公共文化机构在开展线下体验空间建设过程中，要全面考量以本馆的资金支持能力，考虑是否有必要采用独立自建的方式打造数字体验空间，能否以租用或社会力量合作的方式配置相关设施设备等，以满足用户的信息需求和体验要求。

### 5.3.3.3　数字文化广场建设，以数字技术提升服务体验

数字文化广场是将室外群众活动的文化广场融合数字化服务，通过无线网络或广场 LED 屏幕终端等设备与线上服务连接，实现远程同步辅导培训、数字文化资源下载、高清电视节目收看与点播、文化宣传片播放、政策宣讲等功能，为公众提供全天候、跨时空的公共数字文化服务[①]。数字文化广场是群众文化广场的升级版，是基层综合性文化服务中心的延伸，是基层公共文化服务体系的重要组成部分。

山东省东营市（第三批）特别注重"互联网+"思维下的线下平台建设，有效实现线上信息沟通与线下体验的深度融合。东营市着力推进数字文化广场建设，设计、开发出了远程培训、资源点播、网络直播等公共文化服务，并集合了信息采集与评价反馈、档案留存与监控管理以及信息发布与应急管理等管理功能，实现了文化广场免费网络覆盖、公共文化远程辅导培训、数字文化资源互联互通，显著提升了基层公共文化设施服务效能。

浙江省台州市以农（渔）村文化礼堂建设为重点，把村里的数字文化广场建设成汇集了宣传教育、休闲健身、影视娱乐、时事新闻、科普推广、法律宣传、农村远教、气象信息等信息的室外公共文化服务场所，为新农村培养新农民、培育新生活、倡导新风尚打造良好平台。台州市以三门县为试点，在欠发达地区和偏远山区（海岛）规划建设了首期 17 个农（渔）村数字文化广场。三门县制定了《农（渔）村数字文化广场建设指导标准》，以标准化

---

① 文化和旅游部全国公共文化发展中心组.公共数字文化创新服务案例选编[M].北京：北京师范大学出版社，2019：131-132.

手段推动数字文化广场建设进程①。该标准对设施建设标准和数字化建设标准做出明确规定。其中设施建设标准涉及广场面积、电子屏幕大小、舞台标准、灯光音响设施等设备标准。数字化建设标准聚焦数字化设备的安装范围和服务路径，主要包括建立三门县数字文化广场服务远程控制传输平台，成立三门县数字文化广场数据制作管理维护团队，打造综合数字文化服务资源，实现数字文化广场 Wi-Fi 全覆盖，同时为渔村养殖户临时暂住地、大中型海洋捕捞船安装卫星接收器等数字化设备等。村民能在数字文化广场进行各种休闲娱乐活动，了解国家的大政方针，学习各种先进的科学理念，欣赏和参与不同种类的艺术活动。台州市还通过数字文化广场进一步满足了人民群众的文化生活需求，探索了农村公共文化数字化、标准化、均等化服务建设路径。

示范区建设经验证明，数字文化广场的建设实现了基层公共文化空间的数字化升级，推动了公共文化服务从实体空间向线上线下双维度开放空间的转变。数字化实体空间有效推动了智慧城市建设。公共文化设施的数字化改造，既拓展了公共文化机构的服务内容和服务效能，实现了工作人员服务理念的转变，又有效提升了公众到馆率，调动了公众参与活动的热情和兴趣。这一建设经验同样对欠发达地区的数字化建设具有重要意义。由于欠发达地区基础设施建设水平低，改造难度大，用户获取信息和服务的方式相对传统，采用"基层公共文化设施＋数字化"的过渡方式能够更有效对接基层群众的文化需求，实现城乡公共文化服务均等化建设。

通过公共文化数字资源建设、公共文化云平台建设和数字化服务手段创新，公共文化示范区推动了信息技术、数字技术、网络技术等现代科学技术和传播手段在公共文化服务体系中的应用，特别是通过大数据、物联网、云计算等技术，有效对接群众文化需求，使得公共文化产品和服务在供给侧方

---

① 县文广旅体局"十三五"期间工作总结［EB/OL］.［2021-04-12］.https://www.sanmen.gov.cn/art/2021/2/10/art_1229320724_3689852.html.

面实现突破，提升公共文化机构的服务效能。

## 5.4 公共数字文化制度的公共文化示范区成果

### 5.4.1 形成系列制度成果并指导公共数字文化建设实践

公共文化示范区制度设计研究的创新成果之一就是构建了公共数字文化建设的全链条制度体系，涵盖公共文化设施数字化建设、数字化资源建设、数字化服务、数字化管理、数字化平台建设等各方面，突破了公共数字文化仅为技术革新的认知，实现了制度层面的保障和推动。另一个创新成果就是形成了数字资源的标准化建设制度。特别是随着示范区验收标准对创建城市（地区）的数字资源体量和质量做出了具体化要求，各示范区普遍建成了地方特色数字资源库，并形成了数字资源建设规范、译制标准、版权保护机制等系列制度成果。这为实现本地区各类数字资源的有效对接和一体化建设提供了依据，也为各地区、各机构的公共文化数字资源建设对接国家公共文化云，实现数字资源一体化、一站式的全域聚合奠定了基础。与此同时，公共文化示范区还形成了公共数字文化的供需对接机制。公共数字文化建设的重点就在于通过高新技术的应用实现公共文化的供需精准对接。公共文化示范区通过建设公共文化数字资源、公共文化云平台，创新数字化服务方式等手段基本实现了公共数字文化的全域覆盖。部分公共文化示范区还实现了特殊群体和特殊需求的供需对接，如建立公共文化数字资源的供需对接机制，通过云平台建立用户信息的搜集、分析和对接机制，创新数字资源的媒体终端研发供给机制等。这些都推动了公共文化服务均等化建设进程，提高了我国基本公共文化服务的覆盖面和适用性。

公共文化示范区的公共数字文化制度明确了公共数字文化的建设主体、建设内容与建设路径。公共数字文化建设的主体依旧是各级政府和文化行政主管部门，但社会力量的参与丰富了公共文化产品和服务供给，拓展了用户享受公共文化服务的途径。公共文化示范区将公共数字文化大致分为设施建设、数字资源建设、数字平台建设、数字化管理、数字化服务与制度保障等六大主要方面，在建设路径方面也使政府购买公共数字文化建设成为主流，明确了政府在服务和管理方面的主体责任，以及社会力量在研发、应用方面的重要作用。公共文化示范区的公共数字文化建设实践有效推动了公共文化成果的全民共享，推进了公共文化服务均等化进程。与此同时，公共文化示范区还实现了公共数字文化相关制度与均衡发展制度、社会力量参与制度之间的良性互动，有效指导了公共文化服务均等化、社会化和数字化的建设实践。我国的公共文化服务制度体系可以看作一个生态系统，均衡发展制度、社会力量参与制度、公共文化产品和服务供给制度、文旅融合制度等都是其子系统。在过去的文化管理体制下，由于科技力量不足，各制度子系统相互独立，无法为整个公共文化服务制度体系提供信息支持。现阶段，随着物联网、云计算、决策分析优化等信息技术在公共文化领域的广泛应用，各地也纷纷顺应时代要求开展了公共数字文化建设，并通过制度设计研究和制度成果规范相关建设实践。公共数字文化建设除了实现公共文化服务体系各链条的云端链接，也通过现代技术手段将公共文化服务制度体系的各子系统之间的关系显现出来，为公共文化服务体系的建设勾勒了"全域图"和"关系网"，也为公共文化服务制度体系建设打造了基础框架，为智慧城市建设提供了信息支撑。

公共文化服务体系建设的过程中，需要利用数字化、智慧化手段改善服务环境、延伸服务广度、拓展服务深度、提高服务水平。数字化已经渗透到公共文化服务体系建设的方方面面。新时代的文体爱好者早已不满足传统的、被动的公共文体服务参与方式，他们对互联网的认识和熟悉程度促使他们对公共文化服务的供给提出更高的要求——更好的展示性、更高的互动性、更强的参与性。随着电子科技和数字化逐渐融入人们的生活常态，公共文化服务也发生了深刻变化，利益主体和提供主体日益多元，利益诉求更加多维。这一变化为公共文化服务的开展带来了正向推进和逆向倒逼。就正向推进而言，公共文化产品和服务的生产者本身就是变化后的用户，他们对于公共文化服务内容、架构、目标和形式的建构本身就符合用户的信息行为习惯。这一规律可从不同批次公共文化示范区创新服务的重点中窥见。数字化内容、数字化服务、数字化管理和数字化平台的涌现就是生产者和用户信息行为变化的结果。新冠疫情防控期间很多地方的公共文化服务都转向了线上，开展了形式多样的服务，服务质量也很好。这一社会因素的刺激，大大推动了公共文化服务数字化的进程和发展。就逆向倒逼而言，用户需求的变化为现阶段政府主导的公共文化服务建设模式带来了挑战。用户不再满足于被动接受公共文化机构提供的服务内容，而是开始由服务对象向供给主体转变，开始参与到公共文化服务产品和服务的生产、传播和使用全过程。用户具备自主搜寻、利用和评估信息的能力，具有选择公共文化产品和服务的自由。这就倒逼政府和主要的公共文化机构应对这一行为变化，开展内容更丰富、形式更多样、范围更广泛、质量更优越的公共文化服务项目，使政府走下管理神坛，从服务用户的角度出发开展公共文化服务，提供用户需要的内容、服务、形式和平台。这也就要求制度的设计者和实施者通过创新项目和政策工具，为人们提供丰富的公共文化服务产品和资源，构建便捷的公共文化云平台，提供丰富的数字化工具。

### 5.4.2 明确了公共数字文化制度的社会价值

一是公共数字文化相关制度对于缩小数字鸿沟的重要性。以互联网为代表的新兴信息技术的普及和广泛应用影响了知识储备和传播的方式，数字鸿沟的出现意味着知识资源配置不平衡的加剧，使那些没有机会接入信息网络的人成为经济全球化和信息革命的边缘化人群[①]。数字鸿沟造成了信息社会的新型贫富差距，不仅广泛存在于国家与国家之间，也影响着国家内部各地区。中国地大物博，东中西部和城乡地区均存在较大发展差距，单纯通过经济手段无法实现普遍均等。在此背景下，公共数字文化相关制度的建立就具有特殊理论意义。我国的公共数字文化建设以政府为主导，通过政策手段调动市场和社会的积极性对接基层民众需求，以民众能够接触到、愿意接受的途径和方式推送数字资源和公共文化服务，提升民众文化素养和信息素养，尽量减少由于经济发展和信息技术发展带来的文化获得差距，使地不分东西、人不分老幼，均可获得基本一致的公共文化资源、产品和服务，减少知识资源配置的不平衡。数字鸿沟在现阶段无法被彻底消除，但我国正在通过建立公共数字文化相关制度，尝试以公益性、体系化、多元化、数字化建设路径缩小我国各区域间的数字差距，以提升整体国民文化素质为抓手提升国家文化软实力，进而缩小我国与其他国家的信息差距。

二是公共数字文化相关制度对于提升基本公共文化服务覆盖面和适用性的重要性。公共文化示范区公共数字文化建设经验是在国家宏观布局、顶层设计基础上的具体化、地方化的落地实践，涉及东、中、西部各区域，城乡各地区以及各类人群，在覆盖面和适用性上都有普遍的借鉴意义和示范价值，能够为其他地区建设公共数字文化服务网络提供思路。公共数字文化相关制度是政府治理理念、治理手段和治理工具变革的重要体现，地方政府的决策、管理和服务要基于大量数据而非过往经验，要针对地方特色和用户需求而非依据精英阶层的理论认知去设置，要尽量提供无差别、多样化的公共文化产品和服务，提升用户的获得感和满意度，而非建设形象工程和政绩工程。公共数字文化相关制度是开放了民众参与国家治理的路径，是政府、市场、社

---

① 胡鞍钢,周绍杰.新的全球贫富差距:日益扩大的"数字鸿沟"[J].中国社会科学,2002(3):34-48,205.

会之间的多中心合作治理的重要成果。我国的公共数字文化相关制度采取顶层设计、科学技术应用、制度保障和创新实践等路径，构建了适合于我国经济和社会发展的公共数字文化服务体系，有效指导了公共文化示范区的后续建设和其他地区的公共数字文化建设。

三是公共数字文化相关制度对于智慧城市建设的重要性。《关于促进智慧城市健康发展的指导意见》将智慧城市建设拆分为制定顶层设计、开发共享信息资源、应用新技术和新业态、加强网络信息安全管理和完善制度建设等五个主要任务①。公共文化示范区从顶层设计和制度建设的角度开展了公共数字文化制度设计研究，并制定配套政策，以制度化手段规范数字化建设的各个流程，指导公共数字文化建设实践。与此同时，公共数字文化相关制度以便民利民惠民为根本目标，在数字资源建设、智慧化技术应用、数字化管理和服务等方面探索了公共文化领域数字化、智慧化建设路径。智慧城市涉及城市建设的方方面面。公共文化示范区的公共数字文化制度建设和创新实践在落实智慧城市整体设计、布局的基础上，充分发挥数字资源的积极作用，探索了准公共产品的数字化建设路径，为我国智慧城市的建设交出了公共文化领域的答卷。

整体来说，公共数字文化制度的建立为公共数字文化服务体系的建设提供了制度规范，如建设什么样的数字资源，如何建设，采用什么模式提供公共数字文化产品和服务，以及数字化背景下公共文化机构如何进行转型升级等。这些关键问题都在公共文化示范区的建设过程中找到了一些答案。这些地方实践也落实到了地方的制度成果中，为公共数字文化的全面建设提供了行动指导。公共数字文化制度的建设不是一蹴而就的，在发展过程中也面临着各种挑战，如信息数据的隐私安全问题等。需要注意的是，随着互联网思维在公共文化服务领域的广泛应用，部分地方还引入了人脸识别系统、视频

---

① 关于促进智慧城市健康发展的指导意见[EB/OL].[2020-08-01].https://www.ndrc.gov.cn/xxgk/zcfb/tz/201408/W020190905508594562648.pdf.

监控、手机一键登录、实时人群特征统计分析等技术，在提升公共数字文化管理水平方面取得了一定成效。但这些技术同时也存在用户隐私泄露、数据安全等方面的担忧，这也将成为公共数字文化发展将要面临的下一个重大挑战。

# 6 融合发展制度：实现地域、机构和行业的多维融合

二十世纪八九十年代，我国各地方政府积极推动文化机构深化改革，形成了涵盖文化、新闻出版、广播电影电视、体育等领域的"大文化"管理架构。2018 年之后，旅游也被纳入这一管理架构，这是我国文化管理制度变迁的一次重大改革。在党和政府提出"国家治理能力现代化"这一时代命题后，文化治理成为国家治理体系的重要组成部分。文化治理涉及政府、市场及社会关系的协调与重构，必然要打破过去公共文化管理的部门条线分割、各管一块的模式，建立部门联动、全科服务的工作机制。这就要求现代公共文化服务体系整合不同部门的基层公共文化资源，推进公共文化服务各部门、各层级联动，建立互联互通的公共文化服务体制机制。

公共文化领域的融合发展制度是指各相关主体突破原本的地域、机构和行业界限，实现资源整合调配、服务协同开展、队伍共建共享、管理统筹协调的一体化建设制度。融合发展制度要求实现融合的各相关主体既具备各自的独立性，又具备内在的一致性，以相对稳定的发展模式推动公共文化实现地域、部门和行业的融合建设。

公共文化示范区在创建过程中出现了跨地域、跨部门、跨行业的融合发展模式，通过优化机构设置和人员配置，实现部门统筹和协同合作，有效提升了文化治理的效果，推动了地方公共文化服务体系建设的进程。纵向来看，

公共文化示范区的融合发展制度出现较早。第一批的江苏省苏州市就探索了公共文化机构的组织融合路径；第二批新疆维吾尔自治区克拉玛依市开始关注文旅融合建设模式，湖北省襄阳市探索建立了区域性公共文化服务融合建设机制；第三批陕西省铜川市以公共文化机构的空间融合为研究点，江西省九江市和贵州省毕节市充分利用本地旅游资源，探索出地方特色突出的文旅融合机制。随着 2018 年 3 月文化和旅游部成立，文旅融合成为第四批公共文化示范区制度设计研究的重点，共计 18 个城市（地区）涉及文旅融合机制。公共文化示范区在融合发展制度方面的探索推动了公共文化服务在地域间、机构间和行业间的统筹协调、共建共享，对于推动公共文化领域的体制机制改革、实现公共文化服务效能提升具有重要意义。

## 6.1　经济带的区域融合机制

由于地域生成的物质累积结果和精神累积后果，地域性的文化形貌（cultural configuration）以一种文化强制力量牵引其边界内人群在现实生活中"为什么去做"以及"应该如何去做"，而地域性的文化形貌牵引力会形成地缘性的文化共同体，形成地缘性的文化聚焦和特有的文化生活方式，并且可以在这些文化集聚和文化生活方式中归纳出相对统一的文化利益趋向和相对完整的文化需求结构谱系[①]。这就为公共文化服务的区域融合提供了理论依据。区域融合的基础是文化身份的认同和地域性文化的牵引力，因此同一区域，特别是同一经济带区域的公共文化服务本身就兼顾同质性和独特性，使开展公共文化共建共享的过程更加顺畅。

---

① 王列生，郭全中，肖庆．国家公共文化服务体系论 [M]．北京：文化艺术出版社，2009：112．

随着我国经济和社会发展，城乡一体化和公共文化融合化的发展趋势逐渐加强，公共文化产品和服务在各省之间、各市之间以及公共文化机构之间的横向流动趋势越来越突出，部分地方政府自愿组建区域性的合作联盟，建设跨区域的公共文化联动机制，谋求"多赢"局面。区域融合机制一方面实现了单个地区文化资源的多地共享，另一方面也推动了多地文化资源在单个地区的聚合。其核心就在于资源的统筹协调和共建共享，通过发挥相对优势减少重复建设和低端建设，从而提升区域范围内公共文化的服务效能和社会效益。党的十九大报告强调，要鼓励创新区域合作机制，按照优势互补、互利共赢的原则，支持开展多层次、多形式、多领域的区域合作①。这就将经济带的区域融合机制上升到了国家战略高度。公共文化示范区在公共文化领域探索区域融合机制的建设路径，创新了区域合作的路径，也拓展了区域合作的范围。

公共文化示范区较早开启了公共文化的区域融合机制建设。第二批的湖北省襄阳市、北京市东城区，第三批的天津市北辰区、河北省沧州市，第四批的上海市长宁区等地都探索建立了公共文化区域融合机制。从融合的内容、范围和方式上来看，公共文化示范区在经济带的公共文化融合发展制度建设中经历了从文化活动联办，到文化服务联动，再到协作平台联建的过程，融合的范围逐步扩大，融合的深度不断增加，融合的趋势也愈加突出。公共文化示范区探索了以公共文化为纽带推动经济带融合发展的创新路径。

### 6.1.1 实现区域性文化活动联办

2014 年 5 月，第二批示范区中的湖北省襄阳市、江西省新余市、湖南省岳阳市在示范区创建期间，联合建立了"湘鄂赣区域公共文化联盟"，该联盟

---

① 《党的十九大报告辅导读本》编写组. 党的十九大报告辅导读本 [M]. 北京：人民出版社，2018：222.

所辖区域既具有独特的历史文化，又面临相同的示范区创建标准和任务。联盟各城市共同制定了《湘鄂赣创建城市区域公共文化联盟合作宣言》《湘鄂赣创建城市区域公共文化联盟工作实施方案》，确立了在制度设计、文化活动交流、群众文化品牌建设、基层文化队伍培训等领域开展区域互动、信息互通、成果共享的融合建设机制，开展跨区域城市公共文化建设，以实现区域联盟城市公共文化资源共享、优势互补、相互促进、共同发展。"湘鄂赣区域公共文化联盟"是公共文化示范区最早建立的区域公共文化服务融合发展机制，初期以文化活动为抓手开展三地文化交流，探索建立了活动资源汇聚、活动范围拓展的公共文化产品跨区域供给机制。如由岳阳市牵头举行"湘鄂赣三地齐聚共谋破解公共文化发展瓶颈、焕发公共文化资源新活力"研讨会和湘鄂赣三地书法美术摄影作品联展，襄阳市牵头举行湘鄂赣非物质文化遗产保护成果图片展，新余市牵头举行"湘鄂赣区域联动"抱石故里书画笔会和湘鄂赣公共文化建设成果图片展等。三地还联动举行了"向革命先辈致敬·湘鄂赣三地文化联动"文艺演出活动[①]，此举促进了不同城市间取长补短、借鉴学习，增进了不同区域、不同文化的融合，推动形成了不同城市共同发展与丰富的格局。

区域合作和联动趋势产生的积极效果也带动了第三批验收标准的调整。"区域公共文化服务共建共享"指标被列入公共文化服务供给与效能大类，通过"以评促建"带动示范区广泛开展区域合作和融合建设。通过聚合文化活动资源、数字资源、人才资源，协调配置区域内外文化活动，示范区有效拓展了公共文化产品和服务供给，活跃和丰富了广大群众的文化生活，使有限资金在更大范围内创造了更大的社会效益。

在联盟的带动和影响下，襄阳市又先后建立了汉水流域 13 个城市的"汉水文化联盟"，依托行业专家、活动策划人、政府等力量，以各地文化系统所

---

① 湖南：湘鄂赣区域公共文化联盟酝酿新动作[EB/OL].[2014-07-25]. https://www.mct.gov.cn/whzx/qgwhxxlb/hn_7731/201407/t20140725_789071.htm.

辖业务组织为基础，按组织章程开展活动，规划统筹、协调配置地市域外群众文化活动区域联动工作。每个城市主体在活动中配送地方精品节目，之后通过网络、报纸、电视等平台向全市发布，供市内各基层主体选取联动对象与节目。该联盟继承了"湘鄂赣区域公共文化联盟"以文化活动为抓手的建设模式，在人员队伍和宣传推介路径上进行了拓展，也初步呈现出区域内各公共文化机构融合建设及公共文化服务联合开展的趋势，为后续示范区的区域融合机制建设提供了经验和借鉴。

### 6.1.2 开展区域性文化服务联动

2015 年 10 月，第二批示范区中的北京市东城区联合北京市朝阳区、天津市和平区、河北省秦皇岛市、天津市河西区、河北省廊坊市、北京市海淀区、天津市北辰区、河北省沧州市、天津市津南区、河北省唐山市等 10 个示范区建立了"京津冀公共文化服务示范走廊"发展联盟。该联盟在成员间开展了系列战略合作，其主要内容包括：①搭建文化艺术演出展览交流平台。每年在成员单位之间组织一次以上文化艺术演出及展览交流合作活动，聚合成员单位的优秀文化资源和群众文艺精品，为基层百姓提供丰富多样的公共文化产品，加快推进文化协同发展。②在成员单位之间开展非物质文化遗产保护方面的交流合作。组织非物质文化遗产代表性传承人以专题展览、展示、座谈、讲座等形式宣传非物质文化遗产代表性项目，提升非物质文化遗产保护与利用水平，促进中华优秀传统文化的传承与发展。③在成员单位之间开展文化干部交流互动。推荐文化干部到交流地区进行挂职锻炼，交流、学习具有地区特色的艺术项目，推动先进经验在区域间的流通、互鉴。④定期组织召开示范区建设工作成果及经验交流座谈会，就文化设施网络建设、人才队伍建设、文化惠民工程和公共文化服务效能提升等方面进行研讨，全面提高公共文化示范区建设水平。

"京津冀公共文化服务示范走廊"发展联盟建立在相同地域文化基础上，具有天然融合性。在京津冀协同发展国家战略的指引下，三地联盟成员着力推动文化协同发展，以公共文化服务为抓手，在实现资源、服务、建设经验交流共享的同时，也在区域间引入竞争机制，在交流中共促、在竞争中共赢，从而打造地区品牌、传播地区经验、丰富地方公共文化服务制度建设成果，为推进京津冀协同发展提供文化支撑。

### 6.1.3　建立区域性协作平台

2018 年 8 月，为贯彻落实党中央关于长三角一体化发展战略部署，推动长三角地区公共文化服务体系一体化发展，第四批示范区上海市长宁区倡议成立"长三角区域国家公共文化服务体系示范区（项目）联盟"，联合上海市徐汇区、浦东新区、嘉定区文化主管部门，江苏省、浙江省、安徽省各公共文化示范区的文化主管部门，国家公共文化服务体系示范区创新研究中心、上海市群众艺术馆等单位共同建设，覆盖 39 个长三角地区公共文化示范区和示范项目所在城市（地区）①。该联盟旨在发挥各公共文化示范区在区域公共文化一体化进程中的引领作用，开展区域馆际交流、改革试点探索、资源共建共享、城市文化品牌等方面的合作，合力探索跨行政区域公共文化服务合作一体化的新机制，打造长三角地区公共文化融合发展新样本。该联盟制定并发布了《长三角地区国家公共文化服务体系示范区（项目）合作机制虹桥宣言》《长三角地区国家公共文化服务体系示范区（项目）城市合作机制章程》，着力建设长三角地区公共文化服务发展论坛、公共文化数字平台、公共文化服务产品采购大会、文化艺术联展、公共文化培训体系等重点项目。

长三角地区拥有丰富的旅游资源和共通的江南文化，这些物质元素和文

---

① 上海成立长三角地区国家公共文化服务体系示范区合作机制 [EB/OL].［2019-10-21］.https://www.mct.gov.cn/whzx/qgwhxxlb/sh/201810/t20181026_835595.htm.

化财富是长三角地区实现文化融合建设的重要基础。"长三角区域国家公共文化服务体系示范区（项目）联盟"以平台建设推动区域内各公共文化示范区之间的资源、产品、服务、技术支撑的深度交流与合作，打破行政区划，实现竞争与合作并举，特色化与均等化兼得。其以长效机制推动联盟稳定运行的做法也为其他经济带提供了经验和借鉴。作为联盟的号召者，上海市长宁区在联盟初步工作框架基础上搭建了三个平台，实现联盟成员在统一平台上的资源互通、品牌共建、服务共享。①搭建一体化服务平台。长宁区结合示范区创建，利用良好的区位优势，加强数字技术应用，搭建长三角区域公共文化一体化服务平台，实现信息发布、行业研究、产品交流、产品推介、服务创新、资源建设、技术支撑等综合功能。②搭建采购平台。2019年3月，长宁区发起举办了首届上海市及长三角公共文化与旅游产品采购大会，为长三角区域公共文化一体化初步搭建起产品和服务展示交流的大平台。③搭建品牌推介平台。长宁区采取区域会议经验交流、区域"文采会"精品推介等方式创设服务长三角区域的公共文化品牌推介机制，以交流探索经验、推介特色品牌、放大示范效应、推动创新发展，并协同业界微信公众号传播各地经验和品牌。在此基础上，2019年11月，第二届长三角国家公共文化服务体系示范区（项目）合作机制大会发布了《长江经济带公共文化服务合作倡议书》，上线了全国公共文化和旅游产品交易中心网上平台和长三角文化和旅游公共服务一网通平台，长三角城市公共文化机构签署了城市阅读一卡通、服务一网通等合作项目，进一步推动了长三角文化和旅游公共服务一体化[①]。

　　"长三角区域国家公共文化服务体系示范区（项目）联盟"的设立是在国家提出长三角区域发展一体化规划之后应运而生的重要尝试，其一体化程度更突出，重点实现了区域共建共享的机制突破，通过制度成果确保联盟长效

---

① 共筑文化发展高地，共建世界知名旅游目的地——长三角文旅人畅谈《长江三角洲区域一体化发展规划纲要》贯彻落实 [EB/OL].[2020-01-02]. https://www.mct.gov.cn/whzx/whyw/201912/t20191203_849261.htm.

发挥作用。而各区域在合作方式上，也表现出宏观调控下的规划性和协同性，形成了系列区域性公共文化服务品牌。相比之下，"京津冀公共文化服务示范走廊"是通过战略合作，以学术研讨、活动交流、人员互动等方式开展合作，其融合模式相对松散，缺乏规范化、体系化约束机制。目前，我国经济带的公共文化共建共享机制已经在部分地区取得了突破，探索了在区域内实现预期管理与发展规划、地方政策有机结合的建设模式，增强了区域间宏观调控的前瞻性、针对性和协同性。需要注意的是，经济带的公共文化融合发展机制仍处于起步阶段，如何挖掘相对优势、谁来负责统筹协调、如何推动共建共享等，都是亟待解决的问题。而在 2020 年 6 月《公共文化领域中央与地方财政事权和支出责任划分改革方案》出台的情况下，如何实现中央和地方事权和支出责任的统筹配合，如何实现区域之间的协调共进也是各地面临的一大挑战，需要各地在公共文化后续建设中给出答案。

加强公共文化区域融合机制建设，能够拓展公众文化选择范围，满足公众多样化的文化需求，促进区域各单元之间的文化资源整合、经验共享，一定程度上减少了同质性标准化产品的大范围供给带来的吸引力下降和资源浪费问题。在区域宏观规划和统筹安排下，区域融合机制着力挖掘特色文化资源，生产差异性公共文化产品，拓展公众的公共文化产品享有范围，促进地方政府和公共文化机构在互相借鉴和沟通中提升彼此的服务水平和服务质量。

## 6.2 公共文化机构融合机制

公共文化机构的融合机制，本质上是实现实体空间、功能、组织的全面融合。其中实体空间的融合要求各机构合理规划、科学布局，实现聚合效应；功能融合要求各机构有统有分、相辅相成，实现业务层面的有机融合；组织融合要求各机构实现组织结构调整，宏观统筹、权责明晰，使机构设置更加科学、职能配置更加优化。第一批公共文化示范区就出现了公共文化机构组织融合的积极探索。随着"大文化"概念的逐渐深入，公共文化示范区在公共文化机构的空间融合、功能融合、组织融合等方面进行了创新性探索，为新时期公共文化机构的体制机制改革积累了经验。

### 6.2.1　公共文化机构的空间融合

空间融合是公共文化机构融合的典型模式。多地公共文化示范区在创建期间采用"多馆合一"模式建设文化中心，在空间上聚合图书馆、文化馆、博物馆、大剧院、体育馆、全民健身中心等公共文化和体育设施，通过统一的规划、设计和建设，打造文体场馆的一站式服务，提高土地利用率。如北京市海淀区北部文化中心、北京市石景山区文化中心、陕西省铜川市新区文化体育基地等，均是通过合理布局建设公共文化和体育设施实现资源的有效整合。公共文化机构在基层的融合趋势更强且更为自然，特别是新时代文明实践中心项目启动后，多地公共文化示范区都发挥图书馆、文化馆总分馆制的三级服务体系和组织支撑的优势，与新时代文明实践中心、所、站协同建设，实现空间、服务和功能的融合发展，形成文化建设合力。

公共文化示范区的建设经验证明，"多馆合一"的空间融合模式既优化了土地资源配置，又整合了行业部门，使文化资源得到合理配置和循环使用。但空间融合建设也面临着挑战。笔者在调研中发现，部分"多馆合一"的文化中心在迎接全国公共图书馆、文化馆的评估定级工作时为了达到设施面积相关标准，对功能融合建设的共享空间（如剧院、共享空间、活动空间等）进行重复计算。从效能利用角度考虑，"多馆合一"和功能空间的融合建设不失为一个解决场馆利用率低的好办法。但若不能与示范区验收标准、公共图书馆评估定级标准、文化馆评估定级标准等顶层设计实现口径统一和动态协调，就会引发一系列效能评估问题。这类"重复计算"行为是属于违规行为还是创新机制，仍需要从法律和规章角度予以界定。

### 6.2.2 公共文化机构的功能融合

公共文化机构作为现代公共文化服务体系建设的主体力量，既有各自独立的社会职能，也承担着相同的服务和教育职能。公共文化机构的融合建设属于公共文化服务体系内部单位的融合，更易操作也更易实现优势互补，以提升群众的文化获得感和满意度。作为空间融合的深化步骤，公共文化机构的功能融合包括公共文化产品和服务的融合、技术平台的融合、文化活动的融合、人才队伍的融合等功能层面的有机协调。现阶段公共文化机构的功能融合机制主要集中在区（县）及以下的各级公共文化机构，由于其体量小、功能相对简单，复合性更强。如乡镇（街道）综合文化站、村（社区）综合性文化服务中心统筹设置文化馆、图书馆、非遗展览馆、物证征藏（村史馆、乡史馆）等不同的功能空间，对职能相近、联系紧密的基层公共文化机构进行综合管理、资源整合及服务和活动的协同开展。云南省昆明市（第四批）就在制度设计研究中构建了农家书屋融合发展机制，探索了不同公共文化机构在人员组织、活动开展、服务提供等方面的统筹协调。需要特别注意的是，在这一层面开展的活动和服务多是以服务对象为核心而非转变公共文化机构职能，其需求和问题导向性更强，融合性和乡土性更突出。

浙江省嘉兴市嘉善县在示范区后续建设中创新探索了"线上数据融合、线下活动融合、活动推广融合、人员共享融合、管理发展融合"的立体化公共文化机构功能融合路径。一是建设嘉善文化艺术中心，实现嘉善县图书馆、文化馆、博物馆、青少年宫的协同建设，为各公共文化机构的功能融合提供设施支撑。二是结合各自职能联合策划融合活动，在主题一致的情况下统筹协调图书馆、文化馆和博物馆的资源和人力，以室内外结合、视听结合的方式开展全民阅读、艺术普及等服务。如围绕嘉善县博物馆的"张天方先生文物史料展"活动，县图书馆配套举行天目读书会。县文化馆举办橡皮章雕刻等活动，实现展览互通、创作互通、作品互通、演出互通。三是实现人员和管理的融合建设，成立党建联席会议制度，联合开展支部主题党日活动、联合打造"红色引领 传承奋进"服务品牌。探索建立三馆理事会，以文化馆理事会为基础，吸纳图书馆、博物馆方面的代表、专业人士、各界群众参与管理，形成以"会议联席、活动联办、培训联做、平台联建、场地联用"为主的有效且稳定的协调融合制度。三馆联合开展互通培训，提高工作人员安全、文明意识，计划开展员工轮值制度，在实际工作中打造复合型、多才能、多领域的公共文化人才队伍。四是开发三馆融合公共服务平台，打通现有数字图书馆、文化共享工程、数字文化馆、数字博物馆等数字资源，一站式整合后台用户信息资源、演出资源和场地资源，完善公共文化活动发布、预约、评价等功能，构建前台公众服务一张网。

嘉善县的公共文化机构功能融合发展模式在空间融合、活动融合、人员融合、管理融合、资源融合和平台融合方面进行了广泛探索，也取得了可供借鉴的经验。但深入来看，公共文化机构在人员和管理层面的融合还处于初级阶段。人员的融合因为专业限制，仅局限于公共内容培训和党务活动的联合开展，未能在服务理念、服务能力方面实现综合提升。在管理层面尚未建立规范化体制机制，三馆理事会机制的建设也刚起步，是否能够发挥预期作用还有待实践验证。

综合来说，公共文化机构的功能融合是融合机制的第二个层面，虽处于起步阶段，实践经验不足，但确是符合国家推动融合建设机制要求的大胆尝试，对于打通行业壁垒和体制机制限制具有重要意义。嘉善县的建设经验也证明，公共文化示范区的示范价值并未止步于创建期间，在后续建设中依旧发挥着重要的引领作用。

### 6.2.3 公共文化机构的组织融合

公共文化机构融合的第三个阶段是组织体系的深度融合，其重点是在保持各部门职能的基础上进行顶层设计，实现不同行业、部门之间的统筹协调。公共文化示范区在公共文化机构的组织体系融合方面起步较早，但进行实践的地区较少，实践经验相对不足。

江苏省苏州市（第一批）在全国率先开展了国有公共文化机构改革。2011 年 7 月，苏州市将原来的苏州市文化馆、苏州美术馆、苏州市名人馆、吴作人艺术馆（苏州书法篆刻艺术院）、颜文樑纪念馆（苏州油画院）、苏州版画院（苏州桃花坞年画博物馆）、苏州粉画艺术院（杭鸣时粉画艺术馆）、苏州公共艺术研究院 8 家公益性文化事业单位整合为苏州市公共文化中心，实现了群众文化、美术、非物质文化遗产、城市历史文化等功能的聚合与重组。该中心设中心主任一名，负责全盘统筹各项工作；下设综合部、开放服务部、物保部、信息部等统筹财务管理、服务供给、安全保卫和信息技术等工作；另设美术馆管理部、文化馆管理部、名人馆管理部、苏州公共艺术研究院等 8 个部室，除独立负责各馆管理工作外，也相互协同开展各项活动。该中心一方面作为重要文化设施，发挥全市公共文化活动和服务中心的职能，集成化供给公共文化服务资源和服务产品；另一方面作为一级机构，对全市公共文化服务进行业务指导和管理。苏州市公共文化中心通过组织体系的融合建设打通了多个公共文化机构的人力、物力、财力资源，丰富和发展了传统公共文化机构的职能，促进了苏州传统文化事业单位向现代公共文化机构转变，也为全国同类公共文化机构的融合建设和发展提供了借鉴。

苏州公共文化中心实现了文化馆、美术馆和名人纪念馆的融合。这几个原机构的体量相对较小，多以展览、社会教育等方式开展服务，服务内容也具有较强的一致性。相比之下，公共图书馆和博物馆有独立的学科体系和管理体系，产品和服务内容的专业性、系统性和规范性更强，融合过程中易出现不协调问题。这就提醒我们，在公共文化机构的融合过程中，首先应注意融合主体的内在一致性，如美术馆、名人纪念馆、博物馆等以静态展览或参观为主的活动可以实现融合，统一管理、统一规划；而文化馆和图书馆现阶段更适宜独立运作，文化活动和服务可以相互配合，但组织体系和管理机制的融合还需要进一步探索实践。

公共文化机构的融合建设机制需要重点关注以下几个问题：一是融合建设并非严格按上述三种模式推进，物理空间的融合并不是功能融合的必然步骤。二是融合建设需要分步骤、分节奏有序推进，全盘考虑本地区的实际，从资源、活动、服务和平台的功能融合开始，逐步探索深度融合。三是注重与现行文化管理体制的协调。受事业单位领导轮岗制的影响，馆长之间需定期更换工作岗位，这可以作为公共文化机构功能融合的助推方式，实现三馆之间服务的配合开展。除此之外，可探索中层管理者短期、多馆轮岗工作制度，推动彼此熟悉各馆服务内容和服务特点，为后续组织融合奠定基础。四是重视上层设计与统一规划，通过明确责任主体，实现上层设计的渠道整合和资源聚合。此举能有效减少渠道损耗、增加基层供给，提高各级、各类财政资金对基层公共文化的投入效率，从而大幅度提高基层服务效能。

## 6.3　乡村文旅融合机制

数百年来，农村地区因其"戴月荷锄归"的田园风情和淳朴神秘的生活气息，一直都是人们向往的旅游地佳选。特别是随着经济的发展和基础设施的优化，各地也不断加强对文化遗产和遗迹的保护，挖掘特色文化和民风民俗，开发建设出"一村一品""一县一品"等特色项目，使文化旅游成为乡村振兴的重要方式之一。

2018年3月文化和旅游部的成立，实现了文化和旅游在组织体系方面的融合，"宜融则融，能融尽融，以文促旅，以旅彰文"工作思路的提出，也为文旅融合发展大背景下的乡村振兴提供了理论依据和参考。2019年，国务院发布《关于促进乡村产业振兴的指导意见》，将乡村旅游列为乡村振兴的重要方式，并进一步将非物质文化遗产、特色文化产业、休闲农业、康养等元素与乡村旅游结合起来，要求"实施休闲农业和乡村旅游精品工程，建设一批设施完备、功能多样的休闲观光园区、乡村民宿、森林人家和康养基地，培育一批美丽休闲乡村、乡村旅游重点村，建设一批休闲农业示范县"①。这为乡村文旅融合指明了路径和方向。纵向来看，第二批示范区中的新疆维吾尔自治区克拉玛依市在制度设计研究中探索了以民族节庆实现文旅融合的路径。第三批示范区中的江西省九江市、贵州省毕节市和四川省乐山市作为旅游大市，开始探索在成熟旅游景区嵌入文化元素，增加自然风景旅游的文化内涵。第四批示范区中共计15个城市（地区）开展了文旅融合的制度设计研究，在乡村文旅融合方面进行了重点探索，出现了将特色文化资源转化为旅游资源、以特色文化产业带动乡村旅游、以公共文化设施提档升级实现文旅融合等制度研究成果，也涌现出研学游、康养游、农业体验游等特色旅游形式，丰富了乡村文旅融合的内涵。

### 6.3.1　乡村特色文化资源成为旅游资源

从公共文化示范区创新实践来看，现阶段主要有三类特色文化资源被挖掘、开发成为旅游资源。第一类是特色民风民俗。如云南省的泼水节、广西

---

① 国务院关于促进乡村产业振兴的指导意见 [EB/OL]. [2020-06-21].https://www.gov.cn/zhengce/zhengceku/2019-06/28/content_5404170.htm.

壮族自治区的火把节等节庆既是地方特色文化品牌，也是中华优秀传统文化。在活化和发展中传承民风民俗，是公共文化示范区乡村文旅融合建设的首要经验。第二类是非物质文化遗产。该类资源具有独特性，现阶段已进入立体化开发阶段，通过展览展示、文创产品设计、非遗体验制作等方式吸引游客。第三类是红色文化。红色文化中的艰苦奋斗、勤劳勇敢等文化内涵既是我国的宝贵精神财富，也是乡村人民典型的文化特征。多地都开发建设了红色基地、党建基地等弘扬红色文化。将特色文化资源转化为旅游资源，是在保护中开发、在活化中传承的重要方式，也是打造乡村文化品牌、实现社会效益与经济效益共赢的重要方式。

山东省威海市（第四批）在示范区创建期间将乡村文旅融合作为制度创新的重点与亮点，以乡村特色文化资源为核心打造文旅融合样板，探索了"制度先行、项目推动、重点打造、营销推广"的威海模式，为新时期农村产业调整、文化振兴提供了建设经验。①制度先行。在威海市文化与旅游局的推动下，威海市委、市政府出台《威海市推动乡村文化振兴战略规划（2018—2022）》《关于加强公共文化与旅游服务融合发展的实施意见》《威海市推进乡村旅游提档升级的实施意见》等文件，构建制度体系，全面指导乡村文旅融合规范化发展。②项目推动。威海市依托传统文化、海洋文化、红色文化、乡风民俗等文化资源，建设文旅项目，如"乡村记忆"工程、"千里海岸线一幅山水画"旅游专项策划编制等文旅融合项目，配套建设文旅公共设施，打造乡村特色文化品牌。③重点打造乡村文旅融合片区。在文旅设施的改造升级、文化产业项目设计、特色文旅小镇建设、精品文旅线路打造等领域实现规模合作和引领示范。④营销推广。举办"美丽乡村"文化艺术节、荣成渔民节、赤山登山红叶节影像大赛等活动，扩大威海乡村文旅景区知名度，推进威海乡村文旅深度融合。

在此机制引导下，威海市打造了以乡风民俗为特色的牧云庵村、以红色文化为核心的乳山崖子镇田家村胶东育儿所教育基地、以传统文化为重点的威海经济技术开发区桥头镇信义文化园等。将游客的"走进来"变成"留下来"，将短期、单次的旅行变成长期、深入的体验，既使文化资源成为旅游资源，又通过旅游行为宣传了文化品牌。威海市的乡村文旅融合建设模式还为当地村民带来巨大的经济收益，以绿色、环保、高效的方式推动乡村振兴，有效提升了居民的幸福指数，也为乡村后续建设提供了长效路径。

### 6.3.2 以文化产业带动乡村旅游

开展文化产业建设是实现乡村文旅融合的绿色、高效的方式，主要采用政府引导下的社会筹建或村民自建的方式对文化资源进行产业化开发，从而实现乡村地区的经济效益和社会效益共赢。现阶段，受城乡不均衡现状影响，地方政府多采用政策手段吸引社会力量入驻，开展公共文化设施和旅游设施建设、运营旅游产业、开发旅游项目。这是发挥文化特色、凸显文化价值、实现乡村振兴的创新路径。云南省昆明市（第四批）以"文化产业＋旅游"的方式推动了乡村文旅融合进程。

昆明市以文化产业园区建设为抓手，探索了"文化产业＋旅游"的良性发展路径。其中寻甸县以当地神话故事为抓手打造凤龙湾小镇，一站式实现怀古、休闲、观光、购物、亲子体验等功能；西山区"乐居民族文化园"着力打造彝族白族千年和谐文化体验示范点，成为集白族四合院建筑和民俗文化展示、民族工艺产品集散、高校文化科研实习、现代营销电商服务、民族歌舞表演、特色饮食体验于一体的综合性乡村文化旅游体验中心；宜良县马蹄湾村依托马蹄河沿途的峡谷风光，打造彩色水稻创意图案种植、稻花鱼养殖等特色乡村景观和旅游体验项目，成为各级媒体争相报道的"网红村"，并成功入围第一批拟入选全国乡村旅游重点村名录。除此之外，昆明市还大力开展乡村文化和农业文化特色旅游体验项目，打造宜良县"樱花节"、石林县"血桃文化节"、高新区"秋木梨花节"等农业文化旅游品牌，以花为媒搭建赏花游览、饮食体验、群众文艺展演、特色公共文化服务供给平台，推动公共文化服务和旅游产业同步发展。

云南省昆明市以文化产业带动乡村旅游，形成了"以文促旅，以旅兴文"的良性循环，推动了经济效益、文化效益、社会效益的共赢，成为特色文化产业反哺公共文化服务、特色文化产业助推乡村产业振兴的示范区样板。

### 6.3.3 以公共文化设施提档升级带动乡村文旅融合

随着文化和旅游融合发展的持续深化，文化产业与旅游产业已经进行了市场融合，公共文化和旅游公共服务则成为公共文化领域的研究重点。山西省晋城市（第四批）在开展"太行一号"环晋城旅游公路建设的过程中，重点探索了公共文化服务与旅游公共服务的融合，在公路沿线的县区打造了多种融合模式，如将文化遗迹打造为公共文化设施的文物保护模式，将公共文化设施打造为网红打卡点的文旅景点模式，以及将公共文化设施与旅游公共设施融合建设的乡村文旅服务中心模式，以公共文化设施提档升级带动了乡村文旅融合。

沁水县将市级重点文物保护单位土沃乡交口舜帝庙、下沃泉虞帝庙及明清风格建筑龙港镇上苏庄汤王庙选为文物保护利用及村级综合性文化服务中心试点单位，针对其历史底蕴深厚、建筑风格独特、庙内环境优美、戏台高而宽广等特点进行功能划分，配合村级综合性文化服务中心的功能要求，建设了文化文物展示区、图书阅览区、文化娱乐区、文化培训区、乡村记忆馆等空间，将戏台和室外空间打造为文艺表演、体育项目活动区域。与此同时，配套进行人员队伍调整，将原先的一名文物看护员调整为多名村级文化网格员与文物看护员共同管理，有效解决了村级综合性文化服务中心的人员、场地、服务问题。各中心还通过深挖当地历史文化，加大文旅宣传，将本地历史名人、历史文化、旅游景点介绍上墙，让游客在欣赏传统庙宇古建筑的同时了解本地文化，促进旅游发展，助力乡村振兴。沁水县探索建立了"地方政府支持、文物部门监管、社会人员参与"的传统庙宇保护活化利用机制，将文化遗迹打造成基层综合性文化服务中心，既服务当地村民又服务外来游客，让传统庙宇保护活化利用和综合性文化服务相结合，成为乡村振兴路上一道靓丽风景线。

沁水县下沃泉乡杏则村将村级公共文化设施转变为乡村文旅中心，一站式聚合文化和旅游资源，统筹开展旅游咨询、文化推介、设施管理、活动安排等工作。在小镇建设中点缀公共文化元素，修建了书院、画院、文化娱乐室、书法室等田园式阅读空间，为农家书屋配置各类图书 4000 余册；分布式演艺小舞台为村民文化骨干及有演艺表演才能的游客提供了展示才艺的平台。公共文化设施与旅游公共设施的融合建设提升了小镇的文化品质与内涵，吸引了更多文化爱好者来到山居康养基地，将"动静结合"式休闲康养融为一体，让村民及游客真正享受休闲度假生活。

陵川县浙水村在推进"太行一号"旅游公路建设的过程中大力推进乡村文化和旅游产业发展，将一批公共文化设施打造成网红打卡点，促进浙水村的乡村旅游经济发展。其中最典型的当数页岩书屋。该书屋是浙水村的村级图书服务点，选址时因该地页岩形状跟书籍相似，故依山而建，与整村静谧悠然的风格融为一体。页岩书屋将与浙水当地风情物貌相关的历史书籍、传统故事集、图片、书画、杂志等集中展示，成为浙水传统历史文化的"专题展馆"。作为文化内涵丰富的旅游打卡点，页岩书屋也为浙水村带来了数量可观的游客资源，既宣传了浙水村的明清文化、民俗文化和乡村文化，也带动当地村民开展民宿、客栈经营以及文创产品售卖等工作，成为乡村振兴的文旅融合样板。

晋城市以"太行一号"旅游公路为制度设计研究对象，以公共文化设施的提档升级带动沿线乡村的产业振兴与文旅融合，为中西部地区、欠发达地区、临山地区以文旅融合为路径开展乡村振兴提供了经验和借鉴。

　　乡村文旅融合制度将乡村振兴的方式调整为挖掘文化内涵、激发文化活力，以制度创新激发乡村建设的内生动力，在引导乡村实现经济腾飞的同时更加重视文化底蕴和社会效益，使乡村发展成为不仅能吸引游客留下，更能吸引村民留下的"远方"。在乡村文旅融合制度的带动下，公共文化示范区中的诸多乡村都出现了科技人才、教育人才、商业人才返乡建设的热潮。文化企业、文化类社会组织、文化志愿者队伍也如雨后春笋般在乡村地区发展起来，成为乡村文旅建设的有机力量。不同于传统的第一产业和第二产业开发，乡村文旅融合以制度保障、产业支撑、组织推进的方式，有效提升了第三产业在乡村振兴中的比重，以绿色、低碳、高效的方式使得乡村居民钱包鼓起来，文化富起来，教育强起来，成为助推乡村振兴、缩小城乡差距的有效路径。

　　纵观四批公共文化示范区在文旅融合方面的制度设计研究与创新实践，可以发现，文化产业和旅游产业的融合相对易行，多地都开展了旅游景区的文化嵌入、文化资源的产业性开发。第四批示范区在创建过程中敏锐察觉到乡村文旅融合对于乡村产业振兴的重要性，从文化和旅游的资源融合建设、产业融合建设、设施融合建设等角度开展了探索与实践，形成了绿色、低碳、原生态、可循环的公共文化示范区样板，为其他乡村地区的产业振兴提供了借鉴。但公共文化示范区的创建实践中也存在一些问题，如文旅公共服务设施的服务效能低下，乡村文旅品牌同质化严重，乡村旅游管理不规范，文化园区与文旅小镇乱收费现象频出，文艺作品更新慢、吸引力不足等，这都给乡村文旅融合的长效发展带来了挑战。这也提醒我们在以文旅融合推动乡村振兴的过程中，要加强法制化、标准化、规范化建设，在保持基本服务规范和建设标准的基础上发展特色文化；要开展宏观规划，建立长效发展机制，使经济效益与文化效益、社会效益兼顾，避免过度商业化、同质化与低俗化；要重视乡村文旅人才的建设，培养一批乡村文艺工作者、文艺创作者、文化志愿者、非遗传承人和乡村旅游示范者，同时提高当地居民的文化素养并对其进行服务规范培训，以优质的旅游服务和公共文化服务留住游客。

## 6.4　融合发展制度的公共文化示范区成果

公共文化示范区的系列制度设计研究与创新实践推动融合发展从理念上升到制度高度，多地通过开展制度设计研究、出台制度成果和建立长效机制，在区域融合、机构融合和行业融合方面作出了创新性探索。各公共文化示范区通过制定各类制度，固化了一系列具体措施和工作机制，推动了公共文化融合发展的进程。

跨区域的公共文化融合机制，以一体化建设推动均等化。公共文化示范区以现代公共文化服务体系建设为契机，在经济带中探索建立了公共文化领域的融合发展机制，实现经济带各城市的资源融合、设施融合、服务融合、平台融合。跨机构的公共文化融合机制，以优势互补形成合力。公共文化示范区从理论和制度高度探讨了公共文化机构融合的可行性，并以系列制度成果助力公共文化机构的多维度融合，为公共文化服务体制机制改革提供了参考。跨行业的文旅融合机制，实现了功能的整合与重新划分。公共文化示范区在制度设计研究中凸显了顶层设计的重要性，以全局规划和制度成果引领地方实践，实现文化产业、文化事业与旅游产业的功能整合，在理念建设、设施建设、产品和服务建设、平台建设等多方面实现顶层整合，以制度创新推动实践创新，以实践创新改革制度成果。

在融合发展制度的建设过程中，相关区域、机构和行业实现了组织体系和管理体系的跨界融合，最终实现了运行机制的整合与创新。融合发展制度对于推动我国文化领域的体制机制改革具有重要意义。融合发展制度打破了政府多头管理、重复建设的弊端，通过对公共文化设施、产品、服务的科学、合理规划，使各部门在统一目标和统一规划下开展合作、合理分工，整合区域内各部门的力量开展工作，使有限资源发挥了最大效益。融合发展制度是政府服务的内在机制，能够实现对社会公共文化资源的整合和分配，实现渠道整合和集约管理，实现对公共文化的综合治理。

# 7 公共文化示范区制度体系建设的贡献与展望

从 2011 年第一批公共文化示范区启动创建申报到 2021 年第四批公共文化示范区完成验收，公共文化示范区以地方实践和制度设计成果配合中央顶层设计，初步探索出适用于现阶段我国社会的公共文化服务制度体系。在理论层面上总结、提炼我国公共文化示范区 10 年的创建实践，分析公共文化示范区制度体系建设的成效、经验和存在问题，从宏观上把握公共文化示范区制度体系的建设方向与建设路径，是我国公共文化理论工作者现阶段应担负起的时代使命。

## 7.1 公共文化示范区制度体系建设的成效

公共文化示范区制度体系是在挖掘、提炼我国公共文化服务创新实践经验的基础上，运用理论分析、制度设计等方法构建的公共文化服务制度创新成果有机体。这一制度体系既反映了我国政治、经济、文化和社会发展的基本规律，又反映了新时代我国公共文化服务体系建设的重点任务和发展方向，为我国现代公共文化服务体系的建设提供了理论支撑和制度保障。

### 7.1.1 丰富了公共文化服务制度体系内容

公共文化示范区制度体系是与国家宏观层面设计、制定的公共文化服务制度体系相配合而构建的自下而上的立体化的公共文化服务制度体系。国家层面的公共文化服务制度体系与公共文化服务体系相辅相成，内容涉及设施网络建设制度、公共文化产品和服务建设制度、均衡发展制度、社会力量参与制度、公共文化保障制度等体制机制建设子系统，形式则主要为国家法律法规、部门规章、行业建设标准及规范等具有宏观指导意义的制度类型。公共文化示范区制度体系在国家宏观层面公共文化服务制度体系的指导下，从地方实践出发寻找公共文化服务体系建设的突破口和公共文化服务制度成果的建设路径，在公共文化均衡发展制度、社会力量参与制度、公共数字文化制度、融合发展制度等方面进行了实践探索与制度创新，充实了公共文化服务制度体系的内容，也在地方实践数据的基础上指出了公共文化服务制度体系建设的重点和薄弱点。另一方面，公共文化示范区制度体系建设过程中出台了地方法律法规、地方标准和行业规范、地方政策及部门专项文件等，形成了公共文化服务制度体系的金字塔结构，为公共文化服务体系建设各项工作提供了"有法可依、有法必依"的制度保障，"执法必严"的行为准则及科学有效的指导手册。从制度体系的建设模式来说，公共文化示范区制度体系是在"政府主导，社会力量参与"原则下建立的，多元主体的利益诉求均在其中有所体现。可以说公共文化示范区制度体系是从人民群众文化需求出发构建的制度体系，以制度成果体现人民群众的智慧，以制度体系保障人民群众的基本文化权益，一定程度上起到了填补空白、指引方向、引领示范的作用。

### 7.1.2 落实、细化了国家法律法规和宏观政策

在我国现行的治理体制中，政府是公共文化服务体系建设的责任主体，中央政府、文化主管部门及其他相关部门负责制定、出台适用于全国范围的公共文化相关法律法规、部门规章、行业标准及规范，地方政府和文化主管部门负责具体协调与实施。公共文化示范区制度设计研究的重要任务之一就是探索国家法律法规和宏观政策如何在地方落地与实施。在执行中央政策方面，地方政府直接决定和影响政策执行的方向、力度和效果①。公共文化示范区制度体系就是在国家法律法规和宏观政策的指导下形成的一系列制度成果组成的有机体系。以设施建设和保护制度为例，《公共文化服务保障法》规定的"新建、改建、扩建居民住宅区，应当按照有关规定、标准，规划和建设配套的公共文化设施"（第十六条），公共文化示范区在建设过程中探索了不同的实现方式。浙江省台州市的"百分之一"制度以保障经费投入实现居民住宅区的公共文化设施配备，上海市嘉定区以"文化圈"规划的方式配套建设公共文化设施，重庆市江津区以公共文化机构建设标准为依据保障居民文化活动空间的面积及设施配备。除此之外，公共文化示范区普遍建立了本地区的基本公共文化服务实施标准和服务目录，制定出台了指导本地区社会力量参与的实施意见，形成了鼓励公共文化与科技融合发展的公共数字文化建设机制等。部分公共文化示范区制定出台了本地区的《公共文化服务条例》，为本地区公共文化服务建设提供具体针对性指导。这些制度成果从多角度、多方面落实、细化了国家法律法规和宏观政策，形成了系列创新实践和创新制度，不仅有效推动了本地区的公共文化服务体系建设，也为国内其他地区的地方政府建设现代公共文化服务体系提供了指导和借鉴，降低了政府制度

---

① 周黎安. 转型中的地方政府：官员激励与治理 [M].2 版. 上海：格致出版社, 2017:14.

改革的成本。

### 7.1.3 固化了解决突出矛盾的经验和做法

公共文化示范区在建设过程中创造了大量落实中央政策、突出地方特色、符合公共文化发展规律的创新经验。如浙江省嘉兴市建立的文化馆总分馆制上升成为浙江省地方标准并在全省推行，甘肃省白银市的"乡村飞阅"计划成为贫困地区推行全省的全民阅读的创新实施路径，浙江省温州市的城市书房模式也成为打通"最后一公里"的有效路径。这些来源于实践的制度成果是解决本地公共文化建设问题和面临的突出矛盾的"解药"。在制度建设中往往不是"外来的和尚会念经"，恰恰是"本地和尚"才最了解问题的症结，才能更好地"对症下药"。公共文化示范区覆盖地域包括东中西部各省，建设范围覆盖城市和乡村，服务范围涉及各类人群，基本能够反映我国公共文化服务体系建设的普遍问题。通过试点先行、以点带面、集中精力解决主要问题，公共文化示范区探索出系列普遍经验与特殊实践相结合的有效经验，通过法律和政策文件的形式加以固化，使其成为可供其他地区借鉴的"示范区经验"。具体的、单一的案例经过系统化、抽象化提炼，最终形成具有普遍指导意义的科学做法，也为公共文化理论体系、话语体系和制度体系的构建奠定了扎实的基础，为其他地区开展普惠性的公共文化服务体系探索了路径，打出了样板。

值得一提的是，公共文化示范区制度体系的构建路径本身也为我国构建完善的公共服务制度体系提供了创新经验。一是通过部分城市（地区）先试先行蹚路子、作示范，形成成熟经验后再扩大实践范围；二是以评促建，通过科学设计和动态调整公共文化示范区创建标准和验收标准，鼓励示范区全面完成"规定动作"和"自选动作"；三是通过制度设计研究、创新实践和制度成果的三位一体建设模式，实现普遍适用机制与地方特色机制的有机协调，实现理论研究与实践探索的有机融合。公共文化示范区制度体系的建设路径在一定程度上反映了我国公共文化政策体系的发展、演变和形成过程，为我国建设现代化治理体系提供了经验。

### 7.1.4 引领了公共文化服务体系建设实践

公共文化示范区制度体系是从战略高度对公共文化服务体系建设进行总体规划而形成的，能够有效提升示范区建设的科学性、连续性、可行性。公共文化示范区制度体系打破了传统文化管理体制中的高度集权化惯性，在宏观指导下给予地方足够的探索空间和实践自由，鼓励公共文化示范区总结、提炼创建之前和创建过程中形成的好经验、好做法，并将之上升到政策高度，通过长效机制进行固化，进而形成公共文化服务制度体系。如总分馆制和"文化圈"建设机制有效扩大了公共文化设施网络的覆盖面；社会力量参与制度激发了社会活力，有效带动了公共文化机构的设施建设、产品和服务的提供和管理运营；公共数字文化制度推动了特色数据库的建设、云平台的普及性覆盖、二维码等便捷技术的广泛应用，有效拓展了公共文化服务的范围，丰富了公共文化服务供给；文旅融合制度、公共文化机构融合制度的探索为国家文化战略发展提供了参考；各地还创新了多种类型的服务方式，如流动服务方式、"文采会"等，优化了资源配置，提高了服务效率。这些创新实践解决了示范区本身在公共文化服务体系建设中遇到的突出问题，使当地人民群众真正享受到创建工作带来的文化惠民成果，也为其他地区乃至全国公共文化服务体系的建设提供了经验借鉴。这些成功经验和成熟模式也被其他地区改造、应用到各自的公共文化服务体系建设实践中，直接提高了我国公共文化服务的建设水平。

现阶段的公共文化示范区制度体系是一系列制度成果的整合，是各地在应对公共文化产品和服务匮乏、公共文化机构服务效能低下、文化消费能力不足、资源分配不均等问题方面探索的成功经验和实施路径。未来，公共文化示范区制度体系在逐步获得认可和扩大应用领域的过程中，将会发挥更大的指导作用，为全国范围和各地区公共文化服务体系的建设指明建设重点、薄弱点和空白点，推动我国治理体系现代化建设的进程。

## 7.2 公共文化示范区制度体系建设的经验

公共文化示范区制度体系的突出特点在于其政治性、规范性和专业性。其中政治性突出了政府主导的基本原则，是由政府在反映民众意愿的基础上制定公共文化服务制度，体现意识形态在公共文化服务领域的重要作用，并直接规范和引导各级政府和文化行政主管部门的工作。规范性在于制度体系的构建流程、各方权责、制度成果均具有突出的规范性，尽量避免了主管领导的主观性和随机性。而专业性则表现为各制度成果之间的相互作用与相互配合。制度体系构建的基础就是管理主体的职能分工及分工的细化。公共文化服务制度体系的构建主体包括各级党委、政府、文化行政主管部门，行业协会，公共文化机构等。各制度之间相互协调，共同规范公共文化服务体系的建设过程。

### 7.2.1 地方政府主导制度建设

在我国现行文化管理体制中，公共文化服务体系建设的责任主体是各级政府。中央政府负责制定宏观的强制性制度，地方政府根据本地实际行使管理职权并建立政策保障。其中，地方政府居于中央政府和微观文化主体之间，具有突出的制度创新知识和信息优势，能准确领悟中央政府的执政理念和制度设计，也能准确理解和把握各类微观主体的实际需求和问题，因此承担起制定符合地方公共文化发展现状的制度成果的职责。在公共文化示范区服务制度体系中，中央政府的法律法规和宏观政策是主线，地方政府的各类政策文件为主体。

地方政府在公共文化服务体系中的主体地位主要表现在三个方面：①地方政府是公共文化服务的"掌舵者"，明确公共文化的价值取向。②地方政府是公共文化服务的"推动者"，通过战略研究、制度设计、统筹协调、出台政策等手段实现宏观调控，通过建设基础设施、提供产品和服务、搭建平台、财政投入、保障人才队伍、进行评价考核等方式实现微观支持，为公共文化服务建设提供全方位制度保障。③地方政府是公共文化服务的"提供者"，采取直接提供、鼓励第三方机构提供、鼓励社会提供、购买社会服务等方式保障公民享有公共文化成果。

公共文化示范区制度体系的建设强化了地方政府的主体地位，并通过示范区创建实践加深了各级党委和政府对于公共文化服务的内涵和重要作用的认识，充分调动起地方政府提升当地公共文化服务建设水平的热情。示范区创建期间，构建公共文化服务体系被不少城市（地区）纳入"为民办实事"或者"惠民十事"等本市（地区）工作规划中，得到了地方党委与政府的重视。

### 7.2.2 以创新实践和制度设计研究为基础

公共文化服务制度体系有着独特的发展路径和内容体系。它根植于我国社会建设和文化建设实际，既总结前一阶段的建设经验，又为下一阶段的改革创新提供基础。其核心特征是在国家顶层设计之下，依托地方实践和制度成果，自下而上、循序渐进地进行完善。公共文化示范区的制度建设是立足于地方实践，运用科学理论和研究方法开展制度设计，挖掘具体问题、分析具体问题和解决具体问题，掌握普遍规律并把握当地民众最关心的问题，将实践上升为具有普遍指导意义的理论，并通过政策文件、法律法规等形式予以制度性保障，从而推动公共文化示范区的制度设计成果落到实地，用于解决关乎民生的实际问题，形成"实践—制度建设"的良性循环。公共文化示范区制度体系之所以可以指导创建实践和后续建设，是因为制度设计研究本身就具有时代性、前瞻性和落地性，能够为公共文化示范区创建实践提供科学化指导。

公共文化示范区在创建过程中，不断探索研究公共文化服务体系发展的规律，通过解决实际问题，建立起既符合公共文化服务建设自身发展规律又具有时代特点、既有普遍性又有针对性、既符合地区发展实际又具有较强操作性的解决方案与制度设计，形成具有指导作用和典型示范意义的制度体系。公共文化示范区制度体系的重要作用之一就是明确了各子系统之间的联系与相互作用，搭建了公共文化服务体系制度建设的网络图，更有利于各级政府"补短板、强弱项"，切实提高治理能力，完善治理体系。

### 7.2.3 以制度执行为着眼点

制度的生命力在于执行。为了避免成为"挂在墙上"的规章制度，公共文化服务制度体系在建设过程中就对实施路径提出了明确要求，通过法律、制度、政策等方式明确了责任主体、时间表、路线图，并明确了保障机制、监督机制和评估考核机制，切实将制度成果转化为治理效能。与此同时，公共文化示范区制度体系是在理论研究和制度设计的基础上，将宏观政策细化为具体落地措施和具体规划。这相当于将宏观法律法规和政策条文拆分为适应当地特色和运行机制的具体路径，以长效制度规避主要负责人更替带来的制度推行间断或者资金保障断链的问题。制度的执行效果是制度是否有效、能否保障人民群众的基本文化权益的判断标准。我国国家治理体系和治理能力是中国特色社会主义制度及其执行能力的集中体现。公共文化示范区制度体系建设实践证明，以制度执行为着眼点设计、制定制度成果才是保障制度落地的关键，才是切实保障人民群众基本文化权益的根本路径。

### 7.2.4 以科学的创建、验收、复核机制为保障

公共文化示范区的突出优势就在于"以评促建"。在各批次创建标准和验收标准的指导下，各公共文化示范区开展了"全面达标"和"重点突破"工作。为了"全面达标"，各公共文化示范区开展了设施网络建设，丰富服务供给，完善组织体系，落实资金、人才和技术保障措施，健全绩效评估等工作，填平补齐效果突出，特别是以标准化手段推动了少数民族地区、贫困地区、边疆地区公共文化服务均等化进程。"重点突破"就是公共文化示范区结合本地特色，拔高验收标准，形成突破性实践和创新性探索，针对重点问题提供解决思路和经验借鉴。如公共文化示范区建设过程中形成的大型公共文化设施社会化运营的"海淀模式"，总分馆制建设的"嘉兴模式""苏州模式"，张家港基层公共文化服务的"网格化模式"等。公共文化示范区的创建标准和验收标准是从国家层面对公共文化服务体系建设做出的顶层设计，对公共文化服务体系的要素进行了科学规划和系统划分，一方面为地方公共文化服务体系建设划定了基准线，提供了指导和方向，另一方面也为地方留足了自主创新的空间，实现公共文化服务建设的在地化和特色化。

2020 年，文化和旅游部、财政部出台了《国家公共文化服务体系示范区创新发展管理办法》，明确提出建立淘汰机制，由示范区创新发展管理工作领导小组每两年为一个周期开展复核，制定复核工作方案。复核内容具体包括"政府责任落实情况，公共文化设施建设和运行管理情况，公共文化服务效能及群众满意度情况，改革创新和发挥示范作用情况，省级文化和旅游、财政

部门指导、支持、监督、宣传示范区创新发展情况"等①。该办法通过建立复核机制，确保公共文化示范区创建从短期的项目建设转化为长效机制，而公共文化示范区制度体系的建设成果也从制定和出台制度文件转化为考核评估制度实施效果。这就保障了公共文化示范区制度体系的实际效能，避免制度设计研究仅仅是"走过场"，转化成果成为"挂在墙上的制度"。公共文化示范区制度体系的设计、建设、实施过程中的成功经验也被其他公共服务领域学习借鉴，文化和旅游部"中国民间文化艺术之乡"的创评工作就在一定程度上借鉴了公共文化示范区的项目建设机制。

## 7.3 公共文化示范区制度体系建设面临的挑战

虽然公共文化示范区的创建直接推动了我国公共文化服务制度体系的快速发展，在部分领域也取得了重要制度成果，但受已有体制、机制等因素的影响，公共文化示范区服务制度体系在内容、类型、科学性等方面还存在不少问题，也面临新的挑战。

### 7.3.1 制度设计与制度实施之间存在断层

现阶段公共文化示范区制度设计研究在落地实施过程中面临以下三方面问题：

一是制度设计研究的针对性不足。如新疆维吾尔自治区昌吉回族自治州和湖南省株洲市的部分政策文件内容基本相同，株洲市的《株洲市关于多级

---

① 国家公共文化服务体系示范区创新发展管理办法[EB/OL].[2020-08-02]. https://wh.ankang.gov.cn/Content-2356797.html.

投入、统筹使用提高县域公共文化服务效能的实施办法》《株洲市关于鼓励和支持符合条件的居民小区建立"书房"的实施办法》《株洲市关于深化公共文化服务"文教结合"的实施办法》等文件与昌吉田族自治州的《昌吉州关于多级投入、统筹使用提高县域公共文化服务效能的实施办法》《昌吉州关于鼓励和支持符合条件的居民小区建立"书房"的实施办法》《昌吉州关于深化公共文化服务"文教结合"的实施办法》等文件的内容基本一致。两者分属中部和西部地区，两者政策性文件一致一方面说明研究团队未能充分考虑两地的独特性，另一方面也揭示了制度设计中存在的问题，即：政策制定的目的是什么？是否能真正推进当地公共文化服务制度的建立，实现预期的"引领示范"的作用？

二是制度执行不力。制度设计研究的转化成果要依托公共文化示范区创建期间的专项经费支持才能得以推行。示范区创建完成之后，中央的专项经费取消，地方的公共文化服务建设经费无法支撑制度成果的运行，便会导致制度"挂在墙上"而不是"落在地上"。

三是制度设计与制度实施之间存在明显断层。部分地区为了完成"规定动作"而开展制度设计研究，对制度设计研究、制度转化及公共文化服务体系构建的重视程度不够，制度设计研究报告内容宽泛，引领性、示范性不足。部分公共文化示范区也存在政策文件在验收前集中发布的现象，制度设计研究的实际效果未能通过制度实施效果予以验证。这就对后续公共文化示范区制度体系的复查制度提出了较高要求，需要相关部门在复查内容和复查方式上重点关注制度成果的落实效果。

### 7.3.2 制度体系的实施效果测评难度大

公共文化示范区制度体系虽然为现阶段的公共文化服务体系建设提供了相对全面的制度保障和制度规范，但因缺失效果验证机制，无法衡量其效果如何。马尔卡希在研究中指出，经济和效率标准在公共文化、教育和卫生保健等服务方面具有突出局限性，公共文化的合理性无法通过社会效用来证明[①]。Bennett 也指出，公共文化政策与公共管理标准的区别就在于公共文化政策资助项目的社会影响难以评估[②]。周黎安也在研究指出，地方政府不重视文化建设的原因之一就是文化建设的指标难以考察[③]。目前，我国公共文化服务制度体系建设领域尚未建立科学的绩效评估机制。评价激励机制不健全日益成为制约公共文化管理科学化、民主化决策，实施有效政策激励体系的"制度性瓶颈"。从公共文化示范区制度体系建设实践来看，制度体系的效果验证主要面临以下三项挑战：

一是评估标准的科学性不足。不同于经济政策，公共文化服务制度的目标形式常常是笼统的、概括的[④]。现阶段的评估指标多用以监督馆员和机构，通过客观数据反映主要效能，无法保证其指标设计、测度方式及测度结果的准确性和科学性。

二是用户测度难度大。制度体系实施效果的评估对象多为群众，其总体数量大且个体需求各异，对于制度实施效果的评价带有较强的主观性，难以保证评估结果的客观性、普遍性。

三是政策效能的显现呈现出一定的时滞特征。公共文化服务体系的设计与执行，其核心目的在于破解制约公共文化服务进步的关键障碍，以促进其健康而可持续的发展路径。然而，公共文化服务所蕴含的成效往往是深远且持久的，它涉及对深层次社会结构与文化模式的渐进式调整，难以在短期内出现显著变化。此外，政策实施效果的展现受到多维度因素的交互影响，这

---

① MULCAHY K V. Public culture and the public：a review article[J].The western political quarterly，1981，34(3)：461-470.

② BENNETT O. The torn halves of cultural policy research[J]. The international journal of cultural policy，2004，10：237-248.

③ 周黎安 . 转型中的地方政府：官员激励与治理 [M].2 版 . 上海：格致出版社，2017:397.

④ 王琳琳 . 公共文化政策：理论与实践 [M]. 北京：中国广播影视出版社，2017:210-211.

包括政策设计的内在合理性、执行主体对政策的理解及执行能力，以及社会各界对此政策的接纳程度等。正因如此，政策往往需经历一段相对稳定的运行周期，方能逐步彰显其预期效果。

### 7.3.3 公共文化示范区制度体系与现有体制存在矛盾

一是跨部门的体制机制障碍。现代治理体系是一个复杂的、不断演化的系统，文化治理体系是其中的一个重要方面，而公共文化服务制度体系是文化治理体系中的组成部分。公共文化服务制度体系不是孤立的，而是深嵌于文化治理体系内部的，与相关体制机制紧密相连、相辅相成。因此，公共文化服务制度体系在运行过程中，需要与财政、宣传、组织等其他文化相关部门密切配合，这就不可避免地会遇到跨部门多头管理的体制机制障碍。如公共文化示范区的推行就是由原文化部和财政部共同制定出台方案，而《县级美术馆、公共图书馆、文化馆和博物馆免费开放政策》也是由原文化部和财政部共同推动的。在公共文化服务制度体系中占据重要地位的政府购买制度，就涉及财政部、中央机构编制委员会办公室、中央宣传部等多个机构，跨部门管理增加了公共文化领域政府购买的难度。如公益一类事业单位不能作为政府购买服务的承接主体，也不能是购买主体；再如公共文化领域广泛推进的"文采会"就因为政府购买必须通过招投标流程而无法实现现场交易。这就需要在深化改革的过程中破除跨部门的体制机制障碍。

二是公共文化组织体系内部的体制机制障碍。公共文化服务制度体系在运行过程中也面临着来自内部的体制机制障碍，如同为公共文化机构的图书馆、文化馆、博物馆和美术馆的顶层管理部门并不相同。非物质文化遗产保护工作归非物质文化遗产司管理，而在地方实践中，部分非物质文化遗产馆设在文化馆、图书馆内部，各部门职责有待进一步划分和厘清。公共文化对于"大文化"的定义以及"大文化"的建设趋势必然会受到现行体制机制的限制，但同时也会带动现行文化管理体制的变革。

三是不同等级或类型的制度成果之间存在不一致、不协调问题。如《公共文化服务保障法》规定公共文化设施向公众免费或者优惠开放，《公共图书馆法》则规定公共图书馆向社会公众免费开放，两部公共文化领域的专项法律之间就公共文化设施的"免费"与"优惠"开放问题的规定就存在差异。由于缺乏明确的制度指导，如何界定"优惠"的内容、标准及应用范围也成为现阶段我国公共文化服务体系建设中面临的一大问题。

公共文化示范区制度体系建设过程中发现的问题、挑战和障碍也为我国后续完善公共文化服务制度体系提供了参考。对上述问题的圆满解答必将推动我国各级政府提高文化治理能力，形成现代化文化治理体系。

## 7.4  公共文化示范区制度体系建设前瞻

公共文化示范区的实践经验充分证明，我国幅员辽阔、人口众多，各地资源禀赋和发展水平差异较大，公共文化服务建设的重点和难点也不尽相同。因此，不能简单套用同一标准或采用"一刀切"的政策实现公共文化服务均等化的建设目标。处于不同阶段、不同地区，具有不同特色的城市需要因地制宜，综合考量公共文化服务的"普适性"与"引领性"。在设施网络和服务体系全覆盖的基础上，公共文化示范区基本实现了全民共享、全民娱乐、全民参与，其他非示范区地区也取得了一定的效果。未来，公共文化服务建设的重点需要逐步转移到"引领性"阶段，即通过完善公共文化法律保障体系、完善公共文化服务制度体系、提升公共文化服务效能和深化体制机制改革，实现公共文化服务的高质量发展。

### 7.4.1 完善复核制度，推动制度体系长效发挥作用

2021年，公共文化示范区复核工作启动，这是公共文化示范区制度体系建设的效能保障机制。2020年，文化和旅游部、财政部出台了《国家公共文化服务体系示范区创新发展管理办法》，明确提出建立示范区创新发展管理工作领导小组，制定示范区创新发展管理的相关政策、推动示范区创新发展的具体措施等。复核工作涉及公共文化服务效能检测、群众满意度测评、实地核查和过程管理考核4个环节，包括建立示范区公共文化服务效能检测机制，制定服务效能评价指标体系，鼓励示范区在推进政府职能转变、促进社会力量参与、优化运行机制、创新服务方式、促进文化与科技融合、深化文化和旅游融合等重点领域和关键环节持续探索有示范价值的做法。这就对公共文化示范区的后续建设作出制度性要求，将短期的创建工作完善为长效机制，从而使制度成果在实践中发挥更大作用。在公共文化示范区的复核标准设计及实施过程中，应重视示范区制度实施效果测评指标的设计，持续发挥"以评促建"的优势，以调动地方党委、政府对公共文化服务体系建设的重视，优化、改良制度，从而为后续建设实践提供外在助推力，真正实现公共文化服务体系的制度化保障。

### 7.4.2 坚持制度设计，进一步完善制度体系

制度具有惯性，已经建立的制度常常代表传统行为模式，容易有刻板、僵化的倾向，不易随时代的发展及时变迁，导致其对个人行为与社会发展产生阻碍作用。这就要求我们在推动公共文化服务制度体系建设的过程中，始终坚持制度设计优于政策制定和执行，在制度设计阶段要敢于创新和善于创新。对于已经较完善的制度"子系统"，要进一步优化实施细则，实现中央设

计在地方的贯彻执行；对于还未纳入制度体系的内容，如公共文化服务的免费与优惠制度等，可根据成熟一个发展一个的原则，逐步填补空白并进行动态调整，尽量避免"大干快上"，要保持"缓急并济"和"由散到全"；同时要及时修订、更新政策内容，不断解放和发展生产力，实现以制度体系保障公共文化成果的目的。

国家针对公共文化服务的重点领域出台了一系列法律、规章和政策文件，但其具体执行的基层相关政策环境还不完善。目前，我国公共文化示范区的制度设计在各个领域都取得了比较瞩目的成绩，但还需要在宏观层面对这些制度成果进行总结、归纳和梳理，将地方经验上升为国家制度，以地方实践的星星之火带动全国公共文化建设的燎原之势。在公共文化服务的重要领域，仍需进一步制定可操作性强的细则与程序、可量化的评估机制以及有效的监管机制，通过制定相关细则，保证公共文化示范区制度成果可上升为具有中国特色的公共文化服务制度。

在制度设计工作中，要坚持发挥地方政府的重要作用，加强政府部门间的统筹协调，同时拓宽社会力量有序参与制度设计的途径和方式，使公共文化领域的制度设计真实反映社会各界的文化需求，以规范化流程和程序化步骤确保制度设计与制度成果的科学性、合理性、协调性和可持续性，实现制度与实践、制度与需求、制度与制度体系的统筹协调，在内容和形式上均实现制度体系的完善。

### 7.4.3　重视效能提升，推动制度体系转变为治理体系

实现国家文化治理体系和治理能力现代化，需要各级党委和政府进一步转变职能，逐步有节奏、有规划地退出公共文化的微观运行领域，采用宏观的制度手段规范公共文化建设领域的各项工作，指明工作前进方向。实现"运动员"向"裁判员"的转身，是政府实现管办分离的必然步骤，也是激发

社会活力、减轻政府财政负担的重要途径。相较于传统的文化管理模式，文化治理更突出多元参与和效能优先。政府的职责不再是制定政策并进行监督管理，而是通过制度手段推动多元主体共同参与，从而逐步提升政府的服务效能和治理效能。推动制度体系发挥对实践的指导作用，从"有没有"转变为"优不优"，多措并举完善制度体系的效果验证机制和绩效评估机制，让实际效果"好不好"成为制度体系的评判标准。根据新制度主义的分析，制度的实施过程与制度本身同等重要，而提升效能就是实现制度成果向治理成果转化的关键步骤。

### 7.4.4　深化体制机制改革，以制度创新激发制度红利

公共文化制度体系作为规范和引导公共文化服务发展的重要规则框架，对于推动传统公共文化事业适应现代社会需求、实现创新转型具有显著的作用。公共文化示范区的制度设计和创新实践证明，每一次符合客观规律的制度创新都会带来明显的制度红利，政府、企业、社会组织、个人等都能享受到制度创新的成果。这也为公共文化服务制度体系的进一步完善提供了动力。现阶段，公共文化服务制度体系依旧面临诸多挑战，尤其是在体制改革进入深水区之后，需要冲破各种藩篱和制度惯性，这也要求我们坚持稳中求进、以进促稳、先立后破，持续推进深层次体制机制改革，打破传统公共文化管理体制，以生产关系变革带动新质生产力在公共文化服务领域释放活力，进而提升我国在国际竞争中的文化软实力。

# 8 结语

习近平总书记在中国文学艺术界联合会第十次全国代表大会、中国作家协会第九次全国代表大会上的讲话指出："文化是一个国家、一个民族的灵魂。历史和现实都表明，一个抛弃了或者背叛了自己历史文化的民族，不仅不可能发展起来，而且很可能上演一幕幕历史悲剧。文化自信，是更基础、更广泛、更深厚的自信，是更基本、更深沉、更持久的力量。"①制度体系是文化力量沿着正确方向持续发展的必要保障。基于此，本书主要结论如下：

①公共文化示范区制度体系是我国公共文化服务制度体系的缩影，直观反映了我国公共文化服务制度体系建设和创新实践的成果。公共文化示范区制度体系的建设是完善我国文化制度体系的重要步骤，该体系是在国家宏观公共文化服务制度体系的粗线条指引下的细化落地，是对众多地方实践的科学化分析，是对公共文化服务建设的理论化提炼，是对现阶段国家公共文化服务制度体系的重要补充与深化拓展。公共文化示范区制度体系为文化领域的政府职能转变提供了制度保障，创新了公共文化服务领域制度体系的建设路径，在为各地示范区创建工作顺利推进提供理论支持和制度保障的同时，也为全国其他区域构建现代公共文化服务体系提供了借鉴和示范，向国际社

---

① 在中国文联十大、中国作协九大开幕式上的讲话[EB/OL].[2019-12-20].https://china.huanqiu.com/article/9CaKrnJYVRd.

会展示现代治理格局下中国特色社会主义现代公共文化服务体系建设的当代
"中国经验"。

②公共文化示范区制度体系阐释了我国公共文化服务制度体系的重大理
论问题,明确了公共文化服务体系建设的核心问题,为未来公共文化服务体
系建设指明了方向。公共文化示范区在自下而上构建制度体系的过程中,实
现了理论与实践的统一、普遍性与特殊性的统一、长期性与阶段性的统一、
整体性与协调性的统一。公共文化示范区制度体系是在公共文化领域践行马
克思主义的重要理论成果和制度成果。理论与实践的统一是公共文化示范区
制度体系构建过程中坚持的科学原则。示范区创建城市(地区)通过制度设
计研究、创建实践、制度成果的全链条规划实现了理论与实践的动态优化调
整。普遍性与特殊性的统一是公共文化示范区"引领示范"任务的集中体现,
需在解决普遍性问题和特殊性挑战中探索制度体系的构建;长期性与阶段性
的统一是公共文化示范区制度体系建设过程的特点。长期规划与创建重点同
步设计同步推进,以时间表与任务图科学配置,推动了现代公共文化服务体
系的全面建设。整体性与协调性的统一是公共文化示范区制度体系的建设目
标,各项制度密切配合,共同形成了公共文化服务的指导性框架和规则,既
具备开展文化治理的制度体系,又实现了各制度之间的统筹协调。公共文
化示范区制度体系逐渐明确了公共文化服务制度及制度体系的基本概念、建设
路径、建设规律,并明确了公共文化服务体系建设的重点、难点与薄弱点,
指出未来公共文化服务体系建设应该聚焦均等化、标准化、社会化、数字化、
融合化等发展趋势,并通过地方创建实践形成了一系列可供其他地区借鉴的
公共文化建设经验。

③公共文化示范区制度体系的建设路径为我国公共文化服务制度体系的
建设提供了借鉴,凸显了制度体系建设的重要性,使制度建设成为公共文化
服务领域的重要抓手。公共文化服务制度体系的投资、建设和收益都是长期
的,"以文化人"重在"化",而"化"本身就是思想转变、行为改变和认知

改变的长期过程。在公共文化示范区制度体系的建设过程中，制度设计得以深入到本地实践，把握公共文化发展规律，在宏观规律的指导下，基于地方特色形成有效的公共文化服务制度。在制度的落地实施阶段，即使作为责任主体的地方政府、文化和旅游局、公共文化机构都能积极反应、有效推进，公共文化产品和服务的民众体验感受也各不相同，同时制度在推行过程中又受到社会、自然等各种主客观因素的影响，因此无法通过短期的、片面的、定量化的指标来衡量公共文化服务制度产生的实际社会效益。这也在一定程度上决定了我国公共文化服务制度体系建设将在较长的时间内保持"摸着石头过河"的状态。因此，对于偶然性、地方性的成功案例，需要全面、综合地分析后加以改造利用，而不能"见好就上"；对于现阶段比较粗线条的公共文化服务制度体系，要在配合国家治理体系建设、社会建设、经济建设的过程中对其不断完善、不断细化，而不可"操之过急"。科学的生产关系可以促进生产力的大幅度发展，良好的制度体系可以保障改革行稳致远。历史经验告诉我们，公共文化服务制度体系的建设不是一蹴而就的，也不应该一蹴而就。进入"十四五"阶段，我国的公共文化服务制度体系建设也开启了新阶段。在政府"掌舵"的基础上，给地方以充分的"划桨"自由，能够提升地方政府的治理能力，形成适合民生的治理体系。

　　本书在研究过程中还存在以下不足：一是对公共文化示范区制度体系内容的阐释不够全面。本书仅选择了均衡发展制度、社会力量参与制度、公共数字文化制度和融合发展制度四项重点制度进行分析，对于公共文化设施网络建设制度、经费保障制度、人才队伍建设制度等基础性制度未做系统阐释，留待未来继续研究。二是案例的代表性存在时效性。我国现代公共文化服务体系发展迅速，特别是在第三批和第四批示范区创建期间，各地已经广泛开展了现代公共文化服务体系的建设，涌现出不少特色突出的创新案例。本书的主要研究对象为百余个示范区城市（地区），案例的选择难免存在局限性。

　　未来关于公共文化示范区制度体系的研究需重点解答以下三个问题：一

是公共文化示范区制度体系的社会认可度。现代公共文化服务体系目前处于快速发展阶段，其内涵、外延、所涉及的制度成果及各制度之间的关系尚未成熟，因此公共文化示范区制度体系距离被社会广泛认可还有较长一段路要走。这就需要相关学者在未来研究中从多学科角度出发，讨论、构建符合时代特征和中国特色社会主义发展规律的公共文化服务制度体系，明确其内容和范围，切实为地方现代公共文化服务体系建设提供政策指导。二是公共文化示范区制度体系的社会作用。公共文化示范区制度体系作为国家现有制度体系的样板和补充，既自上而下地落实宏观政策，又自下而上地将地方经验上升为法规制度。公共文化示范区制度体系对于国家公共文化服务制度体系和治理体系的作用及理论价值有待持续研究。三是公共文化示范区制度体系的理论价值有待进一步挖掘。公共文化服务体系从最初问世至今仅 20 余年，其所涉学科众多、发展迅速、成果类型多样，现阶段尚未形成公共文化领域的学科体系和理论体系，公共文化示范区制度体系在其中的理论价值也尚待挖掘。如何发挥公共文化示范区制度体系的作用，助力公共文化的理论体系和学科体系建设，也是公共文化示范区制度体系的学术研究重要内容。

# 附录1 统计词表

## 公共文化服务领域相关法律、政策文件常用词规范词 [1]

| | | | |
|---|---|---|---|
| 安全评价 | 陈列展览 | 地方文献 | 服务方式 |
| 安全设备 | 城乡居民 | 第三方评价机制 | 服务岗位 |
| 安全设施 | 城乡协调 | 电影放映 | 服务公示制度 |
| 版权保护 | 城乡一体化 | 电子阅报屏 | 服务规范 |
| 帮扶机制 | 城镇化 | 定向资助 | 服务目录 |
| 闭馆 | 传播技术 | 读者隐私 | 服务内容 |
| 边疆地区 | 传播体系 | 法律法规 | 服务能力 |
| 便利性 | 传承活动 | 法律规范 | 服务人口 |
| 标准化 | 传输渠道 | 法律责任 | 服务水平 |
| 博物馆 | 传输设施 | 法人治理结构 | 服务体系 |
| 补贴机制 | 传统节日 | 法制化 | 服务网络 |
| 财政预算 | 传统文化 | 法治化 | 服务项目 |
| 参与权 | 从业人员 | 反馈机制 | 服务效能 |
| 产品传播 | 大数据 | 非物质文化遗产 | 服务型政府 |
| 产品供给 | 贷款贴息 | 分馆 | 妇女儿童活动中心 |
| 场地 | 档案管理 | 分中心 | 覆盖面 |
| 场馆服务 | 地方文化 | 服务范围 | 岗位管理制度 |

---

① 根据国家法律法规、中央政府文件、部委文件等整理而成。

| | | | |
|---|---|---|---|
| 企业文化 | 社会捐赠管理制度 | 体育场馆 | 文化志愿服务 |
| 青少年宫 | 社会捐助 | 体制机制改革 | 文化志愿者 |
| 区域平衡 | 社会力量 | 通借通还 | 文化自信 |
| 区域协调 | 社会力量参与 | 通俗文化 | 文体活动 |
| 全民健身 | 社会信用评估 | 统筹协调 | 文体设施 |
| 全民科普 | 社会资本 | 统一管理 | 文物保护 |
| 全民普法 | 社会组织 | 投入机制 | 文献信息 |
| 全民阅读 | 社区文化 | 投诉渠道 | 文艺演出 |
| 群众评价和反馈机制 | 社区文化中心 | 图书馆 | 无障碍 |
| 群众性文体活动 | 市场机制 | 图书室 | 务工人员 |
| 人才保障 | 市场经济 | 外来文化 | 戏曲表演 |
| 人口分布 | 市场运作 | 网络服务 | 先进文化 |
| 行业规范 | 事权和支出责任 | 文化帮扶 | 乡土人才 |
| 行业协会 | 事业单位改革 | 文化产业 | 乡土文化 |
| 行政法规 | 收入分配制度 | 文化创意产品 | 项目补贴 |
| 人口数量 | 书报阅读 | 文化典籍 | 小康社会 |
| 人口状况 | 数字博物馆 | 文化法制 | 校外活动 |
| 人事制度 | 数字出版 | 文化非营利组织 | 校园文化 |
| 人员编制 | 数字电影 | 文化扶贫 | 新闻媒体 |
| 融合制度 | 数字服务网络 | 文化馆（站） | 信息公开制度 |
| 商业经营活动 | 数字化 | 文化活动 | 信息技术 |
| 上网服务 | 数字化服务 | 文化类社会组织 | 信息目录 |
| 设施布局 | 数字化技术 | 文化品牌 | 信息披露制度 |
| 设施管理 | 数字平台 | 文化企业 | 兴办实体 |
| 设施建设 | 数字图书馆 | 文化市场 | 残疾人 |
| 设施设备 | 数字文化产品 | 文化事业 | 村文化活动室 |
| 设施网络 | 数字文化服务 | 文化素质 | 地方实施标准 |
| 社会保障 | 数字文化馆 | 文化特色 | 服务标准 |
| 社会化 | 数字阅读产品 | 文化消费 | 广播电视 |
| 社会化运营 | 数字智能终端 | 文化需求 | 广播电视村村通工程 |
| 社会监督 | 数字资源 | 文化选择权 | 国家指导标准 |
| 社会教育 | 税收优惠 | 文化遗产 | 基层文化骨干 |

| | | | |
|---|---|---|---|
| 宽带中国 | 一站式 | 征询反馈制度 | 专职人员 |
| 老年人 | 依法行政 | 政府购买 | 转移支付 |
| 留守妇女儿童 | 移动多媒体 | 政府设立 | 资产统计报告制度 |
| 流动人口 | 移动终端 | 政府性基金 | 资金保障 |
| 农村电影放映工程 | 艺术培训 | 政府主导 | 资金监督 |
| 农家书屋建设工程 | 艺术普及 | 政府资助 | 资金审计 |
| 农民工 | 应急预案 | 支中心 | 资源库 |
| 全国文化信息资源共 | 影视观赏 | 知识产权 | 资源配置 |
| 享工程 | 影印技术 | 执政能力 | 资源整合 |
| 群众文化团队 | 优惠服务 | 直播卫星 | 资助项目 |
| 设施建设标准 | 优惠开放 | 职工书屋 | 自办文化 |
| 社区文化中心 | 有害文化 | 职业资格管理制度 | 自筹资金 |
| 未成年人 | 舆论监督 | 指标体系 | 自我管理 |
| 文化管理员 | 约束机制 | 制度保障 | 自主知识产权 |
| 文化能人 | 阅读服务 | 制度化 | 自助服务 |
| 文化指导员 | 阅读推广 | 智慧城市 | 综合服务设施 |
| 文化专业人员 | 阅读指导 | 智能社区 | 综合文化站 |
| 文艺辅导员 | 阅览座席 | 专藏 | 综合协调机制 |
| 巡回展览 | 运行机制 | 专题活动 | 综合性文化服务中心 |
| 研学基地 | 运行经费 | 专项行动计划 | 总分馆制 |
| 演讲诵读 | 运行评估 | 专项资金 | 总馆 |
| 演艺团体 | 运营管理 | 专业化 | 组织能力 |
| 业务范围 | 运营绩效评估 | 专业技术职称 | 组织支撑 |
| 业务培训 | 赞助活动 | 专业人士 | |
| 业务指导 | 章程 | 专业知识 | |

## 国家公共文化示范区制度设计研究报告高频词表（词频 3）

| 关键词 | 词频 | 关键词 | 词频 | 关键词 | 词频 | 关键词 | 词频 |
|---|---|---|---|---|---|---|---|
| 人才队伍 | 88 | 法人治理 | 10 | 边疆地区 | 5 | 弱势群体 | 4 |
| 设施网络 | 63 | 联盟 | 10 | 大数据 | 5 | 社会组织 | 4 |
| 社会力量参与 | 61 | 全民阅读 | 10 | 供给主体 | 5 | PPP 模式 | 3 |
| 标准化 | 41 | 免费开放 | 9 | 共建共享 | 5 | 承接主体 | 3 |
| 城乡一体化 | 24 | 国际交流 | 8 | 基本公共文化服务 | 5 | 地方特色文化 | 3 |
| 非物质文化遗产 | 24 | 激励机制 | 8 | 建设标准 | 5 | 地方文化 | 3 |
| 社会化 | 23 | 数字资源 | 8 | 农家书屋 | 5 | 第三方 | 3 |
| 供需对接 | 22 | 服务供给 | 7 | 贫困地区 | 5 | 多元主体 | 3 |
| 数字化 | 22 | 基层综合性文化服务中心 | 7 | 区域联动 | 5 | 反馈机制 | 3 |
| 均等化 | 19 | 技术支撑 | 7 | 融合发展 | 5 | 公众参与 | 3 |
| 民族地区 | 18 | 考核评估 | 7 | 菜单式 | 4 | 国际化 | 3 |
| 绩效评估 | 17 | 理事会 | 7 | 城市转型 | 4 | 国际经验 | 3 |
| 数字平台 | 17 | 满意度 | 7 | 传统文化 | 4 | 红色文化 | 3 |
| 标准体系 | 15 | 设施设备 | 7 | 电子阅览室 | 4 | 绩效评价 | 3 |
| 经验 | 15 | 产品供给 | 6 | 供给侧 | 4 | 监督机制 | 3 |
| 联动 | 15 | 非国有博物馆 | 6 | 管理体制 | 4 | 科学技术 | 3 |
| 公共数字文化 | 14 | 服务效能 | 6 | 活动品牌 | 4 | 民族特色 | 3 |
| 流动服务 | 12 | 覆盖面 | 6 | 绩效考核 | 4 | 农民工 | 3 |
| 社会化管理运营 | 12 | 高质量 | 6 | 监管机制 | 4 | 品牌活动 | 3 |
| 节庆 | 11 | 农村地区 | 6 | 经费保障 | 4 | 区域均等 | 3 |
| 保障制度 | 10 | 人才培训 | 6 | 科技融合 | 4 | 群众文化 | 3 |

# 附录2 国家公共文化服务体系示范区制度设计研究成果

第一批国家公共文化服务体系示范区制度设计研究成果

| 序号 | 地区 | 制度设计研究报告名称 |
|---|---|---|
| 1 | 北京市朝阳区 | 构建"3+1"服务网络提升公共文化服务效能 |
| 2 | 天津市和平区 | 公共数字文化拓展民生服务 |
| 3 | 河北省秦皇岛市 | 群众文化需求和基本文化权益 |
| 4 | 山西省长治市 | 长治市群众自办文化研究 |
| 5 | 内蒙古自治区鄂尔多斯市 | 鄂尔多斯市公共文化流动服务研究 |
| | | 鄂尔多斯公共文化服务模式探索 |
| 6 | 辽宁省大连市 | 大连市文化信息资源共享工程进村入户模式研究 |
| 7 | 吉林省长春市 | 长春市社会力量参与公共文化服务机制研究 |
| 8 | 黑龙江省牡丹江市 | 牡丹江市农村群众文化活动常态化机制研究 |
| 9 | 上海市徐汇区 | 以绩效评估提升公共文化服务效能<br>——以徐汇区相关制度设计与实践为中心 |

续表

| 序号 | 地区 | 制度设计研究报告名称 |
|---|---|---|
| 10 | 江苏省苏州市 | 苏州公共图书馆总分馆制度设计研究报告 |
| | | 苏州市基层文化从业人员职业资格认证制度研究 |
| | | 苏州市乡村图书馆制度设计研究 |
| | | 苏州市公共文化中心职能定位研究 |
| 11 | 浙江省宁波市鄞州区 | 引导和鼓励社会力量参与公共文化服务制度研究 |
| 12 | 安徽省马鞍山市 | 马鞍山市文化志愿者队伍建设研究 |
| 13 | 福建省厦门市 | 厦门市文化志愿者队伍建设研究 |
| 14 | 江西省赣州市 | 赣州市公共文化设施体系化建设运行研究 |
| 15 | 山东省青岛市 | 青岛市公共文化服务评估体系研究 |
| 16 | 河南省郑州市 | 群众文化需求与公共文化服务创新制度设计研究 |
| 17 | 湖北省黄石市 | 黄石市公共文化服务体系现状和发展战略研究 |
| | | 黄石市群众文化需求和公共文化机构职能研究 |
| | | 黄石市公共文化建设人才保障机制研究 |
| | | 黄石市公共文化服务经费保障机制研究 |
| | | 黄石市公共文化服务评价考核体系研究 |
| 18 | 湖南省长沙市 | 建设以人民为主题的群众文化活动体系<br>——长沙市群众文化活动长效机制研究 |
| | | 图书馆资源共建共享模式 |
| 19 | 广东省东莞市 | 新莞人文化权益保障机制研究<br>——东莞实践与理论探索 |
| | | 公共电子阅览室建设与服务 |
| 20 | 广西壮族自治区来宾市 | 来宾市村级服务中心公共文化建设与管理制度设计 |
| 21 | 海南省澄迈县 | 澄迈县县域公共文化服务体系建设研究与实践 |
| 22 | 重庆市渝中区 | 农民工基本文化权益保障 |

续表

| 序号 | 地区 | 制度设计研究报告名称 |
|---|---|---|
| 23 | 四川省成都市 | 政府公共文化服务主体地位研究 |
| 24 | 贵州省遵义市 | 以"四在农家"为载体的农村文化建设常态化机制研究 |
| 25 | 云南省保山市 | 关于公共文化服务体系建设现代化动态统计评估管理网络的构建 |
| 26 | 西藏自治区林芝地区 | 创建具有边疆民族地区特色的公共文化服务体系示范区长效机制研究 |
| 27 | 陕西省宝鸡市 | 群众业余文艺团队服务管理制度化设计 |
| 28 | 甘肃省金昌市 | 公共文化服务体系建设企业参与机制建设研究 |
| 29 | 青海省格尔木市 | 格尔木市公共文化服务体系架构与机制创新研究 |
|  |  | 格尔木市构建公共文化服务体系保障机制研究 |
|  |  | 格尔木市流动人口文化建设研究 |
|  |  | 格尔木市历史文化遗产保护与开发研究 |
| 30 | 宁夏回族自治区银川市 | 银川市群众文化活动常态化体系化建设制度设计研究 |
| 31 | 新疆维吾尔自治区喀什市 | 边疆少数民族地区公共文化惠民服务保障机制研究 |

**第二批国家公共文化服务体系示范区制度设计研究成果**

| 序号 | 地区 | 制度设计研究报告名称 |
|---|---|---|
| 1 | 北京市东城区 | 首都功能核心区现代公共文化服务体系创新研究 |
|  |  | 东城区公共文化服务标准化体系研究 |
|  |  | 东城区"文化社区"建设研究 |
|  |  | 戏剧东城研究 |
|  |  | 东城区社区博物馆研究 |
|  |  | 美英法德日首都功能核心区公共文化服务特色研究 |
| 2 | 天津市河西区 | 公共文化服务群众需求反馈机制研究与实践 |

| 序号 | 地区 | 制度设计研究报告名称 |
|------|------|----------------------|
| 3 | 河北省廊坊市 | 廊坊市乡镇公共文化服务资源整合制度设计研究 |
| | | 国内外基层公共文化资源整合服务的理论研究与实践进展调研报告 |
| 4 | 山西省朔州市 | 朔州市乡镇综合文化站服务效能提升 |
| 5 | 内蒙古自治区包头市 | 公共数字文化服务长效机制 |
| 6 | 吉林省延边朝鲜族自治州 | 延边州（少数民族地区）基本公共文化服务均等化研究 |
| | | 民族地区农村群众与城市群众公共文化服务均等化研究 |
| | | 民族地区弱势群体与主体群体公共文化服务均等化研究 |
| | | 朝鲜族群众与汉族群众公共文化服务均等化研究 |
| | | 其他少数民族群众与朝鲜族群众公共文化服务均等化问题研究 |
| | | 州外朝鲜族散居地区群众与自治州群众公共文化服务均等化研究 |
| | | 少数民族地区基本公共文化服务区域均等化研究 |
| | | 少数民族地区基本公共文化服务群体均等化研究 |
| | | 延边州（少数民族地区）基本公共文化服务均等化研究报告 |
| 7 | 辽宁省沈阳市沈河区 | 文化资源整合、共建共享 |
| | | 文化资源分析研究报告 |
| | | 部门联动、资源整合，开展特色社区文化建设研究报告 |
| 8 | 黑龙江省哈尔滨市南岗区 | 哈尔滨市南岗区公共文化服务体系统筹协调和共建共享机制研究 |
| | | 哈尔滨市南岗区公共文化服务群众评价和反馈机制的研究 |
| | | 哈尔滨市南岗区文化馆总分馆体系研究 |
| | | 哈尔滨市南岗区图书馆总分馆服务体系研究 |

续表

| 序号 | 地区 | 制度设计研究报告名称 |
|---|---|---|
| 9 | 上海市浦东新区 | 高度国际化区域构建现代公共文化服务体系研究 |
| | | 浦东新区基本公共文化服务标准化发展研究 |
| | | 浦东新区社会力量参与公共文化服务体系建设研究 |
| | | 浦东新区建立现代公共图书馆总分馆服务体系研究 |
| | | 浦东新区建立现代文化馆（站）总分馆服务体系研究 |
| | | 国际化都市现代公共文化服务体系建设的基本经验 |
| | | 浦东公共文化国际化指标体系 |
| 10 | 江苏省无锡市 | 公共文化服务社会化发展机制创新研究 |
| | | 全民阅读社会化发展"江阴模式"研究 |
| | | 宜兴市"社会力量参与公共文化服务"制度设计研究 |
| | | 安镇街道睦邻中心文体功能区市场化运作实践与探索 |
| | | 无锡新区探索推进公共文化服务运作机制"五化"改革 |
| | | 政府向社会力量购买公共文化服务模式创新 |
| 11 | 浙江省嘉兴市 | 嘉兴市城乡一体化公共文化 服务创新研究 |
| | | 嘉兴市公共文化体制机制 改革创新研究 |
| | | 嘉兴市文化馆总分馆服务体系研究 |
| | | 嘉兴市公共图书馆中心馆—总分馆服务体系标准化研究 |
| | | 文化有约："互联网＋"公共文化服务平台创新研究 |
| | | 嘉兴市基层公共文化队伍"两员"制度研究 |
| 12 | 安徽省安庆市 | "反弹琵琶"模式探索与实践 |
| 13 | 福建省三明市 | 三明市公共文化服务效能提升研究 |
| | | 提升公共文化服务效能理论综述与实践案例 |
| | | "六联六创"服务方式：提升公共文化服务效能研究之一 |
| | | "半台戏"配送服务体系：提升公共文化服务效能研究之二 |
| | | 城市沿河两岸公共文化服务带建设：提升公共文化服务效能研究之三 |

| 序号 | 地区 | 制度设计研究报告名称 |
|------|------|---------------------|
| 14 | 山东省烟台市 | 烟台市公共文化服务社会化发展研究 |
| 15 | 江西省新余市 | 新余市文化类社会组织培育和参与公共文化服务机制研究 |
| 16 | 河南省洛阳市 | 洛阳市基层公共文化服务创新研究 |
| | | 洛阳市上网服务行业与公共文化服务融合发展研究 |
| | | 洛阳民办博物馆参与公共文化服务研究 |
| | | 洛阳市文化志愿服务研究 |
| 17 | 湖北省襄阳市 | 襄阳市现代公共文化服务体系"多元供给"体制、机制与创新模式研究 |
| 18 | 湖南省岳阳市 | 公共文化服务社会化发展推进机制研究 |
| 19 | 广东省深圳市福田区 | 社会力量参与公共文化服务研究 |
| 20 | 海南省保亭黎族苗族自治县 | 贫困地区公共文化服务体系跨越发展研究 |
| | | 保亭县公共文化服务保障标准研究 |
| | | 保亭县公共数字文化服务平台建设研究 |
| | | 保亭县公共文化服务资源共建共享统筹研究 |
| | | 保亭县少数民族文化艺术传承创新研究 |
| | | 保亭县总分馆服务体系建设研究 |
| | | 保亭县少数民族地区流动服务研究 |
| | | 保亭县多元文化融合研究："候鸟文化"发展研究 |
| 21 | 广西壮族自治区玉林市 | 玉林市推动公共文化服务社会化发展研究与实践 |
| 22 | 重庆市北碚区 | 城市化背景下城乡公共文化服务一体化发展研究汇报 |
| 23 | 四川省南充市 | 南充市基层公共文化服务阵地综合利用制度设计研究 |
| 24 | 贵州省贵阳市 | 公共文化服务社会力量参与制度设计研究 |
| 25 | 云南省楚雄彝族自治州 | 文艺表演队伍培育及参与公共文化服务体系建设 |
| | | 楚雄州表演艺术发展状况大调查报告 |

续表

| 序号 | 地区 | 制度设计研究报告名称 |
|---|---|---|
| 26 | 西藏自治区山南地区 | 民族地区现代公共文化服务供给模式研究 |
| 27 | 陕西省渭南市 | 服务性保护：公共文化服务与非物质文化遗产保护的渭南主张和实践——公共文化服务与非遗保护360联动制度设计研究 |
| 28 | 甘肃省张掖市 | 张掖"乡村舞台"建设运行模式研究 |
| 29 | 青海省西宁市 | 西宁市现代公共文化服务体系建设路径和实现方式研究 |
| 30 | 宁夏回族自治区石嘴山市 | 资源枯竭型城市转型发展 |
| 31 | 新疆维吾尔自治区克拉玛依市 | "政企共建共享"现代公共文化服务研究 |
| | | 克拉玛依水节：城市节日的当代创造 |
| | | 联建共享：图书馆总分馆体系的"克拉玛依模式" |
| | | 制度设计课题研究调查报告 |
| 32 | 新疆生产建设兵团农八师石河子市 | "军垦文化"引领下均等化与差异化相结合的公共文化服务供给模式研究 |

### 第三批国家公共文化服务体系示范区制度设计研究成果

| 序号 | 地区 | 制度设计研究报告名称 |
|---|---|---|
| 1 | 北京市海淀区 | 公共文化服务体系创新对海淀区全国科技创新中心核心区建设的促进与发展研究 |
| 2 | 天津市北辰区 | 天津市北辰区公共文化服务创投模式研究 |
| 3 | 河北省沧州市 | 沧州市社会力量参与公共文化服务机制建设 |
| 4 | 山西省晋中市 | 晋中市民间优秀传统文化活动的策划与组织 |
| 5 | 内蒙古自治区呼和浩特市 | 推进民族地区提升公共文化服务效能机制创新研究报告 |
| | | 呼和浩特市公共文化服务效能现状和提升对策研究报告 |
| | | 民族地区公共文化服务效能现状和提升对策研究报告 |

续表

| 序号 | 地区 | 制度设计研究报告名称 |
|------|------|---------------------|
| 6 | 辽宁省盘锦市 | 以美丽乡村为依托，提升基层综合性文化服务中心服务效能研究 |
| 7 | 吉林省吉林市 | 吉林市文化志愿服务社会化建设研究 |
| 8 | 黑龙江省哈尔滨市道里区 | 公共文化服务开放、共享、创新发展研究 |
| 9 | 上海市嘉定区 | 嘉定区以标准化引领现代公共文化服务体系建设研究 |
| 10 | 江苏省南京市江宁区 | 南京市江宁区城市化快速发展过程中公共文化服务社会化研究 |
| 11 | 浙江省台州市 | 台州市公共文化服务发展动力创新研究 |
| 12 | 安徽省铜陵市 | 铜陵市基层公共文化服务创新研究 |
| | | 铜陵市公共文化机构年报制度设计研究 |
| 13 | 福建省福州市 | 构建现代公共文化服务体系中本土文化资源的开发与利用 |
| 14 | 山东省东营市 | 从"乡村剧场"到"数字文化广场"——"互联网＋"思维下文体广场的建设、管理与利用 |
| 15 | 江西省九江市 | 九江市公共文化服务与旅游经济融合课题 |
| 16 | 河南省济源市 | 基层综合性文化服务中心建设及"三三制"模式研究 |
| 17 | 湖北省宜昌市 | 宜昌市公共文化服务供给侧"四维一体"创新研究 |
| | | 宜昌市总分馆制建设制度设计研究报告 |
| | | 宜昌市特色文化社区建设研究报告 |
| 18 | 湖南省株洲市 | 调整结构、转变方式、健全队伍、创新服务，全面提升基层公共文化服务效能 |
| 19 | 广东省佛山市 | 制造业城市公共文化服务供给研究——面向产业工人的佛山探索与实践 |
| | | 佛山高新区（狮山镇）产业园区公共文化服务供给研究 |
| | | 顺德村级工业园区公共文化服务供给研究 |

续表

| 序号 | 地区 | 制度设计研究报告名称 |
|---|---|---|
| 20 | 广西壮族自治区防城港市 | 发挥公共文化在"一带一路"建设中的先行效应——防城港市借助"五缘"促"五化"构建边海地区公共文化服务体系创新机制研究 |
| 21 | 重庆市江津区 | 江津区以地域文化为载体推进公共文化服务特色化发展研究 |
| 22 | 四川省乐山市 | 文旅融合公共文化服务体系建设研究 |
| 23 | 贵州省毕节市 | 毕节市公共文化服务精准扶贫研究 |
| 24 | 云南省曲靖市 | 曲靖市农村文化户（联合体）发展壮大与政府管理机制研究 |
| 25 | 西藏自治区拉萨市 | 构建以"3S"为核心的拉萨特色公共文化服务制度保障体系研究 |
| 26 | 陕西省铜川市 | 公共文化场馆服务效能提升机制创新研究 |
| 27 | 甘肃省白银市 | 白银市乡村文化阵地效能建设研究 |
| 28 | 宁夏回族自治区吴忠市 | 特色公共文化产品生产与推广机制课题研究 |
| 29 | 新疆维吾尔自治区昌吉回族自治州 | 双区融合——民族团结进步示范区、公共文化服务体系示范区促进公共文化服务效能提升研究 |
| 30 | 新疆生产建设兵团第六师五家渠市 | 兵团公共文化产品供给特色研究 |
| | | 新疆兵团特殊体制下公共文化产品供给研究 |
| | | 将军文化融入公共文化服务建设研究 |
| | | 特色公共文化服务非物质文化遗产与公共文化服务体系建设 |
| | | 兵团节庆活动提升研究 |

### 第四批国家公共文化服务体系示范区制度设计研究成果

| 序号 | 地区 | 制度设计研究报告名称 |
|---|---|---|
| 1 | 北京市石景山区 | 北京市石景山区基层公共文化设施社会化运营的政府治理能力提升研究 |
| 2 | 天津市滨海新区 | 加强新时代公共文化服务社会主义意识形态引领研究 |
| 3 | 河北省唐山市 | 唐山市新时代乡村文旅服务体系建设研究——以乡村文旅服务中心建设为重点 |
| 4 | 山西省晋城市 | 环晋城太行 1 号旅游公路文化资源挖掘、要素嵌入研究 |
| 5 | 吉林省辽源市 | 基础支撑 项目引领 公共文化带动文旅产业发展研究 |
| 6 | 黑龙江省大庆市 | 资源型城市文化资源共享机制研究 |
| | | 子报告：文化志愿服务视角下公共文化服务存在的问题与对策研究 |
| | | 子报告：大庆市公共文化数字服务平台设计研究 |
| 7 | 上海市长宁区 | 优质均衡、精准高效、服务区域：上海市长宁区新时代公共文化服务高质量发展研究 |
| 8 | 江苏省镇江市 | 聚力要素，把准向度，实现高质量供给——镇江市公共文化服务获得感"1+6 提升模式"研究 |
| 9 | 浙江省温州市 | 温州市创新驱动公共文化服务高质量发展研究 |
| 10 | 安徽省蚌埠市 | 创新构建社会力量参与机制，增强公共文化服务发展动力 |
| 11 | 福建省泉州市 | 泉州市以人民为中心推进公共文化服务共建共享机制研究 |
| 12 | 山东省威海市 | 乡村振兴背景下推动公共文化精致化发展研究 |
| 13 | 江西省萍乡市 | 红色文化引领公共文化高质量发展研究——基于萍乡市国家公共文化服务体系示范区创建实践 |
| 14 | 河南省许昌市 | 以优秀传统文化丰富许昌公共文化服务供给创新实践研究 |
| 15 | 湖北省黄冈市 | 强化"空间＋组织＋活动"三大载体，完善黄冈乡村公共文化服务体系研究 |
| 16 | 湖南省永州市 | 全面深化全民阅读"永州模式"的构建与实践 |

续表

| 序号 | 地区 | 制度设计研究报告名称 |
|---|---|---|
| 17 | 广东省中山市 | 以共享理念为统领，以改革创新为手段，切实提高公共文化服务覆盖面和适用性 |
| 18 | 海南省三亚市 | 公共服务领域文旅融合的三亚探索 |
| 19 | 重庆市南岸区 | 高品质生活导向的城市社区公共文化服务创新研究——以嵌入式为核心 |
| 20 | 四川省攀枝花市 | 以三线文化助推公共文化服务创新发展研究 |
| 21 | 贵州省六盘水市 | 贵州省六盘水市易地扶贫搬迁安置点公共文化服务创新研究 |
| 22 | 云南省昆明市 | 昆明市"基层公共文化服务包"深化与创新研究 |
| 23 | 西藏自治区日喀则市 | 日喀则市公共文化服务建设助力脱贫攻坚现状与对策 |
| 24 | 陕西省安康市 | 新民风建设引领乡村公共文化服务创新发展 |
| 25 | 宁夏回族自治区固原市 | 公共文化"脱贫攻坚"特色发展研究 |
| 26 | 新疆维吾尔自治区伊犁哈萨克自治州 | 伊犁州多民族文化融合发展方向与制度设计 |
| 27 | 新疆生产建设兵团阿拉尔市 | 公共文化服务和旅游融合发展研究报告 |

# 附录3 国家公共文化服务体系示范区云平台建设情况

第一批国家公共文化服务体系示范区云平台建设情况

| 地区 | 平台名称 | 类型 | 版权主体 |
|---|---|---|---|
| 北京市朝阳区 | 朝阳文旅云 | 网站、微信公众号 | 朝阳区文化和旅游局 |
| 辽宁省大连市 | 大连文化云 | 网站 | 大连市文化和旅游局主办，大连文化产业集团有限公司承办 |
| 广东省东莞市 | 东莞文化惠民网 | 网站 | 未知 |
| 江西省赣州市 | 赣南文化云 | 网站 | 江西省赣州市文化馆 |
| 广西壮族自治区来宾市 | 来宾文旅云 | 网站 | 来宾市文化广电和旅游局 |
| 黑龙江省牡丹江市 | 牡丹江公共文化云 | 网站 | 未知 |
| 山东省青岛市 | 青岛公共文化云 | App | 未知 |
| 天津市和平区 | 数字文化网 | 网站 | 未知 |
| 四川省成都市 | 天府文化云 | App、微信公众号、网站 | 未知 |
| 安徽省马鞍山市 | 文化马鞍山云 | App | 未知 |

续表

| 地区 | 平台名称 | 类型 | 版权主体 |
|------|---------|------|---------|
| 江苏省苏州市 | 文化苏州云 | 网站、微信公众号、App | 苏州市文化广电和旅游局（苏州市文物局） |
| 上海市徐汇区 | 徐汇文旅云 | App | 未知 |
| 宁夏回族自治区银川市 | 银川文旅 | 微信公众号 | 银川市文化旅游广电局 |
| 内蒙古自治区鄂尔多斯市 | 鄂尔多斯文化旅游 | 微信公众号 | 鄂尔多斯市文化和旅游局 |
| 河南省郑州市 | 郑州文旅云 | 微信公众号 | 河南省酷趣信息技术有限公司 |

### 第二批国家公共文化服务体系示范区云平台建设情况

| 地区 | 平台名称 | 类型 | 版权主体 |
|------|---------|------|---------|
| 安徽省安庆市 | 安庆市数字公共文化服务平台 | 网站 | 未知 |
| 内蒙古自治区包头市 | 包头公共数字文化 | App | 未知 |
| 北京市东城区 | 东城文化云 | 网站 | 未知 |
| 贵州省贵阳市 | 多彩贵州文化云—贵阳平台 | App | 贵阳市文化广电新闻出版局 |
| 天津市河西区 | 河西区智慧文化云 | 网站 | 河西区文化馆 |
| 河南省洛阳市 | 洛阳文化云 | 网站 | 中共洛阳市文化广电新闻出版局主管，洛阳日报报业集团主办 |
| 上海市浦东新区 | 文化浦东云 | 网站、微信公众号 | 上海浦东文化传媒有限公司 |
| 宁夏回族自治区石嘴山市 | 石嘴山文化云 | 网站 | 未知 |
| 浙江省嘉兴市 | 文化有约 | 网站 | 未知 |

| 地区 | 平台名称 | 类型 | 版权主体 |
|---|---|---|---|
| 青海省西宁市 | 西宁市公共文化云平台 | 网站 | 未知 |
| 山东省烟台市 | 烟台文旅云 | 网站 | 烟台市文化和旅游局、烟台市旅游公共服务中心 |
| 甘肃省张掖市 | 张掖文化云 | 网站 | 张掖市文化馆 |
| 河北省廊坊市 | 文旅廊坊 | 微信公众号 | 廊坊市文化广电和旅游局 |
| 山西省朔州市 | 文化朔州云 | 微信公众号 | 朔州市文化局 |
| 江苏省无锡市 | 无锡文化云 | 微信公众号 | 无锡市文化馆（无锡市非物质文化遗产保护中心） |
| 海南省保亭黎族苗族自治县 | 文旅保亭 | 微信公众号 | 保亭黎族苗族自治县旅游和文化广电体育局 |

### 第三批国家公共文化服务体系示范区云平台建设情况

| 地区 | 平台名称 | 类型 | 版权主体 |
|---|---|---|---|
| 云南省曲靖市 | 曲靖文旅云 | 网站 | 未知 |
| 甘肃省白银市 | 白银文化云 | 网站 | 未知 |
| 天津市北辰区 | 北辰文旅云 | 网站 | 天津市北辰区文化和旅游局 |
| 贵州省毕节市 | 毕节文旅云 | App、微信公众号 | 毕节市文化广电旅游局 |
| 新疆维吾尔自治区昌吉回族自治州 | 昌吉州公共文化云 | App、微信公众号 | 昌吉回族自治州文化体育广播电视和旅游局 |
| 广西壮族自治区防城港市 | 防城港文化云 | 网站、微信公众号 | 广西网视信息工程有限公司 |
| 广东省佛山市 | 佛山文化云 | 网站、微信公众号 | 佛山市文化广电新闻出版局（佛山市版权局） |

续表

| 地区 | 平台名称 | 类型 | 版权主体 |
|------|----------|------|----------|
| 福建省福州市 | 福州文化云 | 网站、微信公众号 | 福建省广电文化传播有限公司 |
| 河南省济源市 | 济源公共文化 | App、微信公众号 | 济源市文化广电新闻出版局 |
| 四川省乐山市 | 嘉州文化通 | App | 未知 |
| 江苏省南京市江宁区 | 江宁文化云 | 网站 | 江宁区人民政府 |
| 江西省九江市 | 九江文旅云 | 网站 | 公共文化机构 |
| 辽宁省盘锦市 | 盘锦文化云 | 网站、微信公众号 | 盘锦市文化广电局 |
| 浙江省台州市 | 台州文化云 | 网站 | 未知 |
| 安徽省铜陵市 | 铜陵文化云 | 网站 | 铜陵市文化馆 |
| | 文旅铜陵—铜陵文化云 | 微信公众号 | 铜陵市文化和旅游局 |
| 湖北省宜昌市 | 文化e家 | 网站 | 宜昌市文化和旅游局 |
| 河北省沧州市 | 文化沧州云 | 网站 | 未知 |
| 上海市嘉定区 | 文化嘉定云 | 网站 | 未知 |
| 重庆市江津区 | 文化江津云 | 网站 | 未知 |
| 陕西省铜川市 | 文化铜川 | App | 未知 |
| 北京市海淀区 | 文旅@海淀—海淀文旅公共服务数字平台 | 网站、微信公众号、App | 北京市海淀区文化和旅游局 |
| 山东省东营市 | 文旅东营 | 网站、微信公众号 | 东营市文化广电新闻出版局 |
| 宁夏回族自治区吴忠市 | 吴忠文化云 | 网站 | 未知 |

| 地区 | 平台名称 | 类型 | 版权主体 |
|---|---|---|---|
| 新疆生产建设兵团第六师五家渠市 | 五家渠文化云 | 网站 | 未知 |
| 湖南省株洲市 | 韵动株洲文旅体云 | 网站 | 湖南韵动文化体育产业发展有限责任公司 |
| 黑龙江省哈尔滨市道里区 | 道里文旅云 | 微信公众号 | 哈尔滨市道里区文化体育和旅游局 |
| 山西省晋中市 | 晋中文旅云 | 微信公众号 | 晋中市文化和旅游局（晋中市文物局） |
| 内蒙古自治区呼和浩特市 | 呼市公共文化平台 | 微信公众号 | 呼和浩特市文化新闻出版广电局 |

## 第四批国家公共文化服务体系示范区云平台建设情况

| 地区 | 平台名称 | 类型 | 版权主体 |
|---|---|---|---|
| 新疆生产建设兵团阿拉尔市 | 阿拉尔文化云 | 网站 | 上海上业信息科技股份有限公司技术支持 |
| 河南省许昌市 | 百姓文化云－许昌板块 | 网站 | 未知 |
| 安徽省蚌埠市 | 蚌埠市文化云 | 网站 | 未知 |
| 湖北省黄冈市 | 黄冈文旅云 | 网站 | 未知 |
| 吉林省辽源市 | 辽源文化云 | 网站 | 未知 |
| 江西省萍乡市 | 萍乡文化云 | App | 未知 |
| 福建省泉州市 | 泉州文化云 | App、微信公众号 | 泉州市文化广电和旅游局（泉州市文物局） |
| 西藏自治区日喀则 | 日喀则文化云 | 网站 | 未知 |
| | 日喀则市公共数字文化云 | 微信公众号 | 日喀则市群众艺术馆 |

续表

| 地区 | 平台名称 | 类型 | 版权主体 |
|---|---|---|---|
| 北京市石景山区 | 石景山文化E站 | App、微信公众号 | 未知 |
| 河北省唐山市 | 唐山公共文旅云 | 网站 | 未知 |
| | 唐山公共文化旅游 | 微信公众号 | 唐山市文化广电和旅游局（唐山市文物局） |
| 陕西省安康市 | 文化安康 | 网站 | 未知 |
| 天津市滨海新区 | 文化随行 | App | 未知 |
| 浙江省温州市 | 文化温州云 | 网站 | 创图科技支持 |
| 江苏省镇江市 | 文化镇江云 | 网站 | 镇江市文化广电和旅游局，上海创图技术支撑 |
| 新疆维吾尔自治区伊犁哈萨克自治州 | 伊犁文化云 | 网站 | 伊犁州文化和旅游局，广东云讯（技术支持） |
| 湖南省永州市 | 永州公共文旅云 | App | 永州市文体广电新闻出版局 |
| | 文化永州 | 微信公众号 | 永州市文体广电新闻出版局 |
| 上海市长宁区 | 长宁文化云 | App | 未知 |
| 广东省中山市 | 中山云 | 网站 | 中山市文旅局 |
| 山东省威海市 | 威海公共文旅云 | 微信公众号 | 威海市文化和旅游局 |

# 后　记

几番修补订正，博士论文终得付梓。四年燕园，从图书馆的晨光熹微到博雅塔的灯火通明，从未名湖畔的理论求索到 44 个国家公共文化服务体系示范区的调研走访；从浩如烟海的制度文本研读，到与基层文化工作者的深度交谈，这场关于公共文化示范区制度体系建设的学术远征，终在纸页翻动间凝成永恒。

国家公共文化服务体系示范区是"十一五"以来我国公共文化服务领域备受瞩目的重大文化惠民项目，共计 120 个城市（地区）获得国家公共文化服务体系示范区称号。"城市书房""文化礼堂""文化大院"打通了公共文化服务的"最后一公里"，"文采会""云平台"让优质文化资源直达基层，"飞阅计划""流动博物馆"让公共文化产品和服务"活"了起来……这些鲜活的场景，是公共文化服务体系示范区的真实缩影，更是我国公共文化服务体系繁荣发展的壮阔之景。正如费孝通先生所言"各美其美，美人之美，美美与共，天下大同"，正是这些绽放在中国大地上的创新实践，让我明白，文化治理不是抽象的概念，而是无数人在具体岗位上的用心奉献。正如我们在调研中反复验证的：好的制度设计必须回应真实需求，扎根具体场景。

导师李国新教授不仅将我引入了北大的殿堂，更开启了我为人、治学、识世的新篇章。他说"立学先立人"，指导我们向上向善、自强自觉；他说

"不要做命题作文",鼓励我们独立思考、大胆探索;他说"把论文写在大地上",指导我们实事求是、胸怀家国。恩师的治学、为人和处事都似明灯,教我与人为善、做事踏实、治学严谨。感谢所有同门,正是团队"众行远"的坚持与付出,才有博士论文的顺利完成;感谢每一位将我"扶上马送一程"的老师,正是他们的托举和助力,才有了博士生涯的圆满结束;感谢每一位"挑剔"的编辑,是他们的认真严谨、一丝不苟,才有了本书的顺利付梓。更要感谢一直无怨无悔支持我的家人,愿来日岁月静好、阖家安康。最后,需要感谢每一位读者,因能力有限,未能尽数公共文化示范区建设的闪光之处,疏漏之处,还望见谅。

合上书稿时,窗外的银杏正染黄京城初冬的天空。这部著作,恰似一片金色的叶子,轻轻飘落在公共文化研究的学术长河中。它既是对过往探索的郑重致意,更是对未来征程的殷切呼唤。学术之路永无止境,愿以此为起点,奋勇向前。

刘晓东

2024 年 9 月